Tiancom 天维

战略绩效管理

为中小银行赢得未来

天维信息 · 银行绩效考核最佳实践研究所◎编著

BANK STRATEGIC PERFORMANCE MANAGEMENT OF BANK

中国经济出版社
CHINA ECONOMIC PUBLISHING HOUSE
· 北 京 ·

图书在版编目（CIP）数据

战略绩效管理：为中小银行赢得未来 / 天维信息·银行绩效考核最佳实践研究所编著. --北京：中国经济出版社，2021.9

ISBN 978-7-5136-6642-8

Ⅰ.①战… Ⅱ.①天… Ⅲ.①中小企业-商业银行-企业绩效-企业管理-研究-中国 Ⅳ.①F832.33

中国版本图书馆 CIP 数据核字（2021）第 188699 号

责任编辑 张利影
责任印制 巢新强
封面设计 任燕飞

出版发行 中国经济出版社
印 刷 者 北京科信印刷有限公司
经 销 者 各地新华书店
开　　本 710mm×1000mm 1/16
印　　张 18.75
字　　数 280 千字
版　　次 2021 年 9 月第 1 版
印　　次 2021 年 9 月第 1 次
定　　价 52.00 元
广告经营许可证 京西工商广字第 8179 号

中国经济出版社 **网址** www.economyph.com **社址** 北京市东城区安定门外大街 58 号 **邮编** 100011

本版图书如存在印装质量问题，请与本社销售中心联系调换（联系电话：010-57512564）

编 委 会

preface **序一**

银行业大变革时代的战略绩效管理

截至2021年6月25日，天维信息服务的银行总数达567家，对绩效考核管理有了更加深入的认识，对客户的期望也了然于心——客户希望绩效考核体系能取得“效果”。简单来说，这个“效果”就是打造高效、精准的战略“指挥棒”，指哪儿打哪儿，要什么就有什么，表现在业务发展、业绩提升等方面。

天维信息提出业绩增长的“三力模型”：业绩=能力×动力×合力。在合力当中，最重要的因素就是战略管理。而一些银行的战略管理模式乏善可陈，其中包括一些上市银行和一些规模较大的银行，它们的战略管理往往停留在规划层面上，在落地实施方面则显得捉襟见肘，被大家戏称为“挂在墙上的战略”。

战略管理的重要性不言而喻，为什么一些银行的战略管理仅仅停留在规划层面而落不了地呢？以前，对于这个问题我们也很迷茫，在做了20年绩效考核工作后，我们才知道，离开绩效考核这个总抓手，战略只能是个摆设。

我们对绩效考核的认识有一个过程：最初，我们认为绩效考核仅仅是一个工具，是一个系统；后来，我们认为绩效考核是一套科学的方案；再后来，我们认为绩效考核是一个科学的管理体系，由此把绩效考核改称为“绩效管理”；现在，我们认为绩效考核是一个机构精细化管理的核心。因为绩效考核是机构精细化管理的“发动机”系统，其重要性显而易见，但它也仅仅是精细化管理体系的一部分，只有绩效管理体系还是不够的。

通过多年的实践摸索，我们提出银行绩效考核四阶段的发展理论：粗放式绩效考核阶段、精细化绩效考核阶段、全面绩效管理阶段和战略绩效管理阶段。本书所分析的，就是战略绩效管理阶段的相关内容。

我们认为，目前多数银行仍然处于第一个发展阶段，这是由我国银行业的发展现状所决定的。在此之前，中国的银行业因其特殊属性受到了严格监管，实行严格准入，银行业同质化竞争现象较为严重。

金融业开放大趋势和金融科技突飞猛进，使银行业呈现数字化、精细化和差异化三大趋势。

1. 数字化转型是手段

数字化已经深入银行内部管理的方方面面，从产品管理、渠道管理到内部管理，数字化无处不在，说数字化颠覆传统银行也不为过。但数字化仅仅是手段，是工具的升级，不是目的。

2. 精细化管理是核心

银行能活下来，靠的是严监管、难准入带来的监管和准入红利，靠的是中国经济持续增长带来的红利。但是，这些红利不可能永远存在，随着经济下行压力的加大、金融业开放和互联网金融的高速发展，竞争激烈、利差收窄、客户流失、员工流失、风险上升等成为常态，大家纷纷感叹“银行不好干了”，这就需要改变传统的管理办法。这个“变”，就是由粗放式管理到精细化管理的改变。

3. 差异化经营是目标

银行就是企业，是企业就必须遵循企业管理的一般规律——“物竞天择、适者生存”，银行业一定会从现在的“千人一面”发展成未来的“千人千面”。

市场是多元化的，客户也是多元化的。未来的银行，需要寻找自己的市场定位，寻找适合自己的客户群，围绕客户群打造产品，搭建服务渠道，制定营销策略。将来，既有经营“燕鲍翅”的高端银行，也有经营“炒粉、白粥”的地摊银行，盈利能力将是银行的核心诉求。

差异化经营局面形成后，“融资难、融资贵”的问题将得到根本解决，“支农、支小”（支持“三农”、支持小微企业）的问题也不用担心；只要有利可图，所有的客户都有人来服务；对于无利可图的客户和业务，符合国家政策的，将由政策性银行来满足其需要。

把握“三化”大趋势，靠的就是战略管理能力。经过长期实践，天维信息摸索出一套将绩效管理融入战略管理的方法，也就是本书所展现的内容。

按照“三力模型”理论，我们整理出一套战略绩效管理的方法论，可以帮助银行实现战略落地和高质量发展，从而使其在激烈的市场竞争中站稳脚跟，活得下去、活得精彩。

最后，引用两段重要讲话以佐证银行业当前面临的宏观环境。

2017 年 1 月 22 日，习近平总书记在中共中央政治局第三十八次集体学习时强调：“要坚持使市场在资源配置中起决定性作用，完善市场机制，打破行业垄断、进入壁垒、地方保护，增强企业对市场需求变化的反应和调整能力，提高企业资源要素配置效率和竞争力。”

2020 年 8 月，中国人民银行党委书记、中国银保监会主席郭树清在《求是》刊文指出：“按照自主、有序、平等、安全的方针，在确保金融主权的前提下，努力实现更高层次的金融开放。加快构建公开透明、稳定可预期的监管政策环境，鼓励中外金融机构平等竞争、深化合作、互相借鉴、促进创新。”

《礼记·中庸》有言：“凡事豫则立，不豫则废。言前定则不跲，事前定则不困，行前定则不疚，道前定则不穷。”

浙江青田农商行原董事长周章法有句话说得特别好：“绩效考核的作用就是将战略动员到银行的神经末梢！”

在大变革时代，做好战略管理是必要的，战略管理决定着银行的发展方向，绩效管理体系是“指挥棒”体系，打造好战略“指挥棒”体系，战略管理就成功了一大半。

广州天维信息技术股份有限公司董事长兼总经理

丁家奎

2021 年 5 月 28 日

序二

preface

构建“双循环”体系的银行战略绩效管理机制

随着我国银行业的商业化转型，各商业银行根据外部形势和自身优势制定了差异化发展战略。目前，国内商业银行正进入战略转型的关键时期，正在从粗放式管理向精细化管理转型、从机会导向向战略管理差异化转型、从简单资源关系整合向核心竞争力培育转型、从企业信息化向企业数字化转型。

美国《财富》杂志和著名咨询公司合益集团调查研究发现：将战略有效落地的企业比例不到10%。也就是说，在大多数情况下，银行真正的问题不是战略不好，而是执行不力，战略难以落地，从而影响了银行的经营绩效。

在过往绩效管理咨询项目实践中，我们接触了很多中小银行，发现以下两个比较突出的问题。

1. 战略执行不力，战略难以落地

商业银行不是没有战略规划、战略目标，而是在战略执行上缺乏明确的可操作性要求和工具。在战略管理落地上一般存在以下三种现象。

（1）“上边热，下边冷。”在咨询访谈的过程中，基层员工包括一些中层管理者对银行战略不清楚。

（2）“制定热，执行冷。”在银行聘请第三方咨询机构制定战略规划时，大家都很重视，热情积极。但是战略规划制定完成后，往往被束之高阁，得不到有力执行。究其原因，战略规划在落地过程中，对企业实际经营的指导性不足，战略目标无法落地。

(3)"目标热，结果冷。"战略目标在制定后，要落实到每年的经营计划中去，但是缺乏分解的工具和方法，没有明确的目标驱动关键成功因素，没有建立与关键因素有密切联系的 KPI（关键绩效指标），而仅仅考虑当前阶段的"稳发展"任务目标。在执行过程中，没有对 KPI 进行跟踪监测，战略执行与战略目标脱节。

2. 绩效管理与战略脱节

绩效管理的最终目的就是实现战略目标。一方面，通过分工，根据组织的权责划分可以自上而下将战略逐级分解并与组织目标承接；另一方面，根据员工岗位目标责任，可以保证组织目标的达成。在绩效管理体系建立、运行过程中，我们发现一个现象：虽然员工、部门的绩效比较好，但是银行面临着危机，战略没有得到有效的实施，银行的可持续发展受到挑战。

我们的绩效考核在多大程度上能支撑我们的战略，员工绩效与部门绩效是否脱节，部门绩效与银行绩效是否脱节，短期绩效与长期发展是否脱节？

(1) 绩效考核的对象是部门和员工。传统的绩效考核体系更多的是围绕财务评价和财务目标建立的，面向的是部门、人员，确定考核标准来量化考核员工实际完成的绩效，以达到提高绩效的目的。其目的强调的是控制，注重的是对过去绩效结果的评价、问题的改进，与公司长期战略目标的实现关系不大，因而造成绩效目标与战略脱节。

(2) 把绩效考核局限在人力资源工具层面。在很多人看来，绩效考核不过是发挥"控制""激励""约束""监督"作用的工具，而不是战略实施的工具，没有从组织整体战略目标和企业运作层面去考量绩效管理体系；甚至很多管理者认为绩效考核就是人力资源部门的工作，而不是部门、员工的责任，绩效管理的角色和职责不清晰。

在传统企业管理中，战略管理和绩效管理是分离的。近几年，一些银行认识到战略执行不力的影响，开始探求和应用提高战略执行力的方法，通过推动战略落地，实现战略目标。

银行要解决战略落地的问题，就需要建立战略绩效管理体系。如何建立战略绩效管理体系？笔者认为应将战略管理与绩效管理进行有效的结合，建立战略绩效循环和日常绩效管理循环的双循环体系，同时将双循环体系进行融合、打通，如图 0-1 所示。

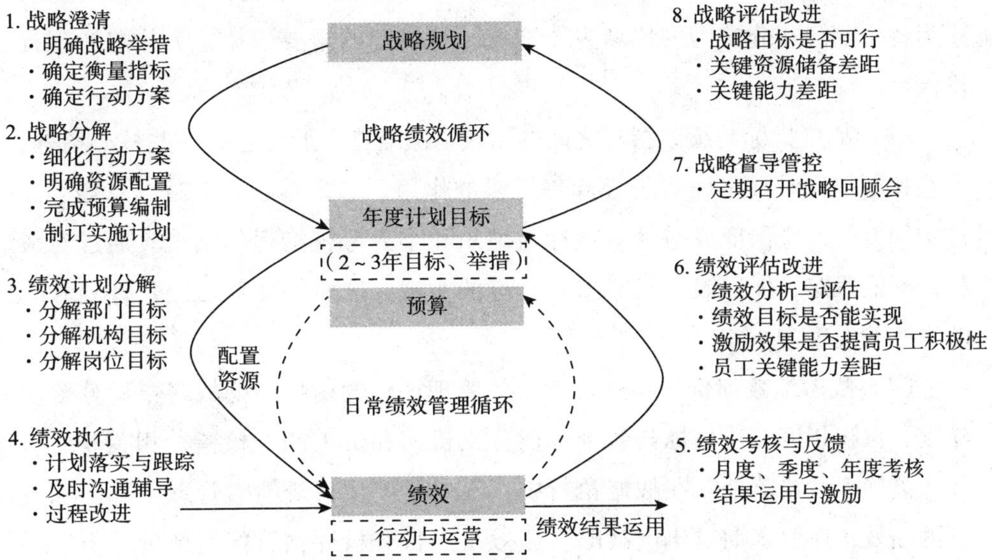

图 0-1　战略绩效管理双循环体系

战略绩效管理不是单向的、各自为政的，而是一个大的循环体系。要确保银行战略绩效管理体系的成功执行，并产生效果，使银行内部保持良好的活力和创造力，在具体实施时需要关注战略绩效管理体系中两大管理体系循环的建设（战略绩效循环+日常绩效管理循环）及其衔接机制的建立。

（1）战略绩效循环，包括战略规划制定、战略澄清、战略分解、战略督导管控、战略评估改进。

（2）日常绩效管理循环，包括绩效计划、绩效执行、绩效考核与激励、绩效评估改进。

作为银行战略的重要组成部分，战略绩效循环是对银行战略形成与实施过程的综合管控，包括对战略目标的分解与设定、对战略计划的制订以及对战略计划实施的测评和管控。通过有效的绩效考核，把银行战略思想和发展目标以及核心价值观层层传递给基层员工，为管理决策赋能，提升内核竞争力。

要实现绩效管理对战略的有效支撑，银行内部需要密切关注以下关键点的衔接。

（1）战略目标与年度计划的衔接。需要将战略目标进一步分解、细化为可操作的年度目标和行动计划，并对战略目标进行动态调整和细化。

（2）年度计划与预算的衔接。年度计划目标作为年度计划预算的起点，成为各个部门和分支机构预算主体配置预算资源的重要依据，为战略实现提供保障。

（3）战略指标与绩效指标之间的衔接。战略指标通常包括一些核心指标，这些核心指标对日常绩效管理起着统领的作用，如主营收入、利润总额、经济增加值等，应保证战略绩效指标与组织和个人考核指标的结合。通过对考核指标的跟踪，保证银行战略核心指标的实现，进而保证年度经营计划和战略目标的实现。

（4）战略绩效评价与年度日常绩效管理评价的衔接。把战略指标分解到年度，再将年度经营目标与各个部门分支机构和员工的考核指标相关联，这样才能确保战略落地。在战略执行中，不仅要关注日常绩效管理中部门和员工的绩效，还要定期对年度战略实施效果进行分析评估，根据评价分析结果为战略决策者提供参考，为战略调整提供指导。

本书提出的战略绩效管理方法与模型是融合了战略管理与绩效管理的新型绩效管理模式，从战略绩效管理的“两大领域、八大模块”，以及与绩效管理的关系等方面进行了系统阐述，并将先进的管理理念与管理实践活动相结合，以战略规划为出发点，以战略落地为归宿，通过分层次、分目标的组织绩效和个人绩效管理体系，实现从战略到绩效管理、从组织到个人的循环，使绩效管理真正成为战略执行的一个工具。本书不仅有方法、模型，而且有流程、工具、案例实践，可真正帮助中小银行实现战略落地，为中小银行创造价值，提升战略绩效。

广州天维信息技术股份有限公司副总经理兼银行绩效考核最佳实践研究所所长

苏家怡

2021 年 6 月 11 日

目录

contents

第一章　战略管理理论

第一节　战略管理

一、战略管理的定义

“战略”（strategy）一词原本是军事术语，其中“战”是指战斗或者战争，“略”则是指筹划、策略与计划。在西方，strategy 一词是从希腊语 strategos 演变而来的，原指地方军事将领，后来演变为军事将领的指挥艺术。在中国，“战略”一词最早出现在春秋时期，源于孙武的《孙子兵法》。近代以来，“战略”从军事学延伸到政治、经济等领域，其含义演变为泛指统领性的、全局性的、能左右胜败的谋略、方案和对策。

现代战略管理起源于 20 世纪 60 年代。最早把“战略”引入企业的是钱德勒，1962 年，他在《战略与结构：工业企业史的考证》中提出，战略是决定企业的基本长期目标，以及为实现这些目标采取的行动和分配资源。1965 年，伊戈尔·安索夫（Igor Ansoff）在《公司战略》中明确了“战略管理”的主张。伊戈尔·安索夫借用了“战略”这个词语，引入了“市场竞争”的概念。安索夫认为，战略管理是面向未来，动态地、连续地完成从决策到实现的过程。他将战略管理定义为：企业为了适应外部环境，对正在从事的和将来要从事的经营活动进行的战略决策。因此，企业战略的核心应该是：弄清你所处的位置，界定你的目标，明确为实现这些目标而必须采取的行动。这是战略管理最早的定义。

20 世纪 80 年代，美国哈佛大学教授迈克尔·波特（Michael E. Porter）在

《竞争战略》中将战略定义为公司为之奋斗的一些终点目标和公司为达成目标而寻求途径的结合物。

20 世纪 90 年代，管理学大师亨利·明茨伯格（Henry Mintzberg）提出了企业战略的 5P 定义，他认为需要从 5 个方面认识战略，即计划（Plan）、模式（Pattern）、定位（Position）、观念（Perspective）和计策（Poly）（见表 1-1）。

表 1-1　战略管理 5P 模型

5P	释义	内容
计划	战略是一种有意识、有目的、有组织的行动	向前看：预先构想的目标和路径
模式	体现为企业一系列的具体行动和现实结果	向后看：实际行动，已实现的战略
定位	确定自己在市场中的位置	向下看：产品与客户需求的契合点。 向外看：外部市场
观念	体现了企业的价值观	向内看：组织内部、战略家的思想。 向上看：企业的宏伟愿景
计策	为了赢得竞争对手而采取的策略	

资料来源：亨利·明茨伯格. 战略历程：纵览战略管理学派［M］. 北京：机械工业出版社，2001.

二、战略管理的特征

从战略制定到实施，战略管理具有以下特征。

（一）全局性

企业的战略管理是以企业的全局为对象，根据企业总体发展需要而制定的。在企业战略管理中，要结合国家总体发展战略和企业实际情况，对企业总体行动进行指导。

（二）前瞻性

企业战略是对企业长远发展的一种谋划，在制定战略时，企业要对外部环境和内部条件的变化进行分析，对产业发展全局和企业发展要有前瞻性，制定具有适度前瞻性的战略规划。

（三）动态性

战略管理是一个动态的管理过程。任何战略决策都不是一成不变的，而是要根据企业内外部环境的变化及时进行相应的调整。

（四）多层次性

战略管理是多层次的，典型的战略管理可以划分为公司层的总体战略、业务层的经营战略和职能层的职能战略三个层次，如图 1-1 所示。

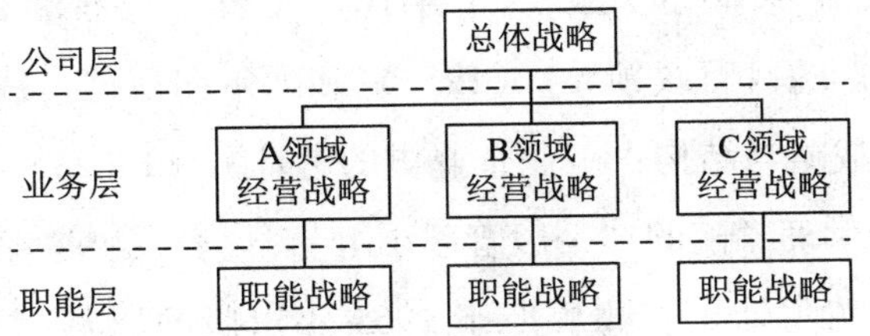

图 1-1　战略管理的层次

总体战略是企业一切行为的最高行动纲领，它是基于企业的宗旨和目标制定的。总体战略的内容包括：选择企业竞争领域，合理配置企业资源，确定企业整体业务组合和核心业务，使各项业务工作互相协调、互相促进，这直接关系到企业能否实现可持续发展。可以说，总体战略影响着企业的业务发展方向、企业各业务单位之间的协调、资源的充分利用、企业的价值观和企业文化等。

为了实现企业的总体战略、适应不断变化的环境，企业制定了经营战略。企业的业务层一般分为事业部或战略经营单位，这些战略经营单位有自己独立的产品和细分市场。通过制定经营战略，企业建立了整体竞争优势，为企业良好财务绩效的实现奠定了坚实的基础。

职能战略是在企业的具体职能管理中贯彻、实施和支持公司层总体战略、业务层经营战略而制定的战略。职能战略一般可分为营销战略、人力资源战略、财务战略、生产研发战略等。

三、战略管理的主流学派

随着战略管理研究的不断深入，战略管理学派不断发展。例如，以肯尼斯·安德鲁斯（Kenneth R. Andrews）为代表的设计学派、以伊戈尔·安索夫为代表的计划学派、以迈克尔·波特为代表的定位学派、以日本企业为代表的文化学派、以亨利·明茨伯格为代表的结构学派等，不同的学派对战略有不同的认识。

（一）设计学派（Design School）

1. 学派简介

设计学派发展于20世纪五六十年代，代表作是菲利普·塞尔兹尼克（Philip Selznick）的《行政领导》（1957）和阿尔弗雷德·钱德勒（Alfred D. Chandler）的《战略与结构：工业企业史的考证》（1962）。设计学派思想发展的动力来自哈佛商学院的"一般管理小组"，代表人物是肯尼斯·安德鲁斯（K. Andrews）。肯尼斯·安德鲁斯于1965年出版的《经营策略：内容与案例》全面、清晰地阐述了设计学派的思想。简单来说，设计学派就是设计一个战略制定的模型，使内部资源和外部环境相匹配，著名的SWOT分析法正是该学派的基本模型，其被广泛地应用于企业管理实践。

2. 学派主张

1957年，塞尔兹尼克引入"独特竞争力"的概念，将组织的"内部状态"与"外部预期"相结合，认为有必要建立"组织的社会结构"。1962年，钱德勒在《战略与结构：工业企业史的考证》中分析了环境、战略、组织结构三者之间的关系，企业的经营战略要适应环境的变化，组织结构应随着企业战略需求的变化而变化。1971年，安德鲁斯在《公司战略概念》中提出了公司战略思想、战略定义、管理模式，构建了设计学派的基本模型——SWOT分析模型。该模型着重强调对内部优劣势以及对组织面临的机遇与挑战的分析，这一模型反映了设计学派的主张。

（1）战略形成是一个有意识的、深思熟虑的思维过程，战略应简明清晰。设计学派认为，战略制定是领导者有意识的构想过程，企业战略应该简明清晰，易于理解和传达，便于执行和不断改进。

（2）对战略进行控制并保持清醒是领导者的责任，领导者就是战略家。设计学派强调，领导者是整个战略计划的设计者，应承担起应尽的责任，但不必承担具体战略计划的制订工作。

（3）战略应该是个性化的设计。战略与企业内外部环境相关，企业在制定战略时，应根据内外部环境量身定制。

3. 学派评价

设计学派对于战略管理理论的发展做出了贡献，尤其是SWOT分析模型的建立充分表明了组织内外部因素的匹配对战略形成的重要性。

但是，设计学派也有一定的局限性，将战略管理静态地划分为战略形成和战略实施两个阶段，割裂了它们之间的动态联系，难以满足企业在渐进发展过程中的实际需求。

（二）计划学派（Planning School）

1. 学派简介

20世纪60年代，计划学派产生。计划学派把战略的形成看作一个受到控制的、有意识的、规范化的过程。

2. 学派主张

1965年，计划学派代表人物安索夫在《企业战略》中提出企业战略是一条贯穿企业经营与产品和市场的“连线”。安索夫提出，战略应当包括四个构成要素。①产品与市场范围：明确企业的业务范围及其在行业所处的地位是否占据优势。②竞争优势：企业产品较之竞争者所具有的特殊属性，凭此可给企业带来有利的竞争地位。③增长向量：根据现有产品与市场领域，规划企业的经营活动应该向什么方向发展。④协同效应：注重新业务与传统业务的联结所带来的“相乘效果”，使组织核心能力与业务机会匹配，让公司的整体效能大于局部的总和。

安索夫于1975年提出安索夫矩阵（见图1-2）。安索夫根据产品（服务）与现有业务一致或者不一致、市场（客户）与现有业务一致或者不一致，将企业整体的发展方向分为四部分，并匹配了四种战略选择：市场渗透战略、市场开拓战略、产品开发战略、多元化战略。

		产品（服务）	
		现有	新增
市场（客户）	现有	市场渗透战略	产品开发战略
	新增	市场开拓战略	多元化战略

- □ 市场渗透战略：在现有市场（客户）中销售现有产品（服务）
- □ 市场开拓战略：以现有产品（服务）开拓新的市场（客户）
- □ 产品开发战略：在现有市场（客户）中销售新开发的产品（服务）
- □ 多元化战略：在新的市场（客户）中投入新开发的产品（服务）

图 1-2　安索夫矩阵

资料来源：三谷宏治. 经营战略全史［M］. 徐航，译. 南京：江苏凤凰文艺出版社，2016.

1979 年，安索夫在《战略管理》中系统地提出了战略管理模式，如何用系统化的方法来形成公司战略并制定战略决策，他将企业决策分为战略（Strategy）、组织（Structure）、系统（System）三种。经营者可按照这三种模式进行决策，这就是后来众所周知的“3S 模式”。

3. 学派评价

计划学派追求战略规划决策的正规化、条理化。相较于设计学派那种简单明了的战略形成框架，计划学派列出了一系列精心设计的步骤和必须考虑的因素。此外，计划学派还认为，计划人员对于战略的形成具有重要的作用，相对于设计学派更强调主要领导人的作用，更能调动和提高员工对企业战略推动的积极性。①

但是，计划学派也存在一些局限性：一是该理论仅从现有的产业市场出发，要求企业所适应的实质上是已稳定的产业市场环境，缺少对企业将投入竞争的一个或几个产业进行分析与选择；二是计划学派没有考虑企业内在环境，忽略了组织和文化要求，导致战略的僵化与反应迟缓，在面对快速变化、难以预测的环境时，企业不能进行迅速且适时的调整；三是重视分析和预测，缺乏真正的战略洞察力。

（三）定位学派（Positioning School）

1. 学派简介

定位学派形成于 20 世纪 80 年代，代表人物是美国哈佛大学的迈克尔·

① 孙芮琴，胡述芬，刘彩凤，等. 浅谈战略管理中的计划学派［EB/OL］.（2017-08-21）. https://www.fx361.com/page/2017/0821/2187047.shtml.

波特教授。定位学派不仅强调战略制定过程的重要性，也强调战略自身的重要性，战略的形成在定位学派中被看成一个受控的、有意识的过程，这与设计学派和计划学派是一致的。但是定位学派更加注重对战略制定过程的分析，比如，竞争分析、产业分析等。

2. 学派主张

波特认为企业战略的核心是获得竞争优势，而竞争优势取决于企业所处行业的盈利能力，即行业吸引力和企业在行业中的相对竞争地位。因此，战略管理首先要选择最有盈利潜力的行业，其次要考虑如何在已经选定的行业中进行自我定位。

在定位学派中，波特的“五力模型”“三大竞争战略”“价值链分析法”是其主要分析工具，有效地指导了企业的实际经营活动。其中，“五力模型”是用来分析一个行业的基本竞争态势；“三大竞争战略”是用来确定企业的战略选择，在成本领先、差异化与专一化战略中选择一种，建立自己的竞争优势；“价值链分析法”是运用系统性的方法来分析企业各项活动及其相互关系，从而找寻具有竞争优势的资源。

在定位学派的发展阶段，波士顿咨询公司创始人布鲁斯·亨德森（Bruce Henderson）提出波士顿矩阵（BCG 矩阵）。BCG 矩阵又称市场增长率-相对市场份额矩阵、四象限分析法、产品系列结构管理法等，是一种用来分析和规划企业产品组合的方法。① BCG 矩阵如图 1-3 所示。

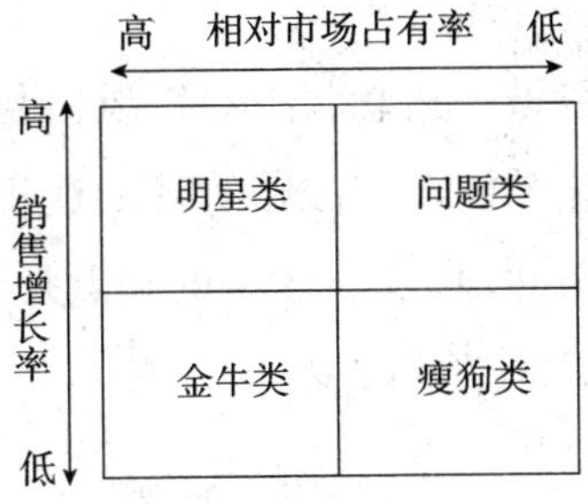

图 1-3 BCG 矩阵

① 王颖．波士顿矩阵在农行信用卡业务中的运用［J］．贵州农村金融，2011（2）：17.

3. 学派评价

定位学派为战略管理实践活动开辟了许多途径，为竞争战略的制定提供了一些分析技巧和工具。但是，定位学派过于强调竞争而忽视了企业间的合作；并且，与设计学派和计划学派一样，定位学派倾向于研究大型的、现有的且成熟的行业，即研究较为稳定条件下的行业，对不成熟行业、不稳定行业等的研究则不系统。

（四）文化学派（Cultural School）

1. 学派简介

20 世纪 80 年代，企业文化受到管理学界的关注。一方面，文化影响组织的形成过程；另一方面，成功的企业被认为是受组织核心价值观主导的，如服务、质量以及创新等。反过来，这些核心价值观也会成为组织的竞争优势。文化学派的代表作主要有：艾瑞克·莱恩曼的《长远规划的组织理论》（1973）、罗伯特·沃特曼和汤姆·彼得斯的《追寻卓越》（1982），以及博格·沃纳菲尔德的《资源为本理论》（1984）。

2. 学派主张

文化学派认为，战略的形成根植于组织文化中，战略的形成是一个集体行为和社会交互作用的过程，它建立在组织成员拥有共同信念和共同认识的基础上。这种战略模式能够保护和利用内部资源或能力，以便给组织带来竞争优势。该学派指出，企业文化及其背后的价值观念，对于战略的形成具有重要影响。

3. 学派评价

文化学派引入了集体思维的概念，把组织风格与个人风格放在同等地位，有利于建立整体观念。文化学派赞成战略管理的连贯性，强调传统的传承性、变化的丰富性和舆论的复杂性。[①] 文化学派的缺点是其概念的模糊性，此学派的一个危害是可能阻止组织的必要改变。

① 战略管理的十大流派［EB/OL］. http：//www.cssn.cn/glx/glx_glxp/201310/t20131024_514051.shtml.

（五）结构学派（Configuration School）

1. 学派简介

结构学派又称构造学派、综合学派，形成于20世纪70年代早期，代表人物有：钱德勒、明茨伯格、丹尼·米勒。这一学派的学者崇尚整合，他们将战略的制定过程、内容、组织结构和组织发展时期等各个部分总结成清晰的阶段或时期，比如，企业的增长期、成熟期等。该学派认为，战略是一个转变的过程，主要包括两个方面的内容：一是把组织和组织周围的状况描述为“结构”；二是把战略形成过程描述为“转变”。

2. 学派主张

结构学派认为，在大多数情况下，可以将组织描述为：在特定时期，由自身特定性质构成的稳定结构，与特定环境匹配，产生特定行为，从而形成特定战略；并且，特定时期会被变革打破，继而组织向另一种结构转变，进而随着时间的推移，这些变化越发规律化，战略也会有相应的改变，比如，在发展期重视定位，安定期重视文化。

1962年，钱德勒在《战略与结构：工业企业史的考证》中提出了企业战略和结构发展的四个阶段：资源积聚阶段、资源使用合理化阶段、连续发展阶段和对扩张资源使用合理化阶段。在研究美国企业组织结构和经营战略的演变时，钱德勒发现，企业组织结构是随着经营战略的变化而变化的，据此提出“结构跟随战略”理论。

结构学派在结构概念的研究成果颇丰，比如，明茨伯格根据结构和权力关系将组织分为创新型、机械型、专业型、多元性、定制型、教会型、政治型等，把组织的发展时期划分为发展期、稳定期、适应期、奋斗期、革命期。

丹尼·米勒是结构学派的代表人物之一，他热衷于对组织的不同属性进行整合，对战略原型（战略状态、结构状态、情形状态和过程状态），以及原型之间的转化问题进行了研究，他还将战略变化和结构变化看作量子变化而非渐进过程。

3. 学派评价

结构学派对战略管理的贡献：一方面，它为战略管理的研究带来了秩序；

另一方面，它为战略管理提供了理论和战略实践。但是，组织在获得利益的同时，也会受到损害。

不同学派对战略管理的理解是不同的。企业的管理者需要结合自身实际对战略管理进行定位，采取与企业发展相适应的战略管理方法和工具。

第二节 战略管理的实施与落地

战略管理领域的学者从不同角度揭示了战略的内涵，为企业战略管理提供了丰富的理论指导以及相关工具和方法。而在管理实践中，更关键的是战略的实施与落地，本节从战略管理的过程来介绍如何进行战略管理，以及通过什么方法承接战略落地。

一、战略管理的过程

一般来说，战略管理的过程分为战略分析、战略制定、战略实施和战略控制四步，如图 1-4 所示。

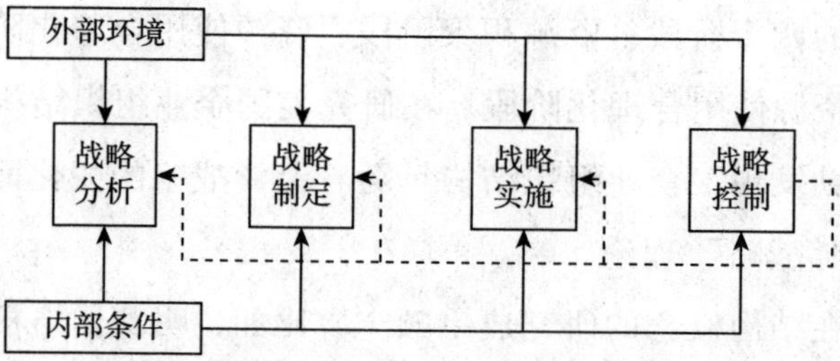

图 1-4 战略管理的过程

（一）战略分析

战略分析包括外部环境分析和内部环境分析。宏观环境、行业环境、经营环境属于外部环境分析，内部环境分析主要包括资源、企业能力和市场竞争力等方面。战略分析的主要目的是评价影响企业发展的关键因素，并确定影响战略选择的具体因素。

（二）战略制定

通过战略分析，管理者对企业所处的外部环境、产业结构以及自身资源和能力有了清晰的认识，下一步就是选择正确的战略来实现组织目标，即战略制定。战略制定主要包括公司战略、竞争战略、职能战略以及战略方案的评价与选择。

（三）战略实施

战略实施是指将战略转化为具体行动的过程。一个好的战略只是战略成功的一部分，只有采取有效措施保障战略的实施，才能成功实现战略目标。战略的实施主要涉及获取和使用外部资源，根据战略方案将现有资源在不同部门之间进行分配，同时进行组织结构调整，建立战略管理信息系统，打造匹配的组织文化，以保证战略实施顺利进行。

（四）战略控制

战略控制就是根据企业的发展，对所制定的战略进行动态调整，以保证战略对企业经营管理进行指导的有效性。① 通过战略控制，完善战略分析、制定及实施工作，确保战略有效实施。一方面，在战略实施过程中，战略执行者行动若出现问题，将导致结果与预期计划不相符，需要对战略计划进行调整；另一方面，外部环境的变化需要对原定的战略计划进行调整。这些都属于战略控制的范围。战略控制作为战略管理的最后一步，通过不断地纠正偏差，确保企业达成战略目标。

对企业来说，战略分析、战略制定、战略实施和战略控制四个环节，在公司层、业务层、职能层都会出现，不同环节之间又密切联系，如图 1-5 所示。

① 王红．企业战略管理四要素［EB/OL］．http：//abc. wm23. com/wanghong217/240324. html.

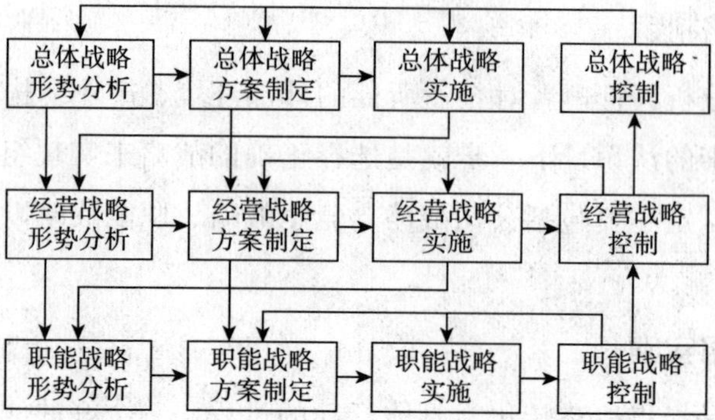

图 1-5　各层次的战略管理过程

二、战略落地与绩效管理

在战略管理实践中，大多数企业面临着这样的尴尬：战略与实际经营管理相脱离。如何确保战略正确执行并有效实现战略目标，是企业战略管理工作中亟待解决的难题。随着美国管理学家罗伯特·卡普兰（Robert S. Kaplan）和大卫·诺顿（David P. Norton）的《平衡计分卡》《战略地图》《战略中心型组织》的出版，绩效管理成为企业战略落地的重要工具。为促进企业可持续发展，企业管理者将企业战略管理与绩效管理相结合，通过绩效管理帮助企业有效地实施战略。

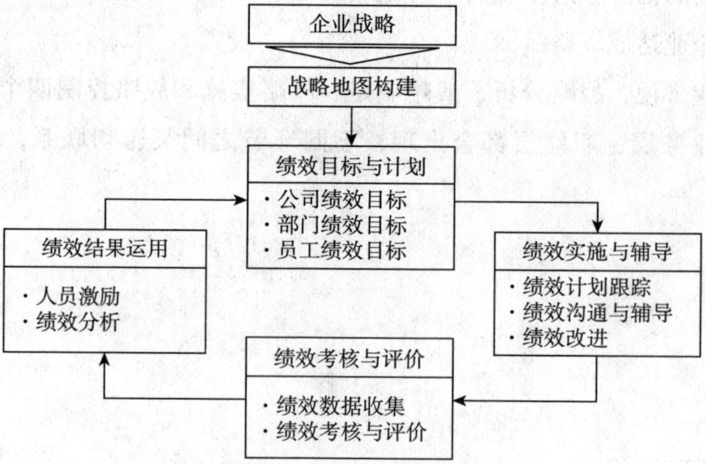

图 1-6　企业战略绩效管理的一般步骤

通常企业战略绩效管理分为五个步骤（见图 1-6）：战略地图构建、绩效目标与计划、绩效实施与辅导、绩效考核与评价、绩效结果运用。以上五个环节是一个 PDCA（计划—执行—检查—处理）不断循环的过程，这个不断循环的过程就是企业业绩不断螺旋式上升、企业战略目标实现的过程。

（一）战略地图构建

战略地图以财务、客户、内部流程及学习与成长四个维度为主要内容，通过分析各维度的相互关系，绘制企业战略因果关系图，以确保公司战略和年度业务计划的实施。根据企业发展目标，从财务、客户、内部流程及学习与成长四个维度确定战略主题。战略主题确定之后，需要强调各阶段的战略问题是什么，如何保障组织的实施，采取什么样的行动和管理行为来支持战略主题？针对这些问题，制订战略主题工作计划和行动计划。

（二）绩效目标与计划

企业的战略管理能力体现在战略绩效目标的实现上，将绩效目标进行层层分解，实现企业战略、经营计划、预算、资源配置和绩效管理的有机结合。企业各层级目标和计划的实施，应与企业绩效管理体系相适应，见图 1-7。

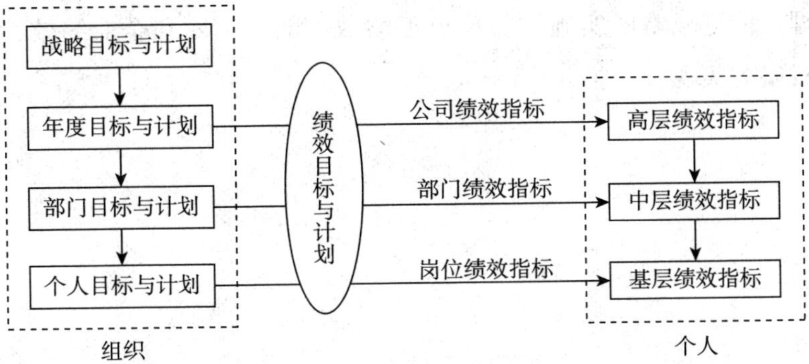

图 1-7　企业各层级目标与计划和各层级绩效考核指标

制定各级关键绩效指标的基础是将战略地图进行分解，也就是将组织战略的主题转化为各级关键指标。确定各战略主题的负责人和主要部门，根据各部门的战略主题，确定关键绩效指标，并以此为依据，制定部门绩效合约。

（三）绩效实施与辅导

在确定战略地图、关键绩效指标、绩效合约等内容后，要按照既定的绩效目标和实施方案开展相应工作。在绩效实施过程中，管理者应定期或不定期地与员工沟通，了解目标和计划实施的情况，协助下属制订行动计划。同时，及时消除阻碍其行动计划的因素，必要时协助下属审查行动计划。通过绩效实施过程中的沟通与辅导，纠正部门和员工在行动中与目标计划偏离的情况，解决内部经营中的问题，顺利完成绩效目标及计划。

（四）绩效考核与评价

绩效考核与评价是以绩效目标为依据，运用科学、合理的绩效评价指标、评价标准和评价方法，对员工的工作任务完成情况、工作职责履行程度和发展情况进行评价。绩效考核与评价是人力资源管理中的一项核心工作，是调动员工和管理者积极性的重要手段。

（五）绩效结果运用

战略绩效管理最后一个环节是绩效结果运用。它主要包括两个方面：一是激励员工，二是绩效分析与改进。

战略绩效管理为企业战略服务，通过对企业战略目标与计划进行分解和有效管理，促进战略的实施，实现员工绩效、部门绩效和企业绩效，从而保证企业战略的实现。

第二章　国内中小银行经营与战略绩效管理现状

从银行绩效管理的演进历程来看，战略绩效管理是其最终阶段。同时，当前国内大多数银行在经营管理、绩效管理上遇到的问题均需要从战略绩效管理层面进行破题。

第一节　经营发展现状

我国经济发展已经进入新常态，经济新常态下的明显特征是“增长动力实现转换”“经济结构实现再平衡”。经济增长基础力量转向依靠消费、创新、改革、结构调整升级和支撑服务实体经济。

目前，我国仍是以银行间接融资为主，银行业的经营行为已经渗透社会经济发展的各个细微领域，并形成了银行业同社会经济运行的高度正向关联性。尽管经济下行压力加大，近年各种因素不可避免地对我国经济运行造成冲击，金融机构面临不良资产增加等隐患，但是当前中国银行体系风险应对能力已有大幅提升，拥有较稳定的客户群体。

一、利率市场化背景下银行面临的利率风险

近年来，国家通过改革完善 LPR① 形成机制，起到运用市场化改革办法推动降低贷款实际利率的效果，并渐进式放开存款利率。随着利率市场化工作的深化和全面铺开，传统融资方式的成本将持续增加，大型客户议价能力

① LPR 即贷款市场报价利率。

不断提高，造成银行利润空间显著下降，意味着银行面临着更大的市场风险。这对银行的风险预见、应对处置能力提出了更高的标准和要求。

此外，金融脱媒对银行的影响将长期存在，银行信贷占主导地位的时代已经过去。在日益趋严的监管环境下，理财业务也面临增量资金放缓、收益率下行等趋势，其他类金融机构触角不断延伸，这些都意味着传统银行必须适应变化，提高自身的市场竞争力。

二、互联网金融技术对银行业影响深远

近年来，互联网金融已经成为银行业发展中不可忽视的重要技术领域。金融科技具有共享性、便捷性、低成本、低准入门槛等特点，与普惠金融相互契合。大数据、云计算、人工智能为商业银行开展普惠金融服务奠定了技术基础，从而惠及更多的“长尾客户”。民营企业和小微企业的金融产品创新将成为其重要的业务增长点。

目前，互联网金融主要包括第三方支付服务、金融产品销售渠道服务、众筹模式和以 P2P 为代表的互联网信用服务。与传统金融业相比，互联网金融具有以下优势。一是降低了交易成本。互联网金融降低了传统金融业存在的许多成本；同时，由于突破了时间和空间的限制，规模效应也有利于降低交易成本。二是扩大了客服范围，解决了“长尾客户”问题。三是利用大数据增强了金融业风险管控能力。利用互联网金融强大的数据收集、数据分析和行为跟踪能力，帮助银行解决技术上的信息不对称问题。基于互联网数据挖掘技术，互联网金融不断创新信用调查方法，降低交易成本，提高交易效率，有效控制金融风险。互联网金融的快速发展加速了对银行核心业务的渗透，改变了传统银行的商业模式，给传统银行业务带来了一定程度的挑战。随着互联网金融的快速发展，网上业务成为银行下一步战略发展的重点。

三、银行业监管力度不断加大，持续深化改革

为了应对复杂的内外部形势，保障国家金融体系的安全稳定，促进银行业金融机构经营管理的行稳致远，国家不断加强行业监管力度，推出一系列金融“强监管”举措，注重资本管控，体现“重服务、防风险、强协调、补

短板、治乱象”的监管目的。例如，陆续制定并出台对商业银行资本充足率、流动性、经营效率及内部控制的监管要求；逐步开放金融市场；鼓励商业银行通过引入独立董事，建立审计、风险管理及其他专门委员会，加强公司治理；要求商业银行建立独立的内部审计机构，并根据国际惯例建立和完善明晰的内部控制制度和程序。近年来，随着金融体制改革的有序推进和深化，我国金融组织体系、金融市场体系、金融监管体系、金融宏观调控体系不断完善，为银行监管体系的完善和银行业的长远发展奠定了基础。此外，随着银行改革的深化、法律法规的完善、个人信用信息系统的完善和信用环境的改善，银行自身也需要改善经营环境。

四、中小企业金融服务将成为银行重要的业务领域

我国企业一直以来都是以银行贷款为主要融资渠道，但随着资本市场的加速发展，大型企业融资逐步转向资本市场，中小企业金融服务将成为银行服务的重要市场。截至 2018 年底，我国中小企业的数量超过 3000 万家，个体工商户数量超过 7000 万户，贡献了全国 50%以上的税收、60%以上的 GDP、70%以上的技术创新成果和 80%以上的劳动力就业①，已经成为市场经济的核心力量，更是稳生产、保就业的根基所在。近年来，国家在扶持中小企业、支持“三农”方面频频发力，陆续出台了诸多政策措施。2015 年 3 月 3 日，《中国银监会关于 2015 年小微企业金融服务工作的指导意见》（银监发〔2015〕8 号）指出，要求贯彻落实党中央国务院关于金融支持小微企业发展的决策部署，持续改进小微企业金融服务，促进经济提质增效升级。2016 年 6 月 2 日，工业和信息化部颁布《国家小型微型企业创业创新示范基地建设管理办法》（工信部企业〔2016〕194 号），进一步深入贯彻落实国务院关于促进小型微型企业发展的政策措施，推动“大众创业、万众创新”，加快小型微型企业创业创新基地发展步伐，优化小型微型企业创业创新环境，支持中小企业健康发展。2019 年 1 月，中国银保监会办公厅发布《关于推进农村商业

① 我国已成为全世界唯一拥有全部工业门类的国家［EB/OL］. https：//baijiahao. baidu. com/s? id=1645238792756236219&wfr=spider&for=pc.

银行坚守定位 强化治理 提升金融服务能力的意见》（银保监办发〔2019〕5号），制定了经营定位、金融供给、金融基础设施、金融服务机制四大类15项考核指标，推动农村金融机构回归本源。2020年6月29日，中国银保监会发布《商业银行小微企业金融服务监管评价办法（试行）》，将小微金融监管评价体系分为信贷投放情况、体制机制建设情况、重点监管政策落实情况、产品及服务创新情况、监督检查情况五大部分；为缓解新冠肺炎疫情对中小企业的冲击，国家增加防疫专项再贷款3000亿元，使支农支小再贷款利率降至2.5%，增加贴息资金的规模，进一步对中小微企业贷款延期还本付息，加大对小微企业信用贷款支持力度，强化稳企业、保就业的金融支持措施。

五、零售银行业务日益增长

近年来，随着国内经济的不断增长和居民收入的不断增加，对银行零售业务的需求也呈现快速增长的趋势。2015年、2020年，我国城镇居民人均可支配收入增长和农村居民人均可支配收入增长分别为7.04%和8.44%。国民收入水平和金融意识的提高将增加对个人理财产品，包括对零售贷款产品、个人理财产品和服务的需求。

随着中国居民可支配收入的快速增长，商业银行开始为中高端客户提供个性化、专业化的财富管理服务，包括资产结构配置和理财服务。

国内银行业零售业务发展呈现以下几个特点：一是零售银行占比和业务盈利贡献度已经非常显著，不少领先银行已经达到美欧日韩等利率市场化成熟水平，但是不同银行之间零售业务的占比和发展的差距较大；二是各家银行均在发力大零售业务，大多数银行将大零售业务作为中长期战略；三是互联网金融给中小银行发展带来了“东风”，尤其是中小银行可以规避或弱化自己在发展空间上的劣势，以更低的成本进行扩张，向非传统优势地区进行渗透，对大型银行零售业务进行“弯道超车”。

第二节 战略管理现状

面对国内外复杂多变的经济形势，同质化经营、粗放式管理的模式已经不能适应新的市场形势，银行要积极转变现有经营模式，找到符合自身的发展路径。在这种情况下，战略的重要性越发凸显，国内银行纷纷开展战略咨询工作。2017—2020 年，是中小银行开展战略咨询的加速期，无论是城商行还是农商行，都纷纷引进外部专业咨询力量，制定本行的中长期战略规划，比如，广州银行开展的“‘十四五’战略规划咨询”项目，晋商银行开展的“2021—2025 年发展战略规划”，江苏银行开展的“战略规划咨询”，济南农商行开展的“发展战略规划项目”等。在战略规划中有如下方面可作典型归纳。

一、聚焦普惠金融战略主航线，将“做精做散”作为发展差异化定位

近几年，随着各类金融机构“下乡”，城乡金融市场区域竞争渐趋激烈，中小银行经营面临挑战。然而，金融产品和服务同质化严重，市场竞争主要靠“价格战”而非特色的产品和服务，核心竞争力和经营活力缺失。因此，深化差异化发展、打造自身特色成为中小银行生存与发展的必然选择。在金融供给侧结构性改革背景下政策持续聚焦中小银行，2019 年 9 月，金融委（国务院金融稳定发展委员会）提出要“推广一些中小银行经营管理中的好经验好做法”，改进中小银行的商业模式。2020 年的新冠肺炎疫情更加强化了中小银行发展普惠金融的定位。中小银行必须发挥自身的比较优势，坚持支农支小、服务“三农”经济的市场定位，深耕普惠金融领域，将其作为差异化发展的抓手。在产品与服务方面，中小银行要持续进行产品研发、组合和创新，面向“三农”与小微企业，推广农户联保贷款、企业联保贷款、担保机构担保贷款等特色金融产品，加大中小微企业的信贷投放力度，大力支持乡村振兴和中小微实体可持续发展；在市场与客群方面，中小银行要抓住普惠金融的市场机遇，创新丰富信贷产品，优化工作机制，扎实推进普惠金融工

作。同时，把握城乡一体化发展的政策机遇，在产业支持、基础设施建设、民生等方面加大有效信贷投入，形成城乡一体化发展新格局。

近年来，部分中小银行已逐步明确业务定位、聚焦中小微企业，并实施有区域特色的差异化经营战略。例如，台州等地的地方性法人银行将“跑街”积累的社会化信息和“跑数”采集的数字化信息相结合，深度挖掘客户信息，改进服务流程，实现小微企业首贷3小时、续贷半小时①；常熟银行凭借其区域内充足的微贷资源叠加客群下沉战略，铸造了独特的“IPC+信贷工厂”小微模式，形成护城河优势②；在企业复工复产的大潮中，农商行、农信社纷纷抢滩“小店经济”，创新推出“摆摊e贷”等信贷产品，通过“线上+线下”的方式，打造特色金融服务，解决创业者“融资难、融资贵”问题。未来，中小银行差异化、特色化经营发展的趋势将更加明显。

二、疫情加速数字化战略转型

2020年伊始，一场突如其来的新冠肺炎疫情，使各行各业都经历了一次压力测试，银行业同样如此。疫情期间，一方面，多数银行的物理网点被迫关闭，失去了客户经营的线下抓手，“开门红”等业务活动取得的成效大打折扣；另一方面，银行的线上业务骤然上升，一些先知先觉、数字化程度高的银行在疫情期间纷纷转战线上并取得了积极效果。此次疫情，一方面，给银行业带来不小冲击，为中小银行带来新的警示；另一方面，为整个行业加速推进数字化转型提供了契机。天维信息的调查数据表明，高达50%的银行高管认为，数字化转型是否到位将在后疫情时代对银行的业务发展产生很大的影响。2020年2月14日，银保监会办公厅发布《关于进一步做好疫情防控金融服务的通知》对银行提出明确要求：加强科技应用，创新金融服务方式，提高线上金融服务效率，积极推广线上业务，强化电子渠道服务管理和保障。5月13日，国家发展改革委联合有关部门、国家数字经济创新发展试验区、

---

① 银保监会：切实加大信贷投放力度［EB/OL］. https://baijiahao. baidu. com/s? id = 1650692613954953354&wfr = spider&for = pc.

② 沈娟，蒋昭鹏. 2021银行转型四大趋势［EB/OL］. https://baijiahao. baidu. com/s? id = 1685640034480242891&wfr = spider&for = pc.

媒体单位，以及互联网平台、行业龙头企业、金融机构、科研院所、行业协会等 145 家单位，通过线上方式共同启动“数字化转型伙伴行动（2020）”。银保监会、中国人民银行以及四川省联社和浙江省联社位列其中，这次行动以打造“数字引领、抗击疫情、携手创新、普惠共赢”的数字化生态共同体为目的。此后，中国人民银行将助推金融机构加快推进数字化转型，运用科技手段优化业务流程、完善产品供给、增强风险技防能力，这些都要求银行加速自身的数字化转型进程。中小银行纷纷制定并加快实施数字化转型战略，数字化转型战略将成为银行的刚需。

三、“以客户为中心”，聚焦共创价值

近年来，“以客户为中心”成为商业银行推进业务发展、实现转型突破的重要发展理念，一些银行将“以客户为中心”提升到组织战略层面进行推进。

银行价值创造逻辑转变，进入“以客户为中心”价值共创时代。在以产品为中心的时代，价值创造聚焦于银行内部自身的资源、能力，根据现有资源来为客户提供产品和服务，客户被动接受。在“以客户为中心”的时期，银行仍然是价值创造的主体，只是银行在进行价值创造时会更多地纳入客户需求因素，将客户作为有利于价值创造的主体，为客户服务，促进价值创造，此时客户仍然处于一种被动参与的状态。而到了“以客户为中心”的价值共创时期，客户作为价值创造的主体之一，化被动为主动，并通过自身参与和体验作用于整个价值创造过程，这倒逼银行思考如何真正为客户创造价值。

第三节　绩效管理现状

当前，国内中小银行绩效管理现状体现在以下几方面。

一、地区差异明显

由于地区经济发展的差异，造成了中小银行在发展过程中也会存在明显差异，从而对绩效管理产生间接影响。东部沿海地区经济比较发达，这些地区的中小银行绩效管理模式成熟度高，尤其是江苏、浙江、广东、山东等省

份，一些中小银行已经开展绩效考核改革，绩效管理体系比较完善。中部地区的中小银行绩效管理体系成熟度为中等水平，大多处于由绩效考核向绩效管理过渡阶段。西部地区中小银行的绩效管理体系成熟度大多为初级水平，处于“大锅饭”的状态，缺乏科学的绩效考核理念。

天维信息将国内中小银行的绩效管理演进过程大体归纳为四个阶段，分别是粗放式绩效考核阶段、精细化绩效考核阶段、全面绩效管理阶段、战略绩效管理阶段，如表 2-1 所示。

表 2-1　国内中小银行绩效考核管理四阶段

考核维度	粗放式绩效考核阶段	精细化绩效考核阶段	全面绩效管理阶段	战略绩效管理阶段
考核模式	大一统的考核模式	以岗位为核心的考核模式	以员工素质为核心的考核模式	支持战略落地的绩效管理体系
考核工具	KPI	KPI/KBI	KPI/KOI/KBI/KCI/MBO	战略地图、BSC
考核程度	考核到机构	考核到人	全员考核	战略单元、全员考核
考核指标	以财务指标为主	财务指标和非财务指标相结合	财务指标和非财务指标相结合	财务、客户、流程、学习与成长四个维度的指标，EVA
考核导向	结果导向	结果导向	过程导向和结果导向	战略目标导向
结果运用	机构内平均主义	多劳多得、按绩取酬	全面薪酬管理和激励机制	从报酬导向到发展导向
牵头部门	计财部	人力资源部	考核办	战略绩效管理办公室

调查数据显示，仅 22%的银行处于全面绩效管理阶段与战略绩效管理阶段，40%的银行从粗放式绩效考核阶段进入精细化绩效考核阶段，而一些银行处于粗放式绩效考核阶段与精细化绩效考核阶段，整个行业的绩效管理水平还需要大力提升。未来，随着银行战略转型的深入推进，对银行的绩效管理水平提出了更高的要求。

二、绩效考核缺乏战略定位和差异化

在绩效考核由粗放式向精细化转变的过程中，由于内外部环境的变化，不同地域、不同发展阶段的银行对于绩效考核的需求呈现较大的差异化。中小银行尤其是农商银行由于缺乏个性化发展策略，通常是按省联社的考核办法“层层传递”或“层层加码”下达至银行分支机构。

当前，由于内外部环境的日趋严峻，银行尤其是中小银行面临着生存与发展的诸多难题，既有眼前急迫的如保住市场、压降不良资产等涉及生存的问题，也有战略转型、提升盈利能力等中长期问题。绩效考核作为银行发展的“指挥棒”和“发动机”，同样要面对和解决短期性与长期性发展的矛盾。一套适合的、科学的绩效管理体系应与银行的经营环境相适应，与银行定位及管理基础相结合。基于20年来服务中小银行的绩效管理咨询经验，天维信息分析总结出银行绩效管理“五结合”理论：把绩效管理与外部形势相结合、与银行发展阶段相结合、与银行发展战略相结合、与银行绩效管理基础相结合、与“一把手”管理风格相结合（见图2-1）。

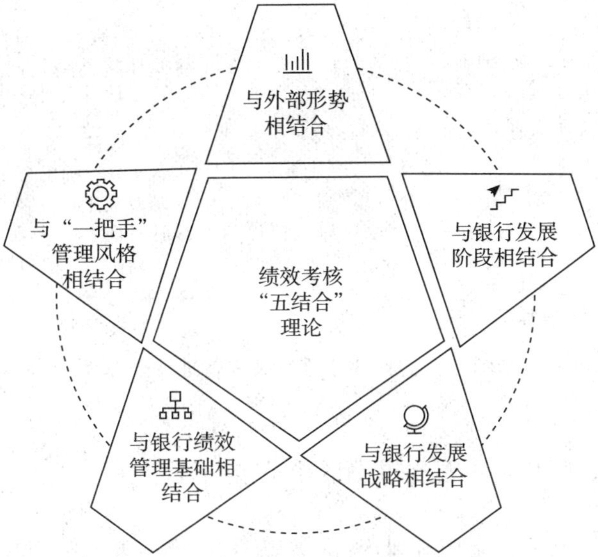

图2-1　银行绩效管理“五结合”理论

三、运营配套机制不完善影响考核效果

运营配套保障水平直接影响绩效考核效果的发挥。目前，国内中小银行在绩效考核中，把注意力放在绩效考核制度与考核系统建设上，而忽略了配

套的运营体系建设，如组织架构与岗位设置、绩效管理专员与绩效运营制度等建设。天维信息调查数据显示，近50%的银行高管认为，配套制度不健全和绩效考核体系各环节不能有效配合，是影响绩效考核的两大因素。在绩效考核的过程中，需要同时完善配套机制，因为绩效考核不是独立存在的，而是与其他制度配套才能发挥更好的效果。执行越有力度，绩效考核越有效果。

调查数据发现，绝大部分中小银行的绩效管理能力不足，绩效管理效果不甚理想。要提高绩效管理效果，就必须首先提升绩效管理能力，而要提升绩效管理能力，需要从四个体系着手（见图2-2）。随着绩效考核改革的推进，中小银行需要不断完善运营配套保障体系，进一步提升其绩效管理能力。中小银行通过打造四个体系，完善人才管理体系、等级评定制度、晋升制度等，设立绩效考核专员、技术专员，推进绩效考核改革，不断提升绩效管理的效果。

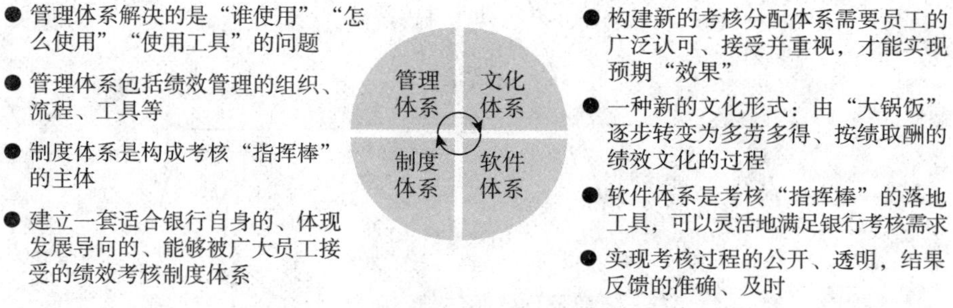

图2-2　打造中小银行绩效管理四个体系

四、信息化程度不高或IT系统支持不足

根据天维信息，在影响中小银行绩效考核管理与预期目标产生差距的主要因素中，高达54.1%的中小银行认为，缺乏科学的信息化绩效考核系统是主要的影响因素；相关的流程建设、规章制度也成为影响绩效考核的重要因素，其比例分别达到44.3%和39.3%。可见，银行绩效管理信息化程度总体还不高，相关的流程制度也不够完善，这需要专业服务机构来提供综合的解决方案。

由于IT系统支撑不足，商业银行遇到的问题主要包括数据提取难度大、不及时，考核流程不完善、考核分工不清晰，信息收集与分析欠缺等。其中，数据提取难度大、不及时是银行面临的最大问题，其比例高达55.7%，超过了1/2。这表明过半数中小银行的系统功能还不完善，影响绩效信息质量，进而会对业绩分配造成影响。此外，信息收集与分析欠缺、考核流程不完善和考核分工不清晰，占比也分别达到45.9%和41.0%。

五、“以客户为中心”的考核模式探索还在路上

国内中小银行发展转型的核心就是经营战略由“以产品为中心”向“以客户为中心”转变，进入“以目标客户为中心”的阶段。为保持与扩大金融市场的份额，挖掘信贷市场，更好地进行普惠金融实践与打造社区银行等，不少中小银行意识到客户价值的重要性，纷纷建立“以客户为中心”的服务体系。在“以客户为中心”的服务体系下，农村金融机构对客户进行分层，有针对性地进行客户关系管理、产品创新与营销，提升客户体验，充分挖掘客户价值。

银行通过考核实现新增客户规模、提高客户黏性、深挖客户价值的经营目标。围绕这一目标，各家银行实施各种转型策略，例如，网点转型、组织架构的调整、产品的创新、业务流程的优化、专业队伍的分设等。不同的策略背景下衍生的考核需求也不同：实施网点转型的银行，考核注重网点之间的差异化；实施组织架构调整的银行，对于事业部制，如金融市场部、网络金融部，注重新的考核模式和需求；实施产品创新的银行，如互联网金融产品，需要自主研发或与第三方合作；实施业务流程优化的银行，如信贷业务实施快速审批，小微业务实施“信贷工厂”模式等；实施专业队伍分设的银行，如区分公司、零售客户经理，或建立大堂经理队伍，推行厅堂联动营销，这会带来交叉销售、联合营销的考核需求。在科技支撑层面，有的银行已建立大数据中心，有的银行已设有互联网营销平台，不同银行的客户管理水平、已积累的基础数据等各有特点。整体而言，每家银行都根据自身的实际情况，探索属于自己的“以客户为中心”的战略模式和考核模式，尚未形成一套可复制的范式。

六、人才与数据成为价值考核的短板

经济增加值（EVA）作为衡量企业价值的指标，受到越来越多的企业的青睐。价值考核具有诸多优点，它能够识别利润来源、体现资本占用，实现更加精细化的管理。但是，EVA 考核对管理基础条件要求非常严格，要求银行具有较高的管理水平。在国内，管理水平较高的大型银行已经率先实现了 EVA 考核。然而，受限于管理水平、科技力量等因素，如一些过程和行为的数据无法采集，没有支撑的工具（工作日志管理系统、流程银行管理系统等），一些中小银行难以支撑以价值为中心的考核，因此，中小银行的价值考核尚未得到有效实施。

价值考核实践仍处于探索期，人才和数据是制约其发展的两大主要因素。很多中小银行都已实施模拟利润考核，体现了对风险、成本的重视。但各家银行实施程度各有差异，有的还停留在机构考核阶段，有的则处于客户经理考核阶段。制约这些银行模拟利润考核精细化发展的主要因素：一是缺乏能够科学合理定价的专业性人才；二是积累的数据不完整、不全面，影响定价及利润计算的准确性和时效性。由于实施模拟利润考核还有很长的磨合期，只有少数银行开始尝试 EVA 的计量和考核，且这些银行的 EVA 考核也仅限于机构的考核和较为初级的经济资本计量。因此，很多中小银行提出了相关人才的需求，包括大数据、风险管理、高级财务管理人才等。随着农村金融机构转型的推进，人员素质、信息系统、基础数据储备以及其他各种配套措施的完善，将会有更多的中小银行具备实施 EVA 考核的条件。

七、职能部室考核存在困难

目前，很多重视绩效考核的金融机构，实现了由总行垂直考核到个人的绩效考核方式。在激烈的外部竞争环境下，银行业已经告别了“躺着赚钱”的时代，踏上了转型之路。在改革的浪潮中，中小银行普遍首先对前台岗位进行改革，因为这些岗位处于一线，直接与市场对接，并且其业绩更加容易量化衡量。因此，许多中小银行对前台实现了垂直考核到个人，但对于性质各异的中后台的绩效考核依然是绩效考核中的难题。职能部室考核难，主要缘于其工作特点：部门间工作差异大；过程性工作较多，难以监控；事务性工作较多；价值创造具有延迟性；各部门、岗位性质、职责等不同，不像前台部门工作容易量化衡量。因此，职能部室考核主要存在如下难题：考核指标难量化、过程难监控、价值难测量、考核难精确、难以体现部门岗位的性质差异、结果难比较、结果难运用等。事实上，调查数据显示，超过40%的中小银行高管表示，目前职能部门绩效考核体制不完善，影响了全行绩效考核的效果。

第四节　战略绩效管理现状

在竞争日趋激烈的内外部环境下，中小银行普遍感受到战略引领的重要性，纷纷上马战略咨询项目，力求在战略制定和执行上占有优势。当前，对许多中小银行而言，考验不在于是否有战略，而在于如何有效地将战略落地，充分发挥战略的引领作用。

一、中小银行战略落地的主要问题

我国的中小银行在性质、地域、规模、客群上差别很大，虽然很多银行改制成为“商业银行”，但是由于历史沿袭因素，其计划经济机制的色彩浓厚，自身经营管理的能力差异巨大。除了自身条件的差异性较大之外，在资源匹配、跟进、督导、落地、评估等环节的投入和能力、战略落地和运营能力方面，各银行存在较大的不均衡性。基于上述背景，国内中小银行无论是自主推进战略管理工作，还是聘请第三方咨询公司，开展战略管理工作时都存在“落地难”的问题。深究其原因，主要有四大问题，即组织战略难以达成共识、组织战略难以分解、组织战略计划执行不到位、评估与反馈机制不健全。

（一）组织战略难以达成共识

在战略规划阶段，由于组织目标与当前发展现状存在差距，在设计目标任务时内部未能充分达成共识。此外，银行各条线对有限资源的争夺这一矛盾未能得到充分调和。

（二）组织战略难以分解

基于目前战略管理工作中遇到的实际困难，多数银行在制定战略之后，没有足够科学的工具对战略内容进行分解，未能厘清经营发展方向，导致战略被束之高阁。

（三）组织战略计划执行不到位

仅解决发展方向还不够，有不少银行在根据战略规划内容厘清细化目标之后的实际运营中，对于各阶段战略目标的跟进与控制未能充分按预想实施，最终使战略管理流于形式。

（四）评估与反馈机制不健全

在战略管理过程中很难完全符合预期计划，如果未建立定期对战略实施落地情况进行评估和反馈的机制，则难以确保过程管理质量。而这一环节恰恰是一些银行执行战略管理过程中所缺失的。

二、组织架构不能适应精细化管理的需要

目前，我国中小银行普遍实行总行行政管理为中心、分行经营为中心的条块结合式经营管理模式。这种分层模式对我国商业银行的发展起到了重要的推动作用，不可否认的是，这种分层组织体制也存在诸多问题。这种分层组织结构以分支机构为利润核算单位，分支机构独立经营、分散经营，区域市场相互分离。因此，商业银行的资源配置过于分散和低效。此外，在这种块状模式的组织管理体制下，资金、人员、财务、物资等成本将在各部门和业务环节之间流转，使各部门、各机构的成本责任难以明确界定，因此，很难对这些部门进行科学的绩效评价。这个问题在总行部门的绩效考核中更加明显。目前，在总行、分行、支行三级管理体制下，总行大部分部门并不是直接的利润中心，而是承担管理和服务的职能，这使总行部分部门的职责不是很明确，特别是中台部门和后台部门。由于中台和后台均不是直接的业务运营部门，对这些部门的评价不会集中在相关财务指标上，而主要是对其评价过程维度的相关指标进行评价。但这些指标一般以软指标为主，在缺乏真

正意义上条线管理的情况下，难以准确评价这些软指标。此外，在条块结合式经营管理模式下，许多总部部门的指标由这些部门自己制定，这将导致这些部门目标值的确定往往会尽力降低，以确保可以超额完成任务。但是，这样的评价很难科学地衡量各部门的贡献，也难以保证整个银行战略目标的实现。

三、战略绩效管理保障机制尚待完善

（一）战略绩效管理组织体系的建设有待加强

目前，大多数商业银行在董事会层面设立了战略管理委员会，在运营层面设立了战略发展部、战略规划部等战略管理部门。然而，实际情况是，大多数中小银行战略管理组织的职能过“虚”，只负责战略规划的审定，而没有深入战略实施和战略控制工作，且战略的宣传、实施、推广、评价、反馈等工作也没有深入。中小银行战略管理组织体系的构建主要存在以下问题。一是董事会与管理层之间缺少决策边界，没有建立科学的决策程序和决策责任体系。二是需要加强战略发展部门的战略分析与评价职能。三是没有明确的战略控制组织部门，缺少专职人员对战略执行的情况和结果进行检查、管理、监督，无法及时给予奖惩。四是缺乏战略实施和控制，战略实施是实现战略目标的核心，商业银行应加强制度建设，完善绩效评价机制，不断提高战略实施的有效性；同时，要加强战略控制，确保战略实施的进度和成果符合战略规划的预期进度和成果。

（二）绩效管理系统有待建立和完善

一些先进的商业银行能够有效运用战略绩效管理的一个非常重要的原因是，这些商业银行拥有先进的绩效管理系统。在信息技术的支持下，战略绩效管理电子化，实现了有效的信息反馈和信息共享，为管理者提供了战略管理和绩效评价的平台，大大提高了信息的及时性和评价的客观性。国内中小银行普遍缺乏完善的绩效管理体系，绩效评估只是阶段性的，绩效管理部门往往在年底一次性收集各种评估数据进行计算，得出评估结果。这种年终一次性评估，使商业银行管理者难以及时、有效地监控分支机构和部门的战略执行情况，严重削弱了战略绩效管理职能。

第三章　中小银行战略绩效管理理论

中小银行要做好战略绩效管理，关键在于通过战略管理和绩效管理将银行中长期的战略规划变成员工与各层级机构的工作目标，员工各司其职完成个人目标，各层级机构完成组织目标，银行完成整体战略目标。

第一节　战略绩效管理模型

一、战略绩效管理与传统绩效管理的区别

在银行的日常经营中，经常会出现一种奇怪的现象：银行部分支行绩效突出、部分条线业绩优异，但银行战略目标未能实现。造成这一现象的根本原因在于战略与绩效管理相脱节，即战略的制定和实施未有效融入绩效管理中，未形成一体化的战略绩效管理体系。

传统绩效管理是以会计准则为基础、以财务指标为核心、以利润为导向的绩效管理方式。作为立足于银行现状或者短期计划（如年度经营计划）的管理模式，不能完全符合银行战略发展的要求，未充分体现银行的长期利益，在银行经营整体上无法实现战略性改进。

战略绩效管理是对银行战略目标实现与落地实施的过程管理，是测评与监控战略推进的重要手段。绩效考核的指标也不仅仅是一两个结果性的财务指标，还涉及很多非财务指标方面的内容，如客户层面的指标、创新层面的指标、员工学习与发展层面的指标等。

传统绩效管理与战略绩效管理最大的差别在于，传统绩效管理通过短期激励促进业务发展，而战略绩效管理则通过短期、中期、长期相结合的方式

为业务发展提供持续的动力。战略绩效管理与传统绩效管理的区别见表3-1。

表3-1 战略绩效管理与传统绩效管理的区别

对比维度	战略绩效管理	传统绩效管理
理念	绩效管理对战略管理进行承接，并相互融合	相对独立存在的人力资源管理模块
角色与执行	战略制定，并有效地落地执行，以测评与监控战略实施为主	短期工作计划执行，以统计核算性工作为主
时间视野	短期、中期、长期	短期
绩效指标	财务指标与非财务指标相结合，组织绩效和个人绩效一体化	以财务指标为主
实现效果	实现银行战略目标，并持续促进银行业务发展	提高员工积极性，并促进银行业务发展

二、中小银行战略绩效管理模型

天维信息对20年来服务中小型银行的管理咨询经验进行分析总结，根据中小银行的战略绩效管理定位，构建了一个多理论融合、动态变化的中小银行战略绩效管理模型。

战略绩效管理作为绩效考核管理成熟度的第四阶段，不再单纯以绩效管理体系存在，而是在绩效管理体系的基础上增加战略管理体系，使两者结合形成更完善的管理体系。

由图3-1可知，中小银行战略管理与绩效管理并非独立存在的两个体系，而是相互承接与融合所形成的一体化模型。

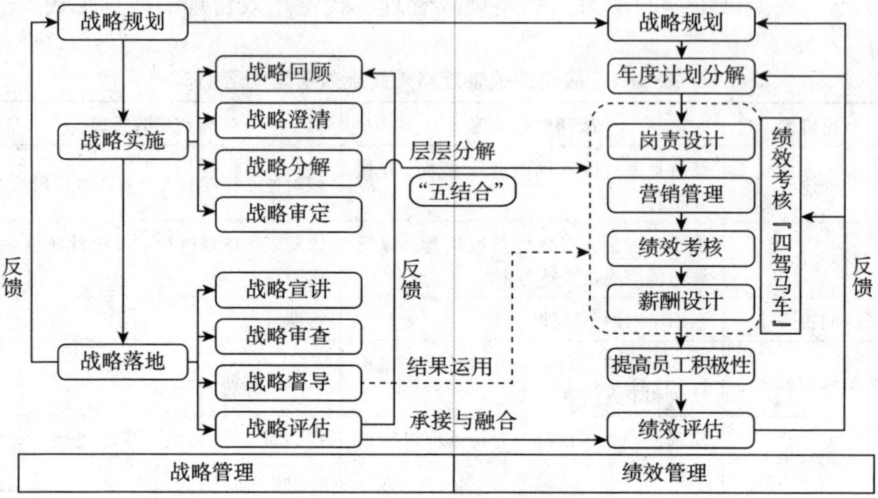

图 3-1　中小银行战略绩效管理模型

（一）战略管理体系

战略管理体系包括战略规划、战略实施和战略落地，这三个环节形成中长期（常见为 3~5 年）的闭环式循环。战略规划是战略管理的第一步，但战略规划并非区分公司卓越或平庸的最重要因素。吉姆·柯林斯在《从优秀到卓越》中总结了一个观点：战略本身并不能将卓越公司与对照公司区分开来，许多公司都拥有战略规划，这是战略管理的第一步，没有证据显示卓越公司比对照公司在战略制定上花费更多的时间。因此，战略管理的成败更多取决于战略实施和战略落地。战略实施是战略管理的第二步，将战略规划变成具体的行动计划；战略落地是战略管理第三步，将具体的行动计划付诸实践的运营过程。天维信息对战略实施和战略落地进行了精细化研究，共提炼出八大模块工作内容，战略实施包括战略回顾、战略澄清、战略分解和战略审定四项工作，战略落地包括战略宣讲、战略审查、战略督导和战略评估四项工作。在战略评估完成后形成一个反馈至战略回顾的循环机制，从而在战略实施和战略落地两个环节形成短期（常见为 1 年）的闭环式循环。

（二）绩效管理体系

绩效管理体系包括战略规划、年度计划分解、绩效考核“四驾马车”和绩效评估四项工作。由于绩效管理是循环式的过程，在绩效评估完成后分别反馈至战略规划、年度计划分解、绩效考核“四驾马车”，形成新一轮的闭环式循环。

（三）战略管理与绩效管理的结合点

战略管理与绩效管理存在紧密的联系，结合中小银行的管理咨询经验进行分析总结，主要包括四个关键的结合点。第一个结合点为战略规划工作，无论是战略管理体系还是绩效管理体系都起源于战略规划。第二个结合点为战略分解工作，通过层层分解，形成绩效考核“四驾马车”可量化的细项工作。第三个结合点为战略督导工作与绩效考核“四驾马车”相结合的内容，其并非必要的结合点，因为战略督导的结果运用可通过绩效考核实现或者不通过绩效考核实现。第四个结合点为战略评估与绩效评估相结合，两项工作相互承接与融合，为两个体系形成整体的闭环管理搭建互通的桥梁。

第二节 战略管理体系

战略规划、战略实施和战略落地在战略管理体系中有着不同的意义。战略规划是战略管理的起源，战略实施是战略管理的核心，战略落地则是战略管理的重心，三者紧密衔接，缺一不可。

一、战略规划

2021 年作为“十四五”规划开局之年，以及监管趋严、监管松绑交互叠加等政策相继推出，要求中小银行深化改革；金融业加速对外开放、利率市场化、大行下沉，行业竞争压力剧增；社会结构变化、客户需求升级对银行业务提出新要求。以上这些外部环境变化带来的压力都促使中小银行必须练好“内功”，提升管理水平，应对困难与挑战。

银行的战略规划一般来源于以下四种途径：一是聘请第三方公司制定战略规划；二是银行内部自主制定战略规划；三是沿用上级管理机构（如省联社）制定的战略规划，稍作调整或不调整进行使用；四是没有明确的中长期战略规划，只有年度总结和下一年度工作计划。

部分中小城商银行采用第一种途径或第二种途径制定战略规划，但多数中小银行尤其是农商银行受限于历史原因、规模原因或体制原因，战略规划的制定一般源于第三种途径或第四种途径。由此可见，虽然战略规划是战略绩效管理的重要领域，但是对于当前的中小银行而言并非必不可少的环节。

根据上述第三种途径和第四种途径的启示，明确如何承接省联社战略规划，制定适用于自身发展的战略规划方案，或者将年度计划延伸至中长期的战略规划，将有助于提升中小银行战略管理水平和战略规划的适用性。

（一）承接上级管理机构的战略规划并形成自主的战略规划方案的思路

银行一般依据战略金字塔模型制定战略，包括远景（或“愿景”）、使命、价值观、战略定位、业务规划和战略支撑保障六个模块（见图 3-2）。

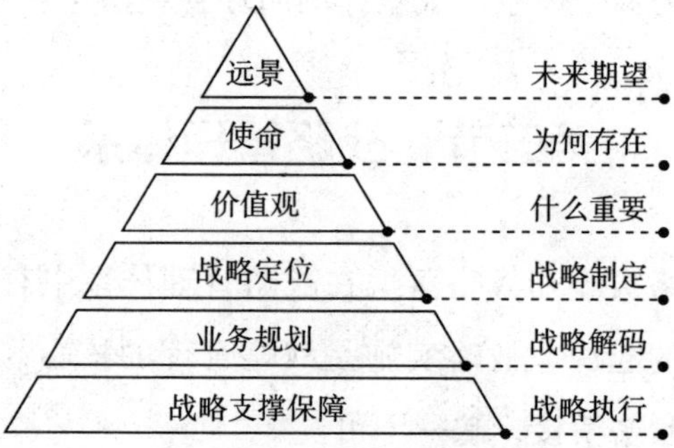

图 3-2　战略金字塔模型

由图 3-2 可知，前三个模块（远景、使命、价值观）属于精神层面的内容，指导着全员的思想；而后三个模块（战略定位、业务规划、战略支撑保障）属于行动层面的内容，指导着全员的行为和具体工作的开展。因此，银行在贯彻上级机构精神时，远景、使命和价值观三个模块需要紧密跟随，并在此基础上结合自身情况适度调整；根据银行自身的定位和发展战略，建议对战略定位、业务规划和战略支撑保障三个模块进行个性化调整。

案例

K 农商银行是 H 省改革创新的生力军，2019 年末，根据 H 省联社高质量发展工作规划，制定了 K 农商银行战略规划报告。在保证遵循 H 省联社战略规划发展道路的前提下，制定适用于自身发展的战略规划，K 农商银行与 H 省联社战略规划承接对比分析见表 3-2。

表 3-2　K 农商银行与 H 省联社战略规划承接对比分析

模块	K 农商银行	H 省联社	匹配程度
远景	建设有温度的百姓银行	建设有温度的百姓银行	完全一致
使命	服务“三农”，服务县域，支农支小	服务“三农”，办成地方政府的银行、老百姓家门口的银行	相同
价值观	①“三农”情怀； ② 价值创造； ③ 奋斗文化； ④ 行稳致远	① 厚德立责，革故鼎新； ② 兴农兴商，至诚至信； ③ 客户至尊，员工至尚	个性化调整
战略定位	转型发展和深化改革同时进行	2019—2020 年稳步提质 2021—2023 年转型提质	个性化调整
业务规划	“三大提升战略”： ① 业务发展规划； ② 财务精细规划； ③ 风险管理规划	“三大战略转型”： ① 加快推进市场转型； ② 加快推进科技转型； ③ 加快推进管理转型	个性化调整
战略支撑保障	“一个引领战略”： 党建引领规划 “五大支撑战略”： ① 公司治理规划； ② 审计监督规划； ③ 人力资源管理规划； ④ 科技支撑规划； ⑤ 企业文化规划	“五大战略工程”： ① 党的核心作用引领工程； ② 金融核心业务提升工程； ③ 科技核心系统建设工程； ④ 团队核心管理优化工程； ⑤ 企业核心价值培育工程	个性化调整

从 K 农商银行与 H 省联社的战略规划对比可以看出，两者远景和使命相同。在价值观、战略定位、业务规划和战略支撑保障的模块中，K 农商银行基于 H 省联社的战略规划，进行适度个性化调整，但在发展方向上与 H 省联社保持一致。

K 农商银行进行个性化调整的主要原因如下。

1. 价值观层面

H 省联社的工作职能主要为服务、指导、协调和管理，在价值观层面与国家政策方针和内部管理相匹配。但 K 农商银行作为企业，除了遵循国家政策方针和提升内部管理以外，还需要关注银行的利润创造和股东的价值贡献，因此增加价值创造和奋斗者文化的价值观，更符合 K 农商银行的实际情况。

2. 战略定位层面

K 农商银行与 H 省联社的战略定位并没有明显的差别，唯一的不同是 H 省联社分阶段开展工作，实现目标；而 K 农商银行则采用同步的方式开展工作，实现目标。

3. 业务规划和战略支撑保障层面

H 省联社提出了“三大战略转型、五大战略工程”的战略举措，面向全辖范围 100 多家农商银行，与下辖各银行分支机构经营现状不完全匹配，因此 K 农商银行对总行战略进行了个性化调整。

由于 K 农商银行刚完成脱困摘帽攻坚工作，在风险合规管理、审计管理和财务管理的模块中需要巩固前期打下的基础；而且，在业务发展模块中需要结合本地 AAAAA 级旅游景点的优势，贯彻旅游金融生态圈发展的思路。因此，基于省联社战略举措的基础，K 农商银行制定了“一个引领、三大提升、五大支撑”的业务规划和支撑保障规划，更适用于 K 农商银行的实际情况。

（二）将年度计划延伸至中长期的战略规划的思路

银行年度计划一般源于中长期战略规划分解。但部分中小银行精细化管理水平有待完善，暂未制定中长期战略规划，只是每年进行年度总结并制订下一年度工作计划。从多家银行年度计划结构和内容分析可知，年度计划结构与中长期战略规划有一定相似性，部分工作可结合实际落地计划安排，适度进行延伸。

L 农商银行年度计划向中长期规划延伸的分析思路见表 3-3。

表 3-3　L 农商银行年度计划向中长期规划延伸的分析思路

2019 年工作回顾及 2020 年工作计划报告		中长期规划延伸分析建议
1. 2019 年工作回顾	1. 1 业务发展回顾	每年持续更新
	1. 2 脱困化险突破	未完成、待改善①
	1. 3 服务地方经济	未完成、待改善②
	1. 4 内控合规加强	未完成、待改善③
	1. 5 党建工作见效	未完成、待改善④
2. 面临的形势与挑战	2. 1 普惠金融建设	与 2019 年工作回顾衔接②
	2. 2 零售转型提质	与 2019 年工作回顾衔接②
	2. 3 脱困化险延续	与 2019 年工作回顾衔接①
	2. 4 内控合规加强	与 2019 年工作回顾衔接③
3. 2020 年工作计划	3. 0 九项核心业务指标任务	每年持续更新
	3. 1 党建引领深化改革和高质量发展	在 2019 年基础上优化延伸④
	3. 2 把控风险管理，防控各类风险	在 2019 年基础上优化延伸①③
	3. 3 加强普惠金融	在 2019 年基础上优化延伸②
	3. 4 零售银行转型，提高核心竞争力	在 2019 年基础上优化延伸②
	3. 5 提高精细化管理水平	2020 年新增任务
	3. 6 加强人才培养，打造高素质团队	2020 年新增任务
	3. 7 深化改革，加强发展动力	2020 年新增任务

从 L 农商银行 2019 年工作回顾及 2020 年工作计划报告分析可知，在年度工作回顾中一般会提及上一年未完成、待改善的工作（如表格中 1. 2～1. 5 的内容），并根据所面临的形势制定调整方案（如表格中 2. 1～2. 4 的内容），最后提出下一年的工作计划。在下一年的工作计划中，基本包括上一年未完成的工作，且包括新增的工作任务。

因此，若需从银行年度计划中识别关键工作并延伸至中长期规划时，可遵循以下方式分析并确定中长期规划内容：

一是除核心业务指标以外，其余每年均会提及的工作或指标；

二是银行当年面临的挑战，需要新增的工作任务；

三是其他与银行发展相关的关键工作。

（三）战略规划质量的提升

在条件允许的情况下，为了进一步提升银行战略规划的质量，银行战略发展委员会可在省联社战略规划方案的基础上进行延伸，制定更完善的战略规划方案。

图 3-3 所示模型为天维信息根据所服务的商业银行战略报告进行提炼，并结合战略金字塔模型制定的中小银行战略规划模型。

图 3-3 中小银行战略规划模型

与战略金字塔模型对比，进一步深化调整内容包括以下几点。

1. 基于战略金字塔模型增加发展目标模块和实施落地模块

（1）银行制定战略规划的最终目标是落实到各项经营发展指标上，如资产规模、存贷款规模、利润、资本充足率及转型发展指标等。因此，明确总体战略目标和阶段性目标，是中小银行制定战略规划的必要选择。

（2）根据战略绩效管理模型，战略管理体系不仅包括战略规划，还包括战略实施和战略落地。因此，在模型中明确“两大领域、八大模块”的内容，将有助于战略管理工作的后续承接。

2. 业务发展战略聚焦于四大业务板块

综观中小银行的经营范围和擅长的业务领域，聚焦于小微金融、个人金融、公司金融和金融市场四大业务板块的发展，并取得均衡，将有助于银行的持续发展。

若部分中小银行涉及国际业务，或者习惯单列普惠金融业务（或“三农”业务），可基于四大业务板块进行个性化调整。

在选择业务发展战略时，重点选择不做的业务，避开追求面面俱到或者全面发展的误区。

3. 战略支撑可从八个方面考虑

战略支撑是银行业务发展战略达成的保障。若银行未聘请第三方公司制定战略规划，容易对战略支撑工作的规划有所忽略。因此，基于银行同业经验总结，应构建包括党建管理、风险管理、财务管理、运营管理、组织架构、人力资源、企业文化和信息科技八个方面的战略支撑体系。

二、战略实施

战略实施是承接战略规划到战略落地的桥梁，是战略绩效管理工作的核心。本阶段主要围绕战略规划阶段制定的各项战略目标进行回顾、澄清和分解等，把目标变成具体实施路径。

（一）中小银行在战略实施阶段面临的问题

由于缺乏战略管理经验，或者精细化管理程度不足，中小银行在战略实施过程中普遍面临以下四个方面的问题。

1. 未形成战略共识，造成认知偏差

第一种情况是银行制定战略规划后，员工对全行的战略规划方案没有充分理解，在进行部门级或岗位级战略方案分解、细化时容易造成偏差。第二种情况是战略规划的周期一般需要经历 3~5 年的时间，但每年均需要对战略规划进行分解，形成年度计划。在分解战略时，由于缺乏对全行战略完成情况的回顾，在制订年度计划时容易出现偏差。

2. 缺少战略分解环节

部分中小银行缺少战略分解环节或者战略分解环节流于形式，仅将可量化的经营目标进行逐层分解。部分中小银行即使开展战略分解工作，也缺乏连续性，无法将战略分解的成果细化到具体可落地的行动方案中，难以进行量化评价。

3. 战略分解后缺乏审定评价机制

为了保证战略落地可执行，银行在制定全行战略规划方案后，需要将其交付至各分管行领导或者总行部门，进行部门级或岗位级战略分解。部门级或岗位级战略能否进行合理准确的分解，往往取决于是否进行有效评价，但银行往往缺乏对战略进行审定和评价的机制。

4. 战略工作与日常工作混淆

战略工作着眼于银行未来的发展，日常工作着眼于银行当前的经营和管理。分管行领导或部门在进行战略细化分解时，往往只关注当前的短期目标，把当前需要开展的工作与战略工作混为一谈，未能有效顾及全行的长远发展。

（二）中小银行的战略实施方案

战略实施作为战略绩效管理的核心，需要把握正确的战略管理方向。为了消除员工经验和水平的差异对战略管理的影响，可通过规范的流程和合理的管理方法把握正确的方向。

天维信息根据20年来服务于中小型银行的管理咨询经验，提炼出战略实施的四大模块内容，以及通过四大模块工作后所形成的核心成果物（见表3-4）。

表3-4 战略实施的四大模块及核心成果物

序号	模块名称	核心成果物
1	战略回顾	战略回顾报告
2	战略澄清	战略澄清报告
3	战略分解	“两图一表”： （1）战略地图； （2）战略实施路径图； （3）战略任务分解表
4	战略审定	战略审定报告

1. 战略回顾

围绕银行中长期战略规划及执行的情况进行回顾总结，展示战略工作的实施完成情况。战略回顾报告主要通过战略主题完成情况和银行业绩完成情况两个维度进行分析，内容如下。

（1）战略主题完成情况：主要是银行已确定的标志性事件，且对银行的中长期发展造成影响，如增资扩股、组织架构调整、机构分级分类、员工分级分类和全面预算系统上线等事件。

（2）银行业绩完成情况：可结合银行现有经营体系进行分析，一般包括经营效益、核心发展指标、资本充足率和转型发展指标等内容。

2. 战略澄清

通过总结梳理当前战略管理中的痛点问题并进行诊断，将战略澄清作为银行战略分解执行的依据。开展战略澄清工作主要有以下三方面的原因。

（1）从战略规划到战略分解需要有过渡的模块。由于战略规划报告具有高度的概括性，如果对战略规划报告直接进行分解，则难以形成有效的举措。因此，在开展战略分解之前，需要对战略规划报告进行战略澄清，从而提升战略管理工作的信度。

（2）若发现战略在执行中出现问题或偏差，可通过战略澄清对问题进行澄清，并对战略进行调整，形成有效的执行方案。

（3）银行自身发展的需求或外部市场环境的变化，对银行的战略发展造成影响并形成新的战略需求，需要在战略周期结束前开展工作。可通过战略澄清对新的需求进行识别和调整，以此作为新的战略后续分解的依据。

战略澄清报告是本模块工作的核心成果物，并非一成不变地将原有战略规划报告进行澄清。当战略规划发生重大变化时，需根据工作流程严格执行战略澄清工作，并形成战略澄清报告。

3. 战略分解

战略分解最关键的环节旨在厘清战略实施的各项具体工作，将目标变成可评价的实际工作计划。在战略分解模块工作中，核心成果物为“两图一表”——战略地图、战略实施路径图和战略任务分解表，各成果物制定的目标不同，发挥的作用也不同（见表3-5）。

表3-5　制定“两图一表”的机构及作用

序号	核心成果物	负责制定机构	制定成果物作用
1	战略地图	战委会/董事会	将战略规划变成可视化的图表，并确定战略目标
2	战略实施路径图	战委会/经营管理层	围绕各项战略目标制定中长期的实施路径，并形成每年的工作规划。保障中长期战略发展不偏离，短期工作计划落地有成效
3	战略任务分解表	中层管理者	根据当年工作规划，制定具体的工作步骤和评价指标，作为战略工作执行的依据和具体的工作计划

注：在部分规模较小的农商银行，由于董事会和经营管理层没有非常清晰的工作边界，因此由董事会和经营管理层成员共同组成战略发展委员会（简称“战委会”），完成战略地图和战略实施路径图的制定工作。

“两图一表”有明确的制定顺序和层级差异，战略地图是制定战略实施路径图的依据，由战略决策层推到全行战略执行层；战略实施路径图是制定战略任务分解表的依据，由全行战略执行层推到各项战略工作执行层。“两图一表”的制定，不再让战略目标停留在董事会或经营管理层，而是成为全行各机构、各部门的共同目标。

4. 战略审定

为保障战略分解工具的正确使用，在战略落地前进行“两图一表”的最终审定。“两图一表”的制定实现了战略目标的层层分解和战略工作的下沉，但为了保证战略目标与工作不偏离，在“两图一表”完成后，由决策层分步骤或统一进行战略审定，执行顺序见表3-6。

表3-6　战略审定执行顺序

序号	核心成果物	初审机构	终审机构	特殊说明
1	战略地图	—	战委会/董事会	可根据需求不进行审定
2	战略实施路径图	—	战委会/董事会	—
3	战略任务分解表	战委会/经营管理层	战委会/董事会	若董事会和经营管理层没有清晰的工作边界，可由战委会统一审定

（三）战略实施流程

为保证战略管理工作的执行效果，战略实施工作需每年开展一次。若为战略规划实施的第一年，建议在 9—10 月启动战略实施工作，预留充足的时间进行中长期战略分解和短期战略分解工作；若非战略规划实施的第一年，建议在 10—11 月启动战略实施工作，以便于次年战略工作的开展。

战略实施阶段四个模块工作主要由董事会牵头，经营管理层和中层管理者配合完成各项工作，整体工作流程见图 3-4。

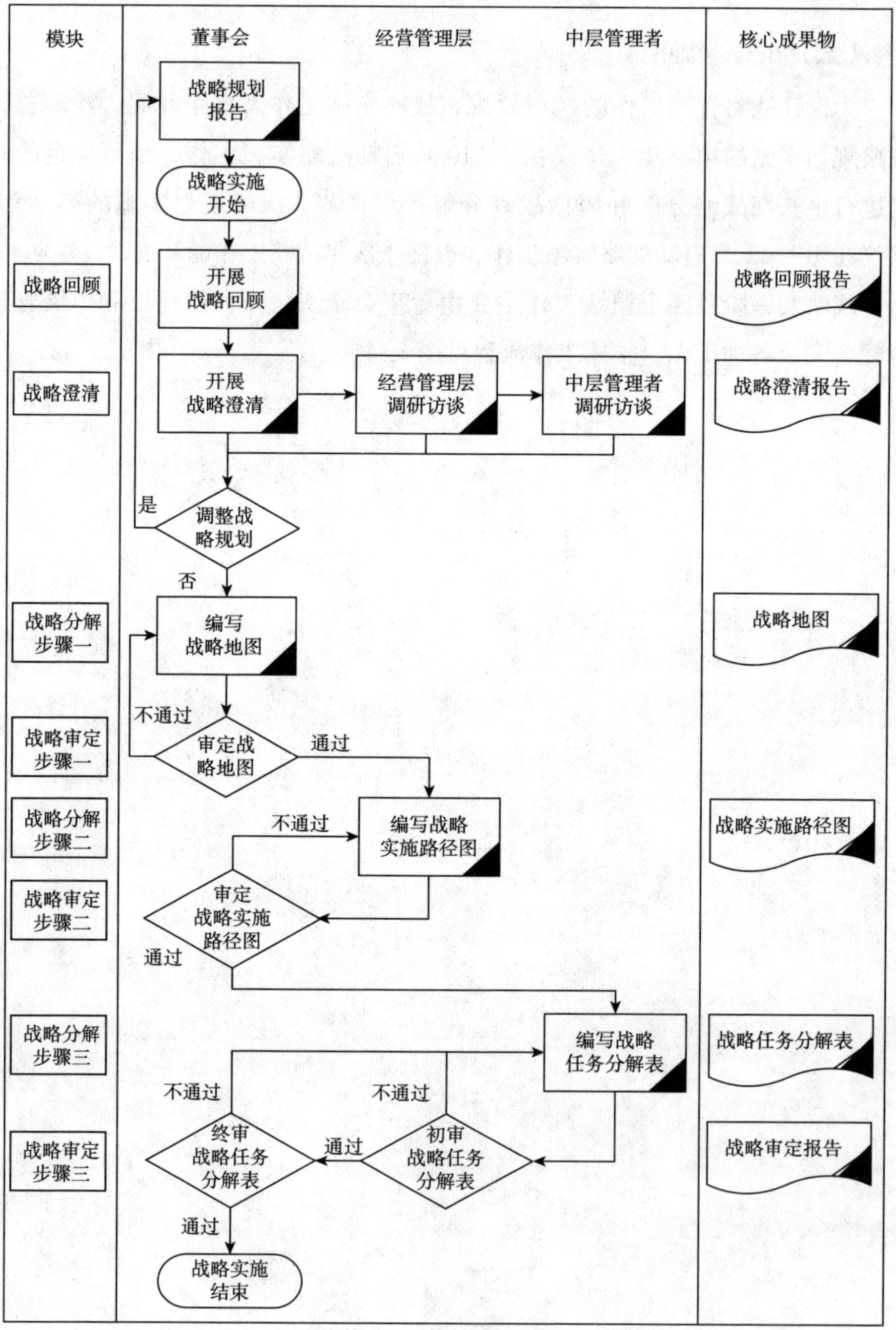
模块
董事会
经营管理层
中层管理者
核心成果物
战略规划报告
战略实施开始
战略回顾
开展战略回顾
战略回顾报告
战略澄清
开展战略澄清
经营管理层调研访谈
中层管理者调研访谈
战略澄清报告
是
调整战略规划
否
战略分解步骤一
编写战略地图
战略地图
不通过
战略审定步骤一
审定战略地图
通过
战略分解步骤二
不通过
编写战略实施路径图
战略实施路径图
战略审定步骤二
审定战略实施路径图
通过
战略分解步骤三
编写战略任务分解表
战略任务分解表
不通过
不通过
战略审定步骤三
终审战略任务分解表
通过
初审战略任务分解表
战略审定报告
通过
战略实施结束

图 3-4　战略实施流程

战略审定结束是战略实施阶段结束的标志性工作，董事会完成战略管理过程中的各项工作，将权力移交经营管理层，进入战略落地阶段。

三、战略落地

战略落地是战略管理最终落地和执行的阶段，是决定战略目标能否达成的关键阶段，是战略绩效管理工作的重心。本阶段工作持续时间最长，贯穿整个战略规划周期，属于持续推进、持续改善并不断循环的工作阶段。

(一) 中小银行在战略落地阶段面临的问题

中小银行由于缺乏战略管理经验，在战略落地过程中普遍面临以下四个方面的问题。

1. 战略管理工作未能有效传导至各层级员工

在战略规划和战略实施阶段，主要牵头者为董事会和经营管理层，中层管理者承担配合者的角色，基层员工几乎不能参与。但战略的落地并非依靠董事会或经营管理层就能完成，而是依靠全行力量才能达成。全行员工对战略了解不充分，是战略管理工作中经常遇到的问题。

2. 缺乏阶段性审查或纠偏机制

部分中小银行制定各项战略目标实施路径和战略任务之后，缺乏阶段性审查机制，仅在战略周期结束或每年结束后才进行战略评价。由于缺乏过程性监督，战略目标是否达成只能听天由命，难以保证目标的实现。

3. 战略管理缺乏激励和约束机制

部分中小银行战略管理工作的落地并没有匹配的激励和约束措施，战略目标是否达成与员工的晋升、退出甚至薪酬的多少没有关联。战略工作是否按计划开展全凭自觉，完成好坏对个人的得失也没有影响。

4. 战略评价后缺乏改进机制

部分中小银行在战略周期结束或每年结束后只撰写总结报告，并未深入剖析整个战略管理过程中存在的问题，未形成下一周期或下一年度的改进方案。

(二) 中小银行的战略落地解决方案

战略落地工作主要由经营管理层牵头，并下沉至各机构、各部门，甚至需要由各岗位或具体员工完成。战略落地领域的四大模块，以及通过四大模块工作后所形成的核心成果物见表 3–7。

表 3–7　战略落地的四大模块及核心成果物

序号	模块名称	建议开展周期	核心成果物
1	战略宣讲	每季度/每月	战略宣讲材料
2	战略审查	每季度	定期战略审查报告
3	战略督导	每季度/每月	战略督导联动模板
4	战略评估	每季度/每年	（1）阶段性战略评估报告； （2）总结性战略评估报告

1. 战略宣讲

战略宣讲帮助员工了解全行战略方向和价值定位，为战略落地提供支撑作用。针对不同层次的员工，开展差异化战略宣讲工作，具体可分为总体性战略宣讲和阶段性战略宣讲两种形式（见表 3–8）。

表 3–8　战略宣讲工作的两种形式对比

形式	总体性战略宣讲	阶段性战略宣讲
开展时间	战略审定阶段结束	按季开展
宣讲对象	（1）总行领导； （2）总行部室（事业部）负责人； （3）各分行/支行行长	基层员工
宣讲内容	（1）已通过战略审定的“两图一表”； （2）后续战略落地阶段的项目安排及计划	结合经营分析会（季度/月度）或绩效考核制度培训开展

2. 战略审查

每季度末开展一次战略审查，保障各机构在战略落地阶段，高质量完成战略关键任务及重要事项，审查对象包括服务组织战略的机构。战略审查由各机构、各部门填写战略审查表，并由经营管理层牵头整理战略事项跟踪台账，通过目标与结果的对比，形成战略审查报告。

若银行信息科技条件允许，可通过信息科技系统实现战略审查无纸化管理，并且通过信息科技系统的支持，可实施监督战略工作的完成情况，让战略工作执行者了解目前结果与目标的差距，及时对战略进行调整或纠偏。

3. 战略督导

为有效监督和指导职能层战略落地的实施，在战略审查后根据审查的结果，将战略督导应用到部门或员工的评价或绩效考核中。银行常见的战略督导应用，主要通过日常绩效考核或者形成独立的评价体系实现（见表 3-9）。

表 3-9 战略督导工作的两种常见形式对比

形式	通过日常绩效考核	形成独立评价体系
适用范围	战略任务分解表	（1）战略实施路径图； （2）战略任务分解表
适用对象	（1）各机构、各部门； （2）员工	（1）经营管理层； （2）各机构、各部门； （3）员工
运用方式	作为日常绩效考核得分的依据	丰富的运用手段，如作为履职评价得分依据、绩效考核得分依据、员工晋升/退出的依据、对战略任务进行评价
优点	对现有资源分配体系影响较小	运用手段丰富，可实现物质层面和精神层面激励
缺点	（1）容易将战略工作和日常工作混淆； （2）运用方式单一，激励性一般	（1）对现有资源分配影响较大，或重塑资源分配体系； （2）对银行管理水平要求较高

战略督导工作的开展，各家银行的差异性较大，银行需要根据自身管理水平、资源分配情况和员工接受程度，制定个性化的结果运用方案。

4. 战略评估

实施战略评估的目的在于能够实时监控战略能否落地以及落地效果，建立定期检视及纠偏机制，通过持续的跟踪与督导，充分保证战略有效落地。战略评估根据管理层级和时间要求的不同，具体可分为总体性战略评估和阶段性战略评估两种形式。其中，总体性战略评估由董事会负责，阶段性战略评估由经营管理层负责，两种形式对比见表 3-10。

表 3-10 战略评估工作的两种常见形式对比

形式	总体性战略评估	阶段性战略评估
负责人	董事会	经营管理层

续表

形式	总体性战略评估	阶段性战略评估
开展周期	每年年末 （或战略周期结束时）	按季度定期开展
评估依据	（1）战略地图； （2）战略实施路径图	（1）战略实施路径图； （2）战略任务分解表
评估意义	总结本年战略绩效管理项目，承接下一期战略回顾及澄清工作	针对战略落地各模块开展情况展开评估，梳理调整建议

战略评估的维度可与战略规划内容相结合，从而更有效地与战略规划进行承接，常见战略评估内容见图 3-5。

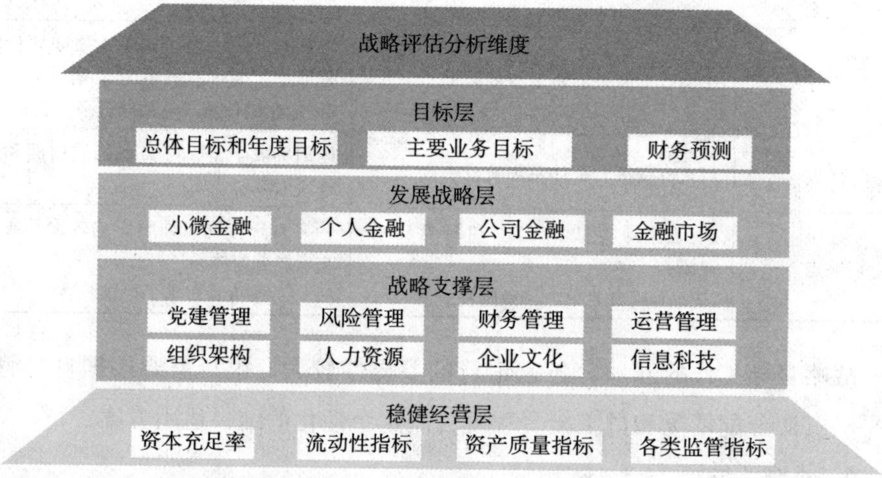

图 3-5　常见战略评估内容

（三）战略落地流程

战略落地属于不间断持续开展的工作，形成调整、执行、检查和改进的 PDCA 循环。

战略落地阶段涉及的战略宣讲、战略审查、战略督导和战略评估四个模块工作主要由经营管理层牵头，中层管理者和各岗位基层员工配合完成各项工作，整体工作流程见图 3-6。

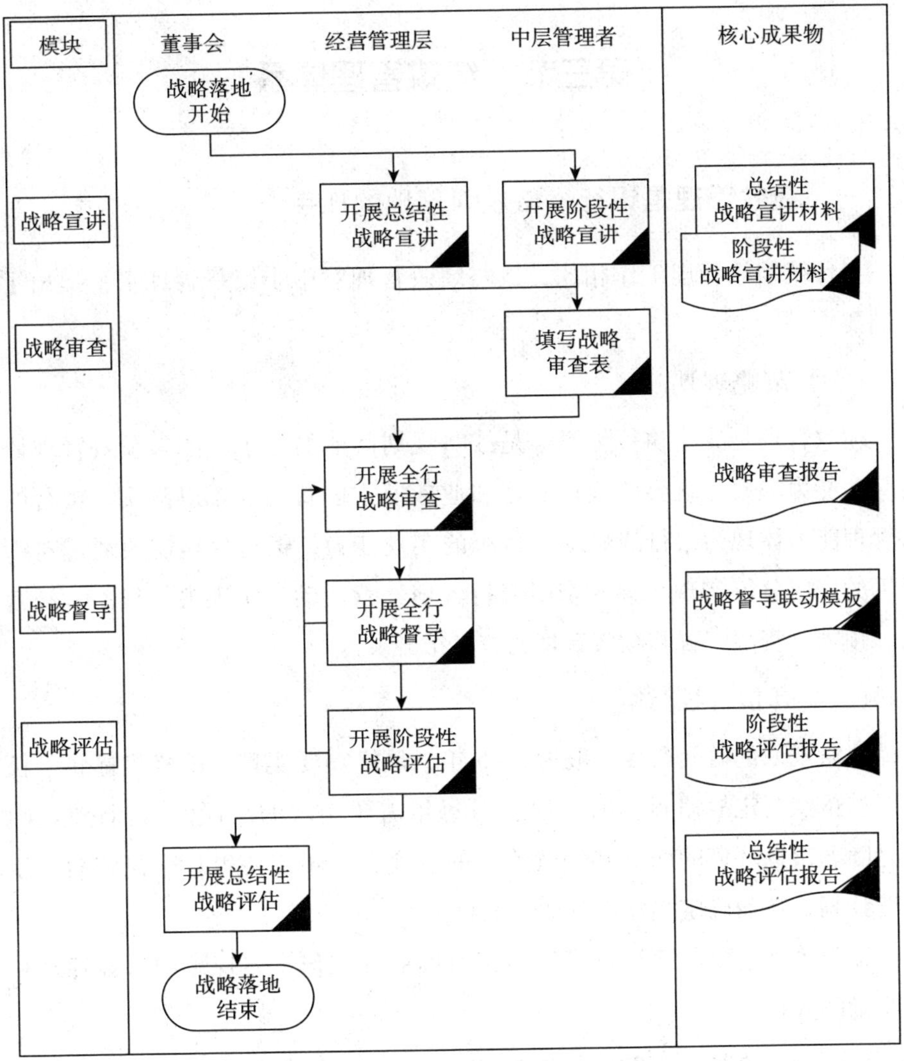

图 3-6 战略落地流程

总结性战略效果评估的结束是战略落地结束的标志，但并非整个战略周期结束的标志。在战略落地结束后，战略管理进入下一个周期，将重新制定战略规划，或者继续执行已制定的战略规划。

第三节 绩效管理体系

一、绩效管理是银行战略规划落地的抓手

与传统绩效管理工作相比，战略绩效管理对中小银行管理水平提出了较高的要求。

（一）战略规划

绩效管理是战略执行体系，是战略规划落地的抓手。如果绩效管理体系与管理能力缺失，就会使银行战略和业务模式创新目标难以落实。银行的战略管理能力体现为银行战略绩效目标的实现能力，银行战略需要通过对绩效目标的层层分解实现传递，牵引银行各项经营活动，实现银行战略、经营计划、预算、资源配置与绩效管理的有机结合。

（二）年度计划分解

战略规划的时间跨度一般为3~5年，最终需要实现的战略目标属于长期目标。虽然制定战略目标时一般会对每年需要实现的阶段性目标进行规划，但是随着市场环境的变化和经营策略的改变，每年需要重新审视和制订年度经营计划，从而确定当年经营的短期目标。

绩效管理主要围绕银行当年经营目标展开工作，体现短期目标管理和短期激励的效果。

（三）绩效考核“四驾马车”

1. 将年度经营计划分解为岗位目标，设计岗位职责

在绩效管理体系中，银行确定年度经营计划后，需要将整体目标进行层层分解，形成各机构、各岗位需要完成的目标。如分行、支行需要承担总行分解下达的利润、规模、业务转型等任务指标，然后分行、支行再将机构需要承担的任务指标进行分解下达至各岗位甚至各员工。在目标分解的过程中需要对岗位职责进行重新设计和梳理，这样才能保证员工的价值产出方向与组织整体价值方向一致。

2. 围绕岗位目标开展营销管理与培训，为业务赋能

重新梳理岗位职责和确定岗位目标后，员工可能存在未能胜任的情况。因此，需要围绕岗位目标开展营销管理与培训，为业务赋能，保证员工能胜任新岗位的要求。

3. 开展绩效考核工作，员工各司其职完成工作目标

全行年度经营计划并非依靠单个员工或者单个组织而是集全行之力才能完成目标。因此，持续并有序开展绩效考核工作，让员工各司其职完成个人工作目标，机构完成机构工作目标，保证全行整体目标的达成。

4. 匹配绩效考核开展薪酬设计，对绩效资源进行重新分配

绩效考核的开展往往伴随着绩效资源的重新分配与调整，绩效资源配置的多少如“指挥棒”一样，为员工提供努力的方向。绩效资源配置是否合理，决定了绩效考核“四驾马车”的作用。

（四）提高员工积极性

提高员工积极性是绩效考核“四驾马车”的最终落脚点，也是检验绩效考核效果的最好标准。

（五）绩效评估

绩效评估是对绩效考核体系的“体检”，绩效评估除了对绩效考核结果进行评估和校验以外，还要对绩效改进提出专业建议，使绩效管理体系形成PDCA的循环。

绩效评估可通过效果呈现层、影响因素层和优化举措层开展工作，即PEM（Project Excellence Model）模型（见图3-7）。

1. 效果呈现层

需要对组织层面、客户层面和员工层面三个因素进行评估。组织层面需要对业绩变化进行评估；客户层面需要对价值提升进行评估；员工层面需要对员工积极性进行评估。

2. 影响因素层

需要对外部环境和内部环境（绩效资源配置）两个因素进行评估。外部环境主要通过宏观环境变化和市场环境变化进行评估；内部环境主要通过绩

效资源配置情况进行评估，既可以从业务、机构和岗位维度进行分析，也可以从绩效资源配置公平性、导向性进行分析。

3. 优化举措层

可结合绩效管理四大体系提出具体优化举措。

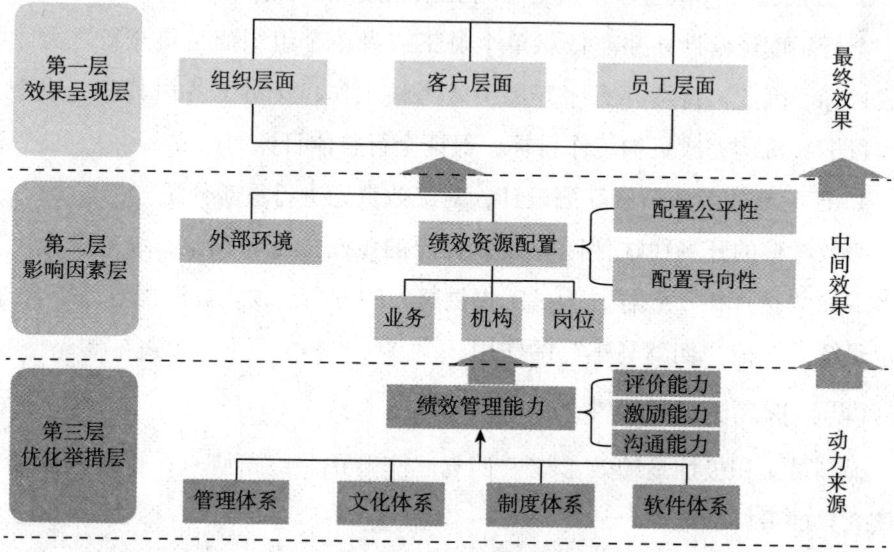

图 3-7　绩效评估 PEM 模型

二、承接战略管理的绩效管理工作特征

将绩效管理与战略管理进行承接，可以有效帮助银行战略实施落地，并形成长期良性的绩效管理循环。

（一）绩效管理是银行战略执行的重要抓手

战略绩效管理即以战略为导向的绩效管理体系，促使银行在计划、组织、控制等管理活动中全面关联并适时进行监控。一方面，根据银行的战略规划，建立科学、规范的绩效管理体系，以战略为中心牵引银行各项经营活动；另一方面，依据相关绩效管理制度，对每一个绩效管理循环周期进行检视，对经营团队或责任人以及员工进行绩效评价，并根据评价结果对其进行价值分配。

（二）形成以员工素质为导向的战略绩效管理体系

战略绩效管理要求充分考虑银行人员素质、知识和技能等无形资源对银行持续发展的影响。绩效管理的结果运用从报酬导向转向发展导向，注重员工的个人发展和组织发展，不仅要关注被考核员工的物质激励，还要为员工提供不断发展、学习和创新的机会。

（三）高层领导推动变革，牵头部门为战略绩效管控部门

绩效管理不仅是考核工具，也是企业重要的管理工作。绩效考核的结果不仅运用于部门和个人的绩效管理，而且更重要的是明晰战略，确定战略目标，把战略目标转化为简单易懂的战略地图，把战略转化为可操作的行动。另外，关注银行战略执行进程的同时，也要通过绩效管理推动银行战略管理的提升，权衡考核导向与银行发展战略是否一致，银行发展战略是否适合当前的环境和形势，探究未来发展方向和目标，优化、完善银行战略体系。

第四节 战略管理体系和绩效管理体系的四个结合点

战略管理与绩效管理共有四个关键结合点，分别为起始工作均围绕战略规划开展、战略分解与绩效考核“四驾马车”结合、战略督导与绩效考核“四驾马车”结合、战略评估与绩效评估结合。

（一）起始工作均围绕战略规划开展

在战略绩效管理的模型中，无论是战略管理还是绩效管理，工作的起点都来源于银行的战略规划。战略管理和绩效管理围绕共同的目标开展工作——实现银行战略规划的各项目标。战略管理重点围绕银行中期目标和长期目标开展工作，绩效管理重点围绕银行短期目标开展工作，两者有机结合保障银行短期、中期、长期目标的实现。

（二）战略分解与绩效考核“四驾马车”结合

战略分解与绩效考核“四驾马车”结合呈现单向承接的关系，即战略分解通过层层分解传递至绩效考核“四驾马车”，但绩效考核“四驾马车”并不会对战略分解形成反馈或造成影响。战略分解对各项战略目标进行层层分

解，形成可视化的“两图一表”，由目标变成可评价的实际工作计划。这些可量化的目标和评价指标，通过岗责设计、营销管理、绩效考核和薪酬设计的逐步承接，发挥绩效考核“四驾马车”的作用，保证计划和目标的达成。

在设计考核方案、制度时，为了使绩效管理体系与银行现状和战略发展相匹配，天维信息提出了“五结合”理论。“五结合”理论清晰地阐述了建设战略绩效管理体系要做的工作，为战略分解传递至绩效考核搭建桥梁。

（三）战略督导与绩效考核“四驾马车”结合

战略督导与绩效考核“四驾马车”并非必然结合的关系，即战略督导可通过绩效考核实现，或者不通过绩效考核实现。若与绩效考核相结合，战略督导的结果往往会作为日常绩效考核得分的依据，优点是对现有资源分配体系影响较小；缺点是容易将战略工作和日常工作混淆，且运用方式单一，激励性一般。

（四）战略评估与绩效评估结合

战略评估与绩效评估的结合呈现相互承接、互相融合的关系。战略评估主要对银行中长期战略完成情况进行评估，绩效考核主要对银行当年发展目标进行评估。两者的结合属于中长期评估和短期评估相结合，在反馈机制中形成更全面的评估体系，有利于战略绩效管理体系的整体改进，并为下一周期的战略规划服务，形成整个战略绩效管理模型的 PDCA 循环。

第五节　战略绩效管理模型总结

一、战略管理和绩效管理相结合，是深化绩效管理改革的必由之路

银行开展绩效管理工作的主要目的是提升员工积极性，提升银行业绩。传统的绩效管理能有效解决动力问题，提升员工积极性；但能否为银行带来业务转型或业绩提升，还要取决于合力和员工能力。

战略管理与绩效管理相结合，能保证员工努力的方向与银行的发展方向紧密结合，两者相结合统称为战略绩效管理。战略绩效管理是绩效管理发展

的最高阶段，是深化绩效管理改革的必由之路，通过平衡考虑财务绩效与非财务绩效、短期绩效与长期绩效、过程绩效与结果绩效之间的关系，将组织的绩效成长与个人的能力提升相结合，从而提升企业的可持续发展能力。

二、战略管理包括战略规划、战略实施和战略落地三个步骤

战略管理包括战略规划、战略实施和战略落地三个步骤，三个步骤依次开展，形成动态循环。银行战略管理是统筹全局、面向长远发展，通过决策选择、资源配置和过程控制等手段进行动态管理实现目标的过程，因此需要遵循系统性和持续性的原则。

三、战略管理的成败关键在于战略分解和战略落地

战略规划不再是银行战略管理的难点，而战略实施、战略落地既是整个战略管理的核心，也是银行战略最终能否切实发挥其导向引领作用的关键所在。

四、以绩效管理为抓手，确保战略规划落地

绩效管理是支撑银行战略管理落地的工具。通过与绩效管理持续的运营机制进行联动，可以形成银行常态化的战略管理机制。战略管理各板块的设计均与绩效管理运营机制进行有机结合，确保最终真正实现战略管理的有效闭环。

第四章　战略绩效管理保障体系和落地模式

第三章介绍了中小银行战略绩效管理理论体系，但理论体系的践行和有效落地离不开与之匹配的组织架构、规范化的工作流程和工具保障。本章将重点介绍保障战略绩效管理体系的组织架构、工作流程、工具保障，以及在落地执行过程中遇到的常见问题。

第一节　组织架构和分工

一、战略绩效管理组织架构概述

根据《商业银行公司治理指引》（银监发〔2013〕34号）第四条要求，商业银行公司治理应当遵循各治理主体独立运作、有效制衡、相互合作、协调运转的原则，建立合理的激励、约束机制，科学、高效地决策、执行和监督。根据第二十二条要求，董事会应当根据商业银行情况单独或合并设立其专门委员会，如战略委员会、审计委员会、风险管理委员会、关联交易控制委员会、提名委员会、薪酬委员会等。

在中小型商业银行的组织架构中，与战略绩效管理体系工作相关的管理层级一般从上到下贯穿全员，包括董事会、高级管理层、总分行职能部门、一线分支机构和各岗位基层员工。

董事会根据《商业银行公司治理指引》要求设置战略发展管理委员会（以下简称“战委会”），牵头战略规划和战略管理工作，是战略管理的决策机构。

高级管理层一般设置绩效管理委员会（以下简称“绩效委员会”），牵头绩效管理的工作，是绩效管理的决策机构。同时，高级管理层负责全行的经营管理工作，是全行战略的实施机构。以下为中小型银行董事会和高级管理层下辖委员会对比（见图 4-1）。

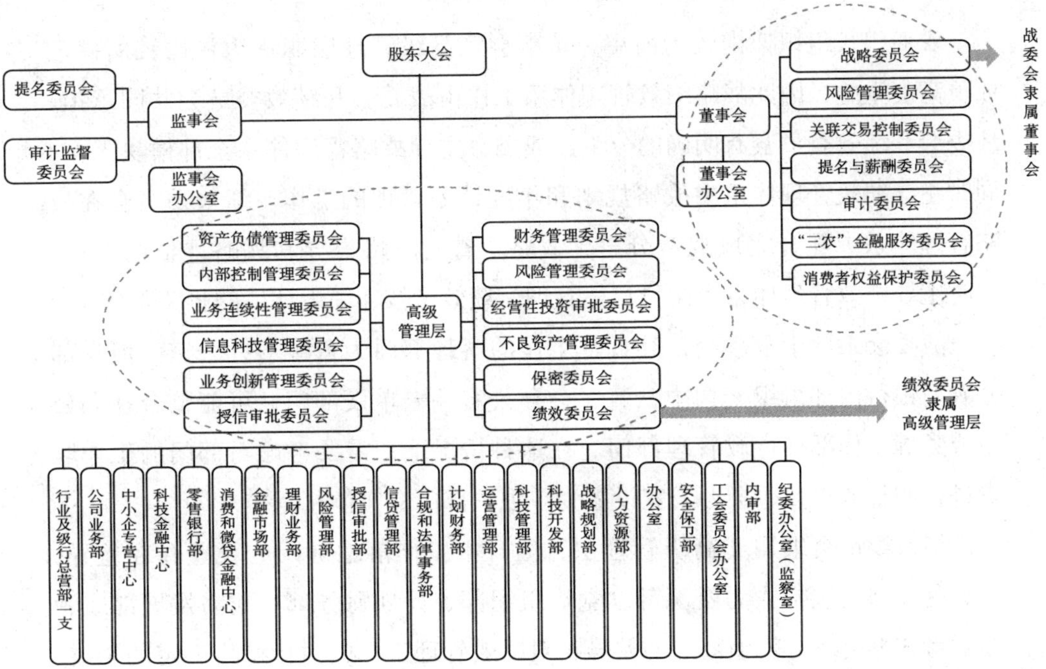

图 4-1　中小型银行董事会和高级管理层下辖委员会对比

战委会和绩效委员会的成员承担着不同的角色。在战委会中，职能部门承担战略实施和战略具体落地执行的职责；在绩效委员会中，职能部门负责方案的制定和实施，监督一线分支机构和员工落地执行。

一线分支机构和各岗位基层员工处于战略绩效管理组织架构的末端，需要根据高级管理层和总行职能部门的指令，扮演具体工作执行者的角色。

在设计战略绩效管理组织架构时，除了需要与银行内部组织架构相匹配，还需要考虑银行外部的组织关系。目前，我国大多数农商银行虽然是独立的法人机构，但是仍然需要接受上级机构——省联社的管理，高级管理人员均由省联社及派出机构提名和任命（董事长、行长、监事长和副行长等）。因此，在大多数农商银行内部组织架构中，董事会和高级管理层职责边界可能比较模糊，战略管理和绩效管理工作均由相同的组织负责。战略管理组织架构分为农商银行组织架构和城商银行组织架构两种。

二、农商银行的组织架构

农商银行组织架构较为简单，董事会和高级管理层职责边界比较模糊且成员高度重叠，因此战略绩效管理体系工作由战委会和绩效委员会共同承担。战委会和绩效委员会有明确的分工，战委会主导战略管理体系全部模块工作，同时主导绩效管理体系中战略规划和年度计划管理的工作。绩效委员会在战略管理体系中配合完成战略分解、战略审查、战略督导和战略评估的工作，同时主导绩效管理体系中岗位目标管理、绩效考核和绩效评估的相关工作。

战委会隶属于董事会，其日常工作的落地部门为董事会办公室。但在部分农商银行内部组织架构中，董事会办公室并未单设部门，可能整合在办公室或党群工作部等行政管理部门。在这种情况下，需要考虑对部门的工作职责进行调整或将董事会办公室设置为单独的部门，实体化运作。

绩效委员会隶属于高级管理层，但日常工作落地部门的设置存在差异，常见落地部门包括人力资源部、党委组织部、计划财务部、战略发展部或者绩效考核办公室。落地部门的差异，对绩效管理工作的执行产生一定的影响，与部门掌握的资源关系较密切：如果落地部门为人力资源部或党委组织部，那么绩效考核的结果运用一般不仅限于物质激励，还会用于员工调动、晋升、退出等场景；如果落地在计划财务部，那么绩效考核结果还会与营销费用、任务分配等资源密切挂钩；如果落地在战略发展部或绩效考核办公室，则有利于权力集中，提高内部运营的效率。因此，绩效管理日常工作的落地部门没有对错之分，只要适合银行自身发展需求即可。农商银行战略绩效管理体系的组织架构见图 4-2。

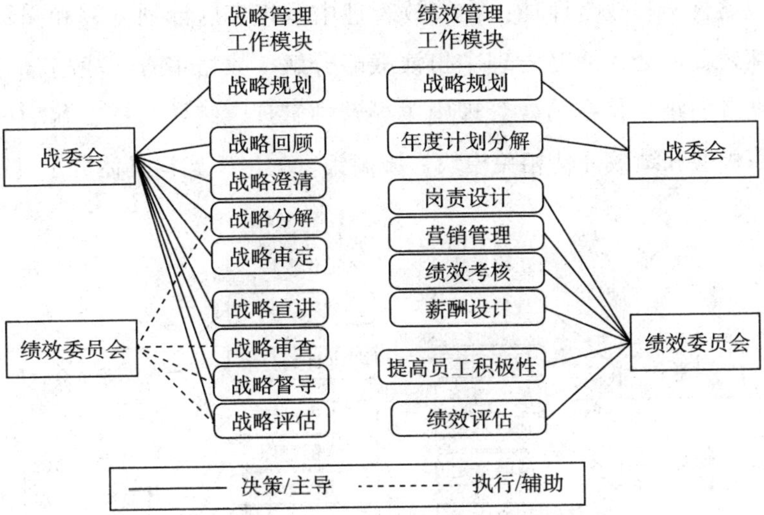

图 4-2　常见于农商银行战略绩效管理体系的组织架构

在农商银行的组织架构中，战委会虽然隶属于董事会，但是实际上承担着董事会和高级管理层战略管理和绩效管理的职责；绩效委员会虽然隶属于高级管理层，但更多时候将工作职责让渡到日常工作落地部门和总行相关职能部门。

在战略绩效管理体系运作的实践中，部分农商银行成立战略绩效管理委员会（整合战委会和绩效委员会），隶属于董事会，把绩效管理和战略管理视为同样重要的工作。

三、城商银行的组织架构

在城商银行（以及部分大型农商银行）的公司治理中，董事会和高级管理层有清晰的工作边界和明确的分工，且高级管理层和中层也有清晰的工作边界，战略绩效管理的组织体系与农商银行组织架构有较大的差别。在城商银行组织架构中包括董事会、高级管理层和绩效委员会三个层级关系。董事会在战略管理中主要扮演决策者的角色，负责战略规划、战略回顾、战略澄清和战略审定的工作；在绩效管理中扮演部分决策者的角色，主要负责审批年度计划的工作。高级管理层在战略管理中扮演部分战略实施主导者的角色（负责战略分解模块），并承担战略落地主导者的工作，包括战略宣讲、战略审查、战略督导和战略评估；在绩效管理中承担年度计划分解和岗责设计的工作。绩效委员会在战略管理中扮演战略分解、战略审查、战略督导和战略评估辅助者的角色；在绩效管理中主导营销管理、绩效考核、薪酬设计、提高员工积极性和绩效评估相关模块。城商银行的组织架构具体分工见图 4-3。

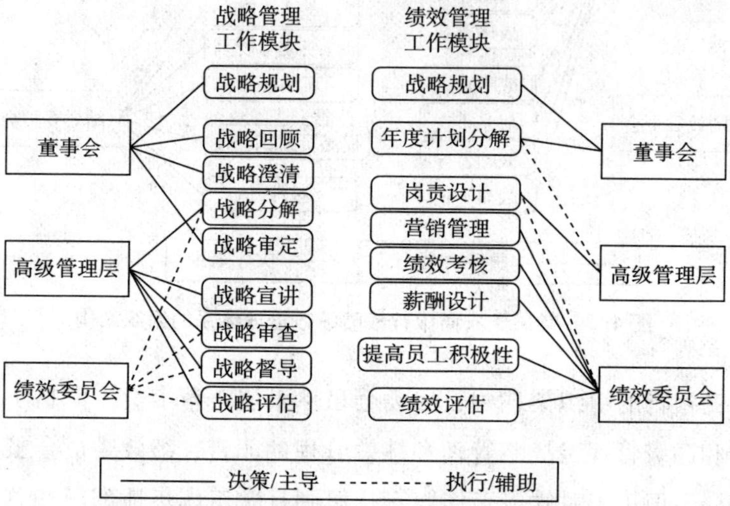

图 4-3　常见于城商银行的组织架构

董事会一般会设置战略管理的专业委员会，其日常工作的落地部门为董事会办公室。常见的董事会办公室是独立、实体化运作的机构，需要承担战略规划和战略实施的工作职责。

在高级管理层一般没有设置战略管理的专业委员会，日常工作的落地部门为行长办公室。常见的行长办公室是独立、实体化运作的机构，需要承担推动战略分解和战略落地的工作。

绩效委员会虽然隶属于高级管理层，但是日常工作一般落地于具体的总行职能部门。城商银行的绩效委员会职责与农商银行相同，承担绩效管理落地的工作。

四、各机构主要工作职责

（一）董事会

· 制定本行的战略规划方案和年度经营计划。

· 审批高级管理层和战略执行相关部门的战略实施方案。

· 制定本行的公司章程和各项基本管理制度。

· 听取高级管理层的工作汇报，监督高级管理层的履职情况，确保高级管理层有效履行管理职责。

· 负责总结性战略评估。

（二）高级管理层

· 主持本行的经营管理工作，组织实施董事会决议。

· 对战略规划方案进行战略分解，制定战略实施路径图，并指导职能部门完成战略任务分解表的制定。

· 根据审定后的“两图一表”，开展战略落地工作（战略宣讲、战略审查、战略督导和阶段性战略评估）。

· 决定聘任或解聘除应由董事会聘任或者解聘以外的本行内部各职能部门及分支机构负责人，决定本行员工的聘用和解聘。

· 决定除应由股东大会、董事会决定以外的本行管理人员和员工的工资、福利、奖惩事项。

· 授权其他管理人员、内部各职能部门及分支机构负责人从事经营活动。

· 在本行发生重大突发事件时，采取紧急措施，并立即向董事会、监事会和银行业监督管理机构等部门报告。

（三）董事会办公室（战委会）

· 负责拟定中长期发展战略的相关制度和办法。

· 根据经营环境等情况的变化，提出中长期发展战略的调整建议。

· 协助董事会开展战略实施（战略回顾、战略澄清、战略审定）和战略落地监督评价工作。

· 跟进董事会向高级管理层下达年度经营目标与核心考核指标，并对其执行情况进行监督、检查、评价。

· 收集高级管理层和战略执行相关人员提出的意见、建议，并进行甄别、调研后给予反馈。

· 负责董事会授权或董事长交办的其他事宜。

（四）行长办公室

· 协助高级管理层开展战略分解工作（制定战略实施路径图），并督导职能部门完成战略任务分解表的制定。

· 协助高级管理层开展战略落地工作，并跟进各项工作。

· 收集战略实施和战略落地过程中遇到的问题，并在权限范围内进行解决，将权限范围外的意见、建议反馈至战委会。

· 负责行务会或行长、副行长交办的其他事宜。

（五）绩效委员会

· 全面负责绩效考核各项工作。

· 审定绩效考核结果，并对结果进行兑现。

· 受理绩效考核申诉，并决定处理结果。

· 建立健全全行绩效考核档案管理工作。

· 协助高级管理层开展与绩效考核相关的各项战略实施和战略落地工作。

· 承担其他应由绩效委员会履行的职责。

（六）总行职能部门

· 负责本部门年度战略任务分解，并提交至高级管理层。

· 负责本条线/本部门年度考核目标的分解及考核，并完成核算及考核指标统计工作。

· 负责完成其他由战委会和绩效委员会安排的工作。

从各模块需要完成的核心成果来看，战略绩效管理成果各层级、各机构分工安排见表 4-1。

表 4-1 战略绩效管理成果各层级、各机构分工安排

隶属层级	董事会	高级管理层		中层
配合机构	战委会	行长办公室	绩效委员会	职能部门
战略规划	制定战略规划报告	—	—	配合工作
战略回顾	制定战略回顾报告	—	—	配合工作
战略澄清	制定战略澄清报告	—	—	配合工作
战略分解	制定战略地图	制定战略实施路径图	协助“两图一表”制定	制定战略任务分解表
战略审定	制定“两图一表”审定报告	—	—	—
战略宣讲	—	制定战略宣讲材料	—	配合工作
战略审查	—	制定战略审查报告	协助战略审查	配合工作
战略督导	—	制定战略督导联动模板	协助战略督导	配合工作
战略评估	制定总结性战略评估报告	制定阶段性战略评估报告	协助战略评估	配合工作
年度计划分解	决定年度经营目标计划	拟订年度经营目标计划 决定条线/机构年度计划	—	拟订条线/机构年度计划
绩效考核“四驾马车”	—	—	全面负责绩效考核各项工作	负责条线/机构绩效考核工作
提高员工积极性	—	—	对员工积极性进行评估	配合工作
绩效评估	—	—	制定绩效评估报告	配合工作

注：若在银行内部有工作职责重叠（如董事会办公室和行长办公室均为相同的机构），则需要根据银行实际情况对工作职责进行梳理与整合，对每个工作模块需要完成的核心成果进行合并处理。

第二节 工作权限和流程

为了建立健全战略绩效管理体系，除了要有完善的战略绩效管理组织架构，还要有完善的工作流程及议事规则，具体可从工作权限和工作流程两方面进行建设。战略管理的日常工作落地在战委会，绩效管理的日常工作落地在绩效委员会，因此如未特殊说明，以下工作流程同时适用于战委会和绩效

委员会。

一、工作权限

作为战委会或者绩效委员会的成员，享有以下权利和义务。

（一）权利

质询权：有权对战委会/绩效委员会审议事项向有关部门提出质询。

建议权：有权对战委会/绩效委员会审议事项提出意见和建议。

知情权：可要求本行相关部门提供履行职责所需的资料，并有权要求相关部门人员协助委员会做好工作。

（二）义务

· 按时出席战委会/绩效委员会会议。

· 秉公办事、勤勉尽责，按照审议程序进行审议，独立做出判断。

· 严格遵守保密制度，对本行相关信息、会议审议结果等，在尚未公开时，做好保密工作。

二、工作流程

（一）组织会议流程

· 战委会/绩效委员会会议由主任委员召集、主持，若主任委员不能出席会议，可由其委托一位副主任委员召集、主持。

· 战委会/绩效委员会会议的组织工作由委员会日常办事机构负责。

· 战委会/绩效委员会会议分为定期会议和临时会议，委员会主任委员或半数以上委员联名可要求召开临时会议。

· 会议审议事项由委员会日常办事机构审核后提出，报主任委员确定。

· 战委会/绩效委员会召开会议，应提前通知全体委员。

· 全体委员接到会议通知后，应提前向联系人确认是否参加会议。

· 战委会/绩效委员会会议应有半数以上委员出席方可举行。

· 战委会/绩效委员会会议应由委员本人出席，委员不能出席的，须向主任委员请假。若本人不能参加，可以书面委托其他委员代为出席。委托书应当载明代理委员的姓名、代理事项、代理权限和有效期限，并由委托人签名或盖章。请假单、授权委托书的原件应于会议召开前送交委员会日常办事机构。

·若委员连续两次不出席会议且未履行请假手续，则视为不能履行其职权，绩效考核委员会应当建议对其予以撤换。

（二）会议召开流程

·会议记录应当载明会议的列席情况，缺席人员需履行请假手续，由战委会/绩效委员会的日常办事机构向主任委员报告。会议期间，审议事项涉及的人员需对审议事项的背景及其他必要信息进行简明扼要的阐述。

·会议期间，具体发言顺序由主持人指定。

·战委会/绩效委员会会议应当充分保证与会委员和列席人员发表意见和建议的权利。会议审议事项经过充分讨论，由主持人进行总结。

（三）会后执行流程

·战委会/绩效委员会日常办事机构负责督办、检查各项审议事项的落实情况。

特殊说明：由于战委会会议可能与董事会会议共同召开，若两者出现议事规则冲突时，冲突内容以董事会议事规则为准。

·档案管理。战委会/绩效委员会会议纪要由主任委员签发，每次会议结束后，战委会/绩效委员会日常办事机构应及时完成会议纪要的撰写、印制、分发、留档等工作。战委会/绩效委员会会议档案由日常办事机构保存，战委会会议档案保存期限为10年以上，绩效委员会会议档案保存期限为5年以上。

第三节　工具保障

战略绩效管理作为银行精细化管理工作的重要组成部分，离不开高效的工具支持，尤其是软件系统保障。要保证软件系统有效地支持战略绩效管理体系的落地，可从实现目标、功能模块设计及移动化工具三方面进行完善。

一、战略绩效管理软件系统实现的主要目标

战略绩效管理系统实现的目标主要包括以下内容。

（一）战略管理体系

·实现战略地图的录入与查询，以及对战略成果物的管理。

·实现战略实施路径图和战略任务分解表的分级权限管理，根据不同的权限实现战略任务的录入、任务的配置及指定执行人，细化及有效实施战略。

·实现战略指标按进度管理、在线评分和完成情况计量等功能，支持对战略任务完成情况及满意度进行自我评分及领导评分，持续跟踪与督导。

·实现战略任务在线审查和督导，支持战略督导结果的多维度运用。

（二）绩效管理体系

·实现对经营机构的考核，机构各项指标的计算及展现、经营任务完成情况、机构等级评定计算及展现、机构综合考评得分计算及展现，支持考核口径和会计口径的机构业绩计量。

·实现对各岗位的考核，根据考核对象梳理情况，实现职能部门及各分支行、网点人员绩效工资的计算及展现，实现工资明细、业绩关系、考评得分等明细项目的查询和管理。

·实现各业务项目的考核，根据对考核指标的梳理，支持业务指标的量化考核和绩效工资明细的查询。

·实现对总行及支行职能部门考核，实现职能部门考核指标的计算及展现，职能部门任务完成情况、部门考核评分计算及展现。

·实现业绩关系查询和管理，支持业绩关系自动分配、在线预约、分配、查询等功能。

·实现在线评分和考核管理，支持机构二次分配绩效工资在线分配、定性指标在线评分、考核任务分配及查询等功能。

（三）战略管理体系与绩效管理体系的联动

·实现战略指标与绩效考核指标的联动、任务完成情况的同步更新。

·实现战略督导结果在绩效考核中的应用。

· 实现战略评估和绩效评估的联动开展和数据共享。

二、战略绩效管理软件系统各模块功能设计

（一）查询中心

机构/部门业绩查询：提供对各机构、各部门的战略指标和绩效考核指标的查询功能。

行员业绩查询：提供对各个行员的 KPI 指标“*T*+1”（当天可查询前一天的信息）的查询功能。

业绩关系查询：提供各机构、各部门及各个行员的账户关系查询、账户关系修改日志查询、账户业绩跨机构查询功能。

账户明细查询：提供存贷款明细查询、新开户存款账户查询、新开户贷款账户查询、非存贷款账户明细查询功能。

（二）报表中心

机构报表信息：提供机构业绩报表，查看机构的指标。

行员报表信息：提供各类行员业绩指标报表，查看行员的指标。

系统预留相应模块：提供接口给第三方系统将数据导入战略绩效管理系统，实现相应报表的自动生成。

交叉验证对比：支持各类绩效数据的分类汇总及交叉汇总，可自由设置汇总方式，各期数据对比功能。

（三）分析中心

机构业绩分析：提供机构/部门业绩宏观分析、机构/部门业绩对比分析、机构/部门业绩趋势分析等功能。

行员业绩分析：提供行员业绩宏观分析、行员业绩对比分析、行员业绩趋势分析、存量业绩和新增业绩查询等功能。

客户分析：提供存贷款大客户分析、存贷款大客户变动分析、客户贡献度分析、总户数分析、客户质量分析等功能。

预警监控：提供存贷款大客户变动预警、客户经理管理客户风险预警、贷款风险变动预警等功能。

（四）管理中心

系统管理：提供系统日志查询、系统参数管理、用户权限管理、安全角色管理等功能。

考核对象管理：对机构、行员进行管理。

业务参数管理：提供产品—科目性质管理、存贷款预警幅度管理等功能。

手工录入部分：支持各种业务指标、中间业务收入指标、客户挂靠关系的手工录入等功能。

个性化首页设置：可提供个性化首页自由定制，系统用户可根据各自关注的内容，定制个性化首页展现内容。

（五）任务管理中心

可提供各项指标的任务分派、调整功能，支持对考核对象进行任务层层分解，可实现任务完成进度的查询分析。

（六）指标库

具有完备的考核指标库，囊括银行各项业务的基础指标，可自由组合规则生成派生指标。支持手工指标的自由或批量导入。指标分类管理，存放有序，为全员提供方便、直观的检索功能。

三、移动 App 工具

随着管理工作移动化需求的不断增长，银行可根据自身的管理需求，在战略绩效管理的基础上开发移动 App 工具。

移动 App 具有智能查询、语音查询与播报、战略指标完成情况查询、业绩测算、绩效考核业绩查询、存贷款指标查询、生成个人业绩报告、账户变动等功能。

移动 App 支持随时审批、营销报备，工作日志按日填报，附注定位信息，实现考勤、考核双重管理；支持第一时间获得总行政策下发、资讯获取、考核发文等功能。

第四节　运营落地常见问题及解决思路

目前，大多数中小银行尚未开展战略管理工作，绩效管理仍处于传统绩效考核阶段或精细化考核阶段，未进入战略绩效管理阶段，因此在开展战略绩效管理工作前存在较多的疑问。本节基于战略绩效管理模型设计理念，对开展战略绩效管理工作遇到的常见问题进行总结，并提供参考思路。

（一）战略管理和绩效管理哪个更重要

在战略绩效管理体系中，战略管理为银行中长期发展提供服务，绩效管理为银行短期（当年）发展提供服务，两者同样重要。

一方面，中小银行由于精细化管理水平不尽完善，大多数银行目前只有绩效管理方面的经验，而缺乏战略管理方面的经验。因此，中小银行在构建战略绩效管理体系时，应关注战略管理体系的建设，补齐经验短板。

另一方面，需要将银行的中长期发展任务分解成多个短期的发展任务，因此绩效管理是战略管理落地的抓手，是战略绩效管理体系的基础，脱离绩效管理的战略管理是空谈。

（二）如何减少战略绩效管理体系运营中的内耗

对战略管理工作进行分析时，重点关注体系之间横向的承接和体系内部纵向的流程。

在战略规划的结合点，无论是战略管理体系还是绩效管理体系，主导者都是董事会，日常运营工作均落在战委会身上；而且在两个体系中，下一个工作模块仍由董事会和战委会负责，因此不涉及增加内耗问题。

在绩效考核的结合点，战略管理体系中主导者为高级管理层（日常运营为行长办公室），辅助者为绩效委员会；绩效管理体系中年度计划分解的主导者为高级管理层，绩效考核的主导者为绩效委员会。在这个结合点中涉及不同层级、不同机构之间的相互配合以及工作承接，因此需要建立完善的流程、打造合理的工具模板，从而降低运营过程中的内耗。此处是战略绩效管理体系运营过程中需要重点关注的结合点。

战略督导和绩效考核的结合点为非必要结合点，若战略督导结果运用不需要通过绩效考核实现，则无须关注；若战略督导结果运用需要通过绩效考核实现，则此处存在不同层级、不同机构的工作结合。高级管理层将战略督导的结果转交绩效委员会，绩效委员会根据战略督导的结果进行绩效工资的兑现，此处只需要绩效委员会在定期会议的议事流程中增加战略督导结果运用的议程，这样就提升了体系之间的运营效率。

在战略评估和绩效评估的结合点，同样存在不同层级、不同机构的工作结合。此处的结合没有明显的承接关系，而是同等重要、相互兼容的关系。因此，建议由高级管理层指派行领导牵头，指导两个团队分别完成战略评估报告和绩效评估报告的内容，然后将两份报告进行融合，形成战略绩效评估报告。

补充建议：目前，部分农商行对战略绩效管理有新的运行思路，通过将战委会和绩效委员会的职责进行梳理归并，成立战略绩效管理委员会，使管理权力集中，降低内耗。该措施并非适合所有银行，应根据银行自身情况，进行架构调整，明确工作职责。

（三）农商银行模式和城商银行模式哪个更适合中小银行，两者的优缺点分别是什么

战略绩效管理的组织架构设置没有对错之分，只要适合银行自身发展需求即可。农商银行模式组织架构和城商银行模式组织架构的优缺点对比见表4-2。

表 4-2　农商银行模式组织架构和城商银行模式组织架构的优缺点对比

对比维度	农商银行模式	城商银行模式
“三会一层”公司治理精细化程度	董事会和高级管理层工作边界较模糊，分工较模糊	董事会和高级管理层有清晰的工作边界，且分工明确
银行员工数量	一般少于 1000 人	一般多于 1000 人
岗位分工精细化程度	员工数量有限，可能存在一人多岗情况	员工数量充裕，分工明确，专人专岗
专业委员会精细化程度	基本满足上级机构和监管要求，精简组织架构	根据业务发展需求设置，分工明确
流程管理精细化程度	工作流程较简约，灵活多变	工作流程规范化，且跨机构合作流程较完善

续表

对比维度	农商银行模式	城商银行模式
优点	权力集中，内部流程较少	各层级、各机构分工合作，有利于发挥各机构专业性
缺点	单个机构承担较多的工作模块、复杂性高，挑战较大	权力分散，内耗较大

（四）战委会和绩效委员会一般有哪些组织和成员

战委会一般隶属于董事会，绩效委员会一般隶属于高级管理层（部分银行设置为隶属于董事会），两者的成员组成略有差别。

战委会成员一般包括：董事长、独立董事、董事、全部高级管理层成员、战略发展部负责人、计划财务部负责人、人力资源部负责人。

银行中长期战略的规划一般不建议只由银行内部成员制定，而是需要听取外部意见，因此要有独立董事参与；高级管理层是全行经营落地的管理者，因此需要全部参与；战略的制定和战略的管理与资源匹配密切相关，且战略调整后一般紧接着调整的就是组织架构和人员配置，因此与之相关的职能部门（如战略发展部、计划财务部和人力资源部）也需要参与。

绩效委员会成员一般包括：董事长（如果绩效委员会隶属于董事会）、行长、分管绩效考核的行领导、分管业务条线的行领导、人力资源部负责人、计划财务部负责人和相关业务部门负责人（如公司部、零售部、小微部、网金部、风险部、运管部等）。

银行绩效管理工作除了服务于中长期战略发展以外，还需要服务于短期（当年）经营，尤其是与业务发展相匹配。因此，绩效委员会的成员主要为银行业务的规划者和资源拥有者。专业委员会的成员数量不宜过多，人数一般控制在 10 人上下为宜。

第五章　战略回顾：总结得失，开启战略实施新篇章

战略回顾是战略实施工作的第一步，通过对过往经营情况逐一进行梳理，厘清现状，为后续战略澄清工作做好铺垫。

第一节　战略回顾的定义和意义

战略的有效执行离不开战略管理体系的运作。要确保银行的战略管理体系运作良好，战略回顾是重要的一个环节。通过系统性地回顾上一年度的战略执行情况，包括战略目标、关键业绩衡量指标以及相应的行动方案，可以对银行存在的问题进行检验，进而更精确地调整战略。

一、战略回顾的定义

战略回顾是指通过收集和分析银行往年的战略实施、业务经营及指标达成等信息，对银行原有战略执行情况及业务发展情况进行总结回顾。除了从战略主题和银行业绩完成情况两个维度进行分析以外（可参见第三节第二条内容），部分管理精细化程度较高的银行还围绕战略大事件、战略目标、战略主题和关键发展指标四个方面进行战略回顾。

战略大事件是指上年度围绕战略完成的重大工作。例如，通过引入战略绩效管理项目来推动银行的战略实施；以及通过对绩效考核系统进行完善，上线战略绩效管理功能等一系列举措。

战略目标是指银行在实现其使命过程中所追求的长期结果。例如，实现“规模、效益、质量”均衡发展，各项监管指标达到优秀银行的标准等。

战略主题是指对承接战略规划的大目标概述。例如，部分银行提出的“三型三化”“四优化四提升”战略主题等。

关键发展指标是指用来衡量战略规划及目标是否达成的各项业务指标。例如，核心发展指标、资本充足率指标、经营效率指标和业务优化指标等。

二、战略回顾的意义

在战略绩效管理“两大领域、八大模块”中，战略回顾是战略绩效管理的首要工作，为后续的战略分解、战略审定以及战略落地相关工作奠定基础；同时，战略回顾是战略管理体系运作的新起点，有利于提升管理层对战略的统一认知。

（一）战略回顾为后续战略实施和落地工作奠定基础

整个战略体系的落地执行是一个循序渐进的过程，通过战略回顾，对战略大事件、关键发展指标进行跟踪梳理，能够较为清晰地了解往年哪些战略目标和关键指标没有达成，哪些战略主题的分解实施存在不足，从而明晰上一年度战略执行状况及未来战略执行落地潜在的调整点，为后续的战略实施和落地奠定基础。

（二）战略回顾是战略管理体系运作的新起点

从长远来看，战略管理体系运作是一个 PDCA 不断循环的过程，战略回顾作为战略绩效管理的首要工作，是通过系统地回顾年度战略，包括一系列的年度目标、对目标的衡量指标以及相应的行动方案，来检验银行战略有没有问题，为下一年度战略绩效管理工作开展做准备。战略回顾是对上一年度战略执行工作的总结，也是新一轮战略体系运作的起点。

（三）战略回顾有利于提升银行管理层对战略的统一认知

通过对一系列战略事件、关键指标的梳理，让银行中高层管理者了解上一年度战略执行情况，由此提升中高层管理者对本行战略管理所取得的实效、战略执行等问题的统一认知。并且，能针对突出问题沟通讨论，通过“认知—反思—讨论”的过程，得到初步解决方案。

第二节　战略回顾的原则、方法和流程

战略回顾作为新一轮战略执行工作的起点，具有承上启下的作用。为了准确、全面地做好战略回顾工作，在开展战略回顾工作时，需要坚持及时高效、准确性、全面性和客观性等原则。

一、工作原则

（一）及时高效原则

战略回顾工作通常在上一年10—11月开展，作为下一年全年战略分解执行的参考依据，对时效性要求较高，需要及时整理所需材料，并在短时间形成战略回顾报告。

（二）准确性原则

战略回顾工作中涉及各类信息分析，信息的准确性和逻辑的合理性会直接影响战略回顾的结论，所以在信息分析过程中要确保信息来源可靠、真实、分析结果准确。

（三）全面性原则

战略回顾涉及战略执行的方方面面，包括战略主题、战略目标的达成、各项资源的配置等内容。因此，在战略回顾时需要具有整体性思维，首先搭建战略回顾框架；其次对需要回顾的各部分内容进行梳理，以确保对涉及的各方面内容做到全面，没有遗漏。

（四）客观性原则

在整理各类资料、分析数据时会受主观因素的影响，所以分析结论需要与银行战略委员会进行沟通确认，是否符合当前各个战略模块发展的客观实际情况。

在坚持上述四项基本原则的基础上，要做好战略回顾工作，还要进一步明确工作思路、工作方法和工作流程。

二、工作方法

（一）收集归纳法

收集归纳法是基于收集的材料，由个别到一般的论证方法。它通过归纳许多个别的事例或分论点所共有的特性，得出一个一般性的结论，一般分为三个步骤开展。第一步，收集材料。在条件允许的情况下充分收集所需的材料。第二步，整理材料。对收集的材料，按照分析框架进行分类整理。第三步，归纳得出结论。针对分类整理的材料，发现其共有的特征，发现事物的规律或得出某种结论。

战略回顾报告是基于各类战略执行材料归纳分析而来，所以首先需要采用收集归纳的方法，大量收集、整理和归纳与银行上一年度战略执行工作相关的各类材料，包括银行往年的战略实施、业务经营及指标达成等材料，以期全面了解银行战略执行现状。

（二）定性与定量相结合的方法

定性方法可以使问题的提出与分析更全面，但如果缺乏对问题定量的分析和研究，往往会造成只有理论说明而缺乏实践应用的现象。相比较而言，定量方法可以使对问题的分析更具有说服力。

在战略回顾资料收集过程中，需要对所收集的原始材料进行定性的归纳总结，从而得出关键性的结论。但在战略回顾分析过程中，不仅需要对现状进行总结和归纳，还需要对关键业务指标数据进行定量分析，将定量分析与定性分析相结合，确保结论真实可靠。

（三）比较分析法

对比分析法通常是把两个相互关联的指标数据进行比较，从数量上展示和说明研究对象规模的大小、水平的高低、速度的快慢，以及各种关系是否协调。在对比分析中，关键是选择合适的对比标准，这样才能做出客观的评价。

在战略回顾工作过程中，涉及关键业务指标的达成分析、战略执行工作与预期的偏差分析，这些都需要采用比较分析法。通过与上一年度战略规划与实际执行情况的比较分析，更加准确地把握上年度战略执行过程中的得失，为下一年度战略分解和实施工作提供依据。

三、工作流程

战略回顾工作主要包括三大流程：一是原始资料、数据的收集；二是信息整理与分析；三是报告撰写。

（一）原始资料、数据的收集

1. 收资料

基本说明：战略回顾工作是对银行上一年度整体战略执行情况的回顾，但相关材料分散在各个部门和机构中，因此需要收集大量与战略执行相关的各类资料。

相关要求：资料收集以战略方面的资料为主，包括近三年内部刊物和相关行业方面资料、战略规划发展报告、近几年发生的重大事件材料、经营分析会报告等。

2. 理数据

基本说明：战略回顾工作涉及对关键指标和经营目标等任务数据的核算、对比和分析，以备后续的分析工作。所以，在原始材料收集的基础上，还需要对战略回顾中涉及的指标数据进行梳理和分析，确保衡量战略目标达成的各类指标数据能够准确、有效。

相关要求：将各项数据分门别类做好归集整理，同时在此阶段做好数据清洗工作，确保整理好的数据能直接用于分析工作。

根据项目需求，制定资料收集清单，及时向战略绩效管理相关部门收集原始资料，作为项目组了解银行基本情况、诊断基本问题的依据。资料收集主要包括银行战略、财务、人力资源和企业文化等方面的材料。战略方面的资料包括银行中长期战略规划报告、战略规划发展报告、近几年重大事件材料、经营分析会报告、主要行领导讲话等；财务方面的资料包括财务报表、财务规划及财务会计管理制度等；人力资源方面的资料包括人力资源规划报告、组织及职能部室职责、工作业务流程等；企业文化方面的资料则包括文化建设相关制度和文化建设成果、内部刊物等。

（二）信息整理与分析

基本说明：战略回顾工作涉及大量原始资料和数据的分析。

相关要求：一方面，利用归纳分析的方法，从基础资料中提炼战略大事件、战略主题和战略目标等内容；另一方面，通过整理数据，对照各类业务指标的目标值，分析关键业务指标的完成情况。

针对收集的原始材料、数据，运用思维导图、Excel 表格等方式对原始材料进行梳理与归纳，按照战略回顾报告的框架，对上一年度战略大事件、战略主题、战略目标和关键业务指标完成情况等内容进行梳理，针对每个模块内容，提炼核心要点，做好对应材料归集，为战略回顾报告撰写做好充分准备。

（三）报告撰写

基本说明：战略回顾工作是对上一年度战略执行情况的总结，更是下一年度战略执行工作的新起点。因此，战略回顾工作起到为银行新一年战略执行工作提供借鉴、指明方向的作用。

相关要求：针对战略回顾的收集、整理和分析工作，最终形成具体的报告材料，并作为战略执行工作文件发布给中高层管理者，以便各个战略模块的管理者能够明确得失，提升战略执行效力，达成战略规划目标。

秉承战略回顾的三个步骤，在收集整理资料的基础上，围绕战略报告包含的内容，及时高效地完成战略报告的撰写工作。战略回顾报告内容包含但不限于战略大事件、战略目标、战略主题及关键业务指标等。同时，报告数据要准确、内容要全面、结论要契合银行当前战略执行的实际情况。

第三节 战略回顾的应用

基于中小银行战略绩效管理理论分析，战略回顾虽然与绩效管理体系没有形成紧密结合点，但对绩效管理工作的开展具有借鉴意义。

从绩效管理“四大体系”的角度出发，针对战略执行工作过程中未完成的战略任务、未实现的业务目标等问题，大部分是由企业的战略实施文化、战略执行人员素质和配套战略实施制度缺失导致的。由此承接绩效管理的“四大体系”内容，需要参照战略回顾存在的不同类型问题，对制度体系、管理体系和文化体系内容进行相对应的调整和优化。

从战略绩效管理的角度出发，战略回顾属于战略绩效管理“两大领域、八大模块”的一部分，从属于战略绩效管理体系，战略回顾工作内容和成果为后续战略分解以及战略实施奠定基础，而整个战略绩效管理体系的实施内容又促进战略回顾工作的开展。

一、战略回顾为绩效考核规划提供思路

中长期考核规划设计是实施绩效管理的首要工作，需要与银行发展战略和年度计划对接，形成支撑战略落地的有力抓手。此外，考核规划要基于不同银行所处的绩效考核发展阶段，有计划地稳步推进银行绩效考核建设，确保规划的前瞻性、科学性和有效性。但一些银行在考核体系上仍然存在缺乏规划、承接战略不充分、规划难落地等问题。

考核规划在银行整个战略绩效管理工作中发挥引领作用，因此在考核推行之初，应设计一个承接战略、全面化、系统化、易于执行的绩效考核规划，这是绩效管理工作成败与否的关键。而考核规划制定的科学与否很大程度上依赖于对战略的承接，通过参考往年战略执行情况的总结回顾内容，能够明确战略实施过程中存在的问题和不足，为绩效考核规划提供思路。

二、战略回顾为绩效考核指明方向

结合不同的业务发展阶段和战略规划，银行应当选择不同的绩效考核导向。绩效考核导向主要包括两部分内容。一是在考核模式上是偏重于规模考核还是利润考核，是偏重于产品考核还是客户考核？二是在绩效资源配置上，根据年度重点工作计划明确绩效资源配置导向，即薪酬总额及费用总额的年初预算、监测和条线化管理。

目前，部分银行在考核导向上主要存在重规模轻利润、模拟利润考核基础薄弱、资源配置缺乏等问题，这些情况在中小银行中表现得更加明显。在

考核导向的选择上，关于到底是以规模为主，还是要加大利润、风险和质量的考核比重这一问题，战略回顾是重要的参考材料。战略回顾中涉及的一系列关键指标的达标分析、指标完成情况的差异，为银行选择考核导向提供了依据。

三、战略回顾为完善绩效考核运营管理体系提供借鉴

绩效管理强调战略规划在绩效考核中的层层传导和落地执行，需要充分结合现状实施一系列举措，包括组建绩效考核管理团队，形成纵向贯通、横向协同的传导反馈机制，并搭配各类运营管理工具方法，提升绩效运营人员能力，构建高效顺畅的绩效管理运营体系。要确保绩效运营管理体系能够持续有效，并适用于银行绩效管理要求，离不开对绩效管理体系的迭代和调整。通过战略回顾对往年战略执行情况进行总结，可以从侧面反映战略运营管理体系存在的问题，并为战略绩效管理体系的调整提供依据。

第四节　案例 1：A 农商银行战略回顾

本节以 H 省 A 农商银行为例，阐述该银行战略回顾的总体流程及分工，以及对战略回顾成果进行分享。

一、A 农商银行简介

自 2015 年改制成立以来，A 农商银行抓住国家深化农村金融改革的政策机遇，积极发挥改制所带来的优势，致力于改革创新，灵活稳健经营，积极探索多元化发展，确立了在当地的金融主力军地位。但是在改革与转型的同时，A 农商银行也深切感受到本行自身管理的不足。伴随落实省联社关于农商银行机关精简优化的工作部署，全行已在 2019 年全面开展机关部门正副职公开竞聘工作。至此，A 农商银行第二届董事会、经营层换届已全面完成，选人用人机制也逐步由“相马”到“赛马”转变，实现了人力资源的市场化配置。

结合省联社 2019 年制定推出“高质量发展工作规划报告”，A 农商银行

作为“兴社强行”的重要载体，紧紧围绕“建设有温度的百姓银行”这一总的发展愿景，与省农信系统一同改革与发展。为全面贯彻落实 H 省农信系统高质量发展工作规划，顺应新时代发展需要，坚持从自身实际出发，与省联社五年发展工作规划相匹配，开展战略回顾工作，做好战略澄清的前置准备。

二、战略回顾工作内容

（一）A 农商银行战略回顾流程

围绕战略回顾工作需要，A 农商银行战略委员会协同外部公司对内外部资料进行收集与检视。

1. 材料收集

结合 A 农商银行实际情况，收集的材料包括：战略规划发展报告、经营分析会报告、行长工作报告、财务报表、财务分析报告、人力资源规划报告、人力资源三定材料、业务发展报告、统计局数据等；并结合战略管理、人力资源管理、财务管理、业务发展、内控合规等维度对材料归并，形成分类清晰的文件夹。

2. 信息分析

对于上述各项文件按思维导图进行梳理，明确各项战略文件的核心内容，并对有定量指标的数据以 Excel 表格方式列明体现。

3. 报告撰写

报告总体框架按“背景+SWOT（优势、弱势、机会、威胁四个维度）分析”进行编写，编写过程中战略管理牵头部门与各条线就各项信息数据充分沟通，逐项敲定报告内容。该报告完成编写后上会审定，作为后续战略澄清工作参考成果之一。

（二）A 农商银行过往发展成果回顾内容

自 2015 年改制以来，A 农商银行上下在稳健经营的基础上，不断开拓进取，深化金融创新，推动转型升级，通过做大业务规模、保证发展质量、狠抓内部管理、改进服务作风等方式实现了各项业务向好、向善的发展态势，经营指标、党建工程、公司治理及社会影响均得到显著提升。

1. 结合银行实际谱写党建新篇章

（1）全面宣传贯彻党的精神。

（2）明晰、优化总行党委的组织架构。

（3）行领导班子充分发挥政治核心作用。

（4）坚决执行“党建共创、金融普惠、助力乡村振兴”。

2. 多项核心业务指标再上新台阶

（1）负债业务增幅明显，市场份额在全市金融机构中排名第一，增幅排名第三。

（2）资产业务增幅显著，信贷结构向“做小、做散”稳步调整。

（3）业务转型取得新成效。

（4）攻坚克难，风险防控实现新提升，体现在清收力度加大、重塑信贷管理流程、优化网点人员配置等方面。

（5）改革发展取得新进展，体现在全面绩效管理改革、中层后备干部选拔机制优化、财务管理精细化、队伍建设强化等方面。

（6）扎根本土品牌建设，树立新形象，体现在规范化运营管理提高客户口碑、建设多维度产品体系、转型优化打造特色支行、深入推广电子银行业务等方面。

（三）过往发展中存在的问题

自改制以来，A 农商银行虽然在党建工作、内部流程优化、品牌建设、风险防控管理上取得了一定发展，但是与省内同业、全国优秀农商银行相比，仍存在较大差距。通过数据分析及对比，差距具体体现在以下四个方面，需要在未来的发展中全力改进和克服。

一是全面风险管理有待强化。针对不良贷款户数和金额进行分析，截至2019 年 12 月，不良贷款余额约 X 亿元，不良贷款中超过 100 万元以上（含）的大额不良贷款为 x 笔，笔数占不良贷款的 $X\%$，余额占不良贷款余额的 $X\%$；为与省联社高质量发展工作规划相匹配，实行大额贷款双线管控，对大额贷款（500 万元以上）投向和投放比例进行行内台账管理，后续对于大额贷款的发放应更加严格及慎重。

针对本行出现的不良贷款原因进行分析，既有主观错误又有客观影响，形成不良贷款原因主要有：①热衷于大额贷款投放，没有匹配“做小、做散”导向，偏离了服务“三农”的经营理念。②从总行开始对于行业的整体风险认识不到位，缺乏对于行业整体经营的分析，尤其是贷款投放行业，对于形成不良贷款是客户原因或是行业市场原因没有明确的认识。③信贷流程不健全，在不良贷款集中发生前，风险意识不足，手续简便，审查不严，授信、用信未分离，由信贷部门即可完成贷款的发放，未展开合规及风险审查，未对贷款发放进行有效审查。④科技支撑不足，缺少流动性风险管理系统、操作性风险管理系统及缺少信贷利率定价系统、模型，对客户风险量化评估程度低。⑤行内相关人员对政策、规章制度的把控不足，未达到有效审查的目的，并且客户经理素质也有待提升。

二是综合管理水平有限，行内人才团队素质有待提升（略）。

三是营销队伍能力有待提高（略）。

四是银行企业文化有待加强（略）。

（四）A 农商银行优劣势

1. 优势

（1）作为地方法人金融机构，政府高度支持。

（2）一级法人机构决策链短，对本地市场反应灵敏，灵活高效。

（3）在当地根基深厚，金融渗透率高，民众认同度高。

（4）物理网点点多、面广，贴近客户，熟悉当地市场环境。

（5）经营接地气，业务容易开展。

2. 劣势

（1）本地业务虽然仍有开拓空间，但是存在“天花板”现象。

（2）依靠利息收入，利差空间大幅变窄。

（3）缺少整体营销策略规划，针对不同细分客户群体未制定清晰的市场差异化竞争策略。

（4）年轻客户挖掘不足。

（5）网点外主动营销能力较弱。

（6）总行缺乏管控能力，中层领导更多依赖领导分配任务，缺乏战略层次的业务逻辑。

（7）缺乏全面风险管理体系。

（8）专业性人才不足，人才培养计划、培训机制及人岗匹配机制有待完善。

（五）发展机遇

结合 A 农商银行战略规划、相关监管政策文件以及其他相关数据资料综合分析，经过 A 农商银行战略委员会内部研讨，对银行发展机遇做如下回顾。

国家政策支持和区域政府帮扶为 A 农商银行提供了发展机遇。政府提出供给侧结构性改革、改善民生等战略，刺激经济增长、调整产业结构，银行应顺势而为，调整经营方向，把握政策改革红利。国家大力推行乡村振兴战略、新版《土地管理法》和《中国共产党农村工作条例》，释放强烈的强农惠农信号，银行迎来农村金融业务发展“窗口期”。在当地区位优势凸显，政策叠加效应显著，引导资本注入新兴产业，银行可为企业创新、产业升级提供金融服务，助力区域经济提升发展质量。

科技创新为金融行业注入新活力。数字科技为银行在数字经济下的转型和发展带来了新动能，是驱动银行战略的决定性因素。金融科技发展前景广阔，金融服务整体数字化转型已是大势所趋，数字化与智能化变革将提升银行风险管理水平。

农村金融发展前景良好，城镇化水平不断提高。随着农业规模化生产趋势的发展和农村网络渗透率的提升，农村金融焕发了巨大的经济活力。县域城镇化建设进程加速、城乡协调发展为农村金融市场带来更多的发展机遇。

当地经济发展驶入“快车道”，金融市场挖掘潜力大。A 农商银行所在地级市 2019 年 GDP 名义增速省内排名第一，经济增长潜力巨大。随着本省经济的快速发展，金融业也呈现良好发展态势，当地现有金融服务水平较为落后，提升空间较大。

当地人文气息浓厚、旅游资源丰富，文化、生态金融产生叠加效应。

（六）面临的挑战

1. 国家经济增速换挡和转型趋势要求银行制定灵活有效的经营战略

（1）中国经济目前已进入高质量发展阶段，银行业作为周期性较强的行业，资产扩张速度与经济周期波动密切相关。

（2）经济进入新阶段，银行发展面临更多不确定性风险挑战。

2. 金融监管环境趋严和利率市场化改革使小型农商银行压力更加突出

（1）近年来金融监管趋严，尤其是自 2017 年以来同业监管政策收紧，对小型农商银行的业务模式冲击较大。

（2）利率市场化进程持续加快，银行业面临利差收窄和“存款搬家”两大趋势，小型农商银行的存款压力更加突出。

3. 异业竞争者凭借创新模式和特色业务抢占农村金融市场

（1）异业竞争者创新布局农村金融服务模式，农村金融领域竞争日趋激烈。

（2）同业中发展相对领先的银行已切入第三方合作，A 农商银行也应该寻找与外部机构的合作机会，且在细分市场上构建相应的能力，积极应对竞争局面。

第五节　战略回顾常见误区

一、误区一：将战略回顾完全交给外部机构

大部分中小银行由于缺乏战略管理的相关理论、方法、工具的指导和借鉴，在开展战略相关工作时，会借助外部机构的力量。虽然聘请外部专业咨询机构来协助开展战略回顾工作是有必要的，但如果只是依赖外部专业咨询机构，而银行置身事外，没有参与的话，就会导致战略回顾的结果出现偏差，难以真实地反映银行战略实施情况。因此，在整个战略回顾工作中，建议银行与外部专业咨询机构之间密切配合，全方位合作。

二、误区二：认为战略回顾与战略澄清是一回事

在开展战略回顾和战略澄清工作时，一些银行认为两者是一回事，这是在分析战略实施时遇到的常见问题。但两者还是有明显区别的，战略回顾聚焦过去，主要通过往年的战略实施情况，总结过去战略实施过程中的得失，包括过往战略主题、战略目标达成情况等；而战略澄清主要是针对当前现状，探究在实施当前战略规划过程中的战略管理、业务发展和内部运营管理上存在的问题，探讨未来战略实施过程中如何规避当前的问题。

三、误区三：战略回顾重定性分析、轻定量分析

战略回顾阶段的分析更多地来自银行收集的原始材料，所以在分析中往往存在堆砌材料、缺少定量分析佐证的现象。在战略回顾过程中需要采用定量和定性相结合的方法，通过定性分析支撑输出结论的逻辑，让整个战略回顾报告清晰；同时，通过定量分析佐证结论，让整个回顾报告的过程更加严谨，结论更加可靠。

第六章 战略澄清：聚焦当下，明确战略分解方向

在战略回顾之后，通过开展战略澄清工作调整战略规划内容，以此作为后续战略分解工作的基础。

第一节 战略澄清的定义和意义

企业战略是在明确目标的基础上，找到达成目标的方法和路径。战略内容包含企业经营追求怎样的客户价值以及需要具备怎样的核心竞争力，从而决定着企业应该制定怎样的管理制度来激励员工，进而支撑公司战略目标实现。

而在银行战略管理中，往往存在以下问题。

一是战略无传导。战略传达止于管理层，员工对于银行的发展方向、核心竞争力、发展路径等认知不清晰。

二是战略无支撑。当前银行的业务发展、内部运营管理能力不足以支撑战略规划内容的落地执行。

三是战略不系统。参与顶层设计者不清楚战略到底包括哪些内容，或不清楚如何阐述战略。

四是战略不清晰（不明确）。对核心能力的要求不明确，对于各部门的工作目标及员工的行为同样不明确。

上述问题是目前大多数银行在战略实施中存在的问题，导致战略被束之高阁，并没有得到具体的分解和实施，而产生上述问题的主要原因是银行缺乏对战略的澄清。

一、战略澄清的定义

战略澄清是分解战略的基础，总结梳理当前战略管理中的痛点问题，明确银行战略与银行战略管理路径的相关内容，为后续战略研讨和战略分解工作提供依据。战略澄清是一个不断发掘问题、分析问题、研究问题、提出解决方案的过程。简单来说，战略澄清就是通过一系列的问题发掘、分析，明确银行的战略发展中的“当前的定位”“未来的目标”“现状与目标存在什么差距”“解决思路是怎样的”的过程。

二、战略澄清的意义

在战略绩效管理“两大领域、八大模块”内容中，战略澄清是战略实施中紧随战略回顾的第二步，具有承上启下的作用，既能进一步加深对战略回顾内容的理解，也能为后续战略分解工作提供方向和依据。从战略澄清的内容和作用来看，战略澄清具有以下四方面的意义。

（一）战略澄清有利于银行明确当前战略实施的现状

战略澄清涉及对银行战略执行情况的调研访谈，通过全方位的诊断分析，能够清晰地了解银行在战略实施中业务发展、组织管理、人才保障、信息化支撑等方面存在的问题。对于战略实施来说，只有捋清战略实施中的问题，才能有针对性地制定改进策略。

（二）战略澄清有利于提高行员对战略的关注度

战略管理被认为是银行高管及中层管理者的工作，与基层员工无关。但要实现战略的落地，推动银行各项业务、重点工作的开展，则离不开各层级对战略实施的理解和执行。在调研访谈阶段，除了“自下而上”地收集各类问题，还要“自上而下”对银行的战略理论、导向和规划进行传达，从而提高行员对于战略实施工作的认知和重视程度。

（三）战略澄清为后续战略分解提供依据

围绕战略实施的效果，发现战略执行过程中的问题，并督导解决这些问题，评估战略管理的效果。战略澄清从战略管理、业务发展、内部管理等层面总结问题，为后续战略分解、战略实施等提供方向和依据。围绕痛点问题，对战略任务进行细化，确保问题的解决和战略实施的效果。

（四）有助于达成战略共识

从推进管理工作的角度而言，“自上而下”对战略达成共识，是确保有效推进工作的先决条件，为后续战略绩效管理工作做铺垫。

第二节　战略澄清的原则、方法与流程

战略澄清是在总结回顾以往战略实施成效的基础上，聚焦当下，通过调研诊断、分析，捋清战略实施时面临的问题。

一、工作原则

在战略澄清过程中，需要坚持严谨翔实、分层分类和专业研判等原则。

（一）严谨翔实原则

战略澄清的核心工作之一是调研诊断，旨在通过问卷调研和访谈的方式，了解银行各层级人员对于战略实施工作的认知，并提出合理化建议。因此，要求整个调研过程不能只是“走过场”，调研对象要覆盖各层级、各条线的员工，需要涵盖战略、业务和组织等方面的内容，确保调研工作充分到位，并对调研过程中获得的各类信息进行详细的记录和归纳。

（二）分层分类原则

在调研过程中，会涉及不同层级的人员，为了获取关键有用的信息，在整个过程中需要坚持分层分类的原则。一方面对访谈对象进行分层，将访谈对象区分成行领导、中层管理者和基层员工三个层级；另一方面将访谈所获取的信息分类归纳为战略管理、业务发展和内部运营等类型。

（三）专业研判原则

对于战略澄清而言，最关键的就是通过一系列的访谈调研、识别和归纳当前战略实施过程中面临的问题，从而提出初步建议和意见。而能否准确识别问题，给出合理化建议，实际上考验的是诊断者的专业能力。所以，在梳

理调研信息、提炼关键问题和提出合理化建议的过程中，需要进行充分的讨论和专业化的研判，力求诊断结果的专业性。专业研判可以依循“三三制”，结合同业案例做法、银行实际诉求和战略管理相关理论知识。一般而言，战略管理相关理论知识的需求可以借鉴第三方公司的知识积累来保障。

二、工作方法

（一）调查研究法

调查研究法可用于描述性、解释性或探索性的研究。调查研究可以从实际的观察过程中描述大样本的特征，尤其是自填式、标准式问卷。调查研究的意义在于由受访者自我陈述，系统化地收集特定群体的信息，包括事实、意见和行为。调查研究可分为访问调查、观察调查和问卷调查，其中以问卷调查最为普遍。问卷调查是研究者将所要收集的信息，以问题的形式列出并编制成表格，分发给有关人员填写的一种收集研究资料的方法。调查研究法是利用问卷依据抽样原理抽取样本，收集研究资料，并将结果推论到全体，是一种发掘事实现状的研究方式，目的是收集、积累基本资料。

（二）归纳总结法

归纳总结法是指以一系列经验事物或知识素材为依据，寻找出其遵循的基本规律或共同规律，并假设同类事物中的其他事物也遵循这些规律。战略澄清阶段涉及对大量访谈调研信息的梳理，这就需要采用总结归纳的方法，对调研获取的各类信息进行归纳总结，将行领导及关键干系人的问题进行重点梳理，对共性问题进行归纳。

（三）战略澄清综合分析方法

为了系统全面地开展战略绩效管理项目调研诊断工作，天维信息从战略管理层、业务发展层和运营管理层三个维度构建战略绩效管理调研诊断框架，简称“346”战略澄清诊断框架（见图 6-1）。战略管理层主要包括战略规划、战略实施和战略落地三方面；业务发展层主要涉及业务发展相关的客户、产品、渠道、营销四个维度；运营管理层则侧重于对内部运营管理相关的组织架构、岗位职责、薪酬管理 、绩效管理、培训开发和企业文化六个方面的调研。

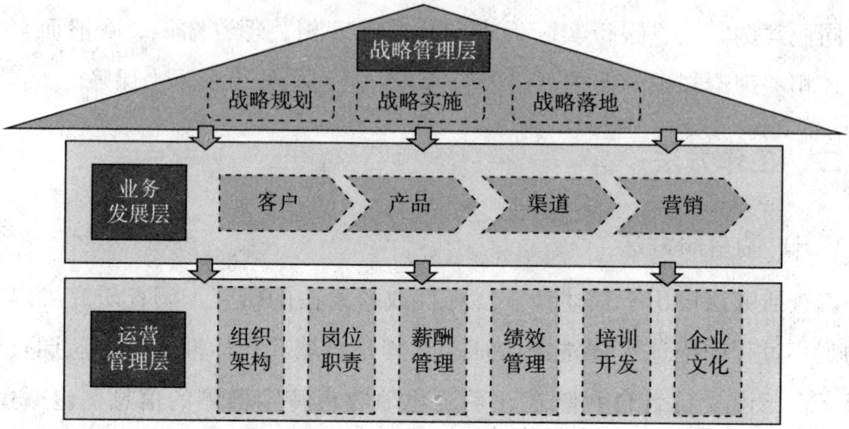

图 6-1 “346”战略澄清诊断框架

三、工作流程

战略澄清主要包括以下四大流程。

（一）问卷调研

问卷调研主要以问卷的形式，采用线上发放、线上填写和线上统计的形式进行。向行领导、中层管理者和基层员工发放问卷，主要调研内容涉及战略管理、业务发展、运营管理等。不同的调研对象需要了解的内容不同，对行领导，侧重于了解战略管理工作的导向和需求问题；对中层管理者，侧重于了解战略执行工作中的问题；对基层员工，侧重于了解对战略实施的感受。

（二）访谈调研

访谈调研主要是采取一对一访谈的形式，制定访谈提纲，就关键问题进行深入的沟通和探讨。访谈调研对象为行领导及中层管理者，主要针对战略回顾中发现的关键问题及问卷中需当面探讨的问题进行深入访谈。通过线下访谈的方式，深入地了解行领导对战略实施导向、战略实施思路和对关键战略问题的看法。

（三）战略澄清报告撰写

战略澄清报告是后续战略分解和战略实施的重要参考材料。通过前期的战略回顾及深入的调研访谈，最终形成正式的战略澄清报告。战略澄清报告一方面要澄清银行所处外部环境、面临的机遇和挑战；另一方面要通过前期的调研访谈，诊断银行在战略实施过程中的问题和痛点，并初步提出解决问题的方法和思路，撰写战略澄清报告。

（四）战略澄清工作汇报

战略澄清是战略绩效管理工作的重要节点和里程碑，其识别和诊断的关键问题是否符合银行实际的业务导向，直接影响后续战略绩效管理工作的开展。因此，需要对战略澄清阶段的工作内容和成果进行汇报。

第三节 战略澄清的应用

一、战略澄清与绩效管理体系的关系

从工作方法及工作流程角度分析，战略澄清需要对银行不同层级人员进行调研访谈，而开展绩效管理工作时同样需要进行调研访谈，因此可以考虑将战略管理与绩效管理的调研访谈进行融合。一方面可以从战略层面获得更多与考核相关的信息；另一方面可以从战略和绩效的整体性上与访谈者进行更深入的探讨，有利于后续考核规划制定的科学性、前瞻性和战略一致性。

从绩效管理四体系的理论来看，战略澄清为绩效管理四体系内容的优化提供方向。战略澄清阶段通过调研访谈，更多呈现的是银行在战略管理和执行中面临的问题，而战略的落地执行往往需要绩效考核体系的驱动。这就需要依据战略澄清所诊断的问题，在管理体系方面，对组织、人员进行调整；在制度体系方面，增加或优化驱动战略执行的条款；在文化体系方面，加强战略考核内容的培训和宣导；在软件体系方面，在绩效考核系统中增加督导和驱动战略执行的功能模块。

二、战略澄清在绩效管理体系中的落地

战略澄清在绩效管理体系中的落地主要体现在以下三个方面。

（一）战略澄清为考核规划做指引

银行绩效管理体系的搭建，离不开中长期考核规划的制定，而考核规划要基于不同银行所处的绩效考核发展阶段，有计划地稳步推进银行绩效考核建设，确保规划的前瞻性、科学性和有效性。从整个考核规划过程来看，离不开对银行所处现状的调研和访谈。在开展战略澄清工作时，也需要从战略管理、业务发展和内部运营管理层面进行调研访谈，进行对应的专业研判，从而为考核规划的制定提供战略层面的参考和指引。

（二）战略澄清为考核方法的选择提供依据

绩效考核方法按照不同分类方式和维度，可以划分为不同的类型。按照不同的考核对象分类，可分为分支机构、事业部、职能部室、团队、行员和客户考核等考核方法；按照适用的场景、发挥的作用分类，可分为目标管理、产品营销计价、3K（KPI、KOI、KBI）、目标与关键成果法（OKR）考核等；按照考核周期分类，可分为月度、季度、半年度、年度和不定周期考核等。面对众多的考核方法，银行需要结合实际进行决策。而战略澄清从不同维度对银行现状进行分析，可以为银行考核方法的选择提供依据。银行可以根据不同的考核对象，对照问题，匹配不同的考核方法，并依据每年战略澄清诊断的问题进行 PDCA 循环，不断优化绩效考核方法。

（三）战略澄清为考核模式的选择提供佐证

银行考核管理模式主要包括总分支管理模式和条块管理模式。总分支管理模式即处理好考核层面总行垂直考核到员工和支行二次考核到员工的平衡问题。条块管理模式是指将业务条线化垂直管理与分支机构块状管理相结合，明确“条”与“块”的责权利，实现条块考核的有效平衡。不同的考核模式在考核权限划分、管理流程等方面均不同。当前，银行考核模式包括总行“一竿子插到底”，或者简单的“总分支”层级考核模式。何种考核模式更适合银行发展需求和考核要求，则需要从战略、业务、管理等维度捋清银行当

前的发展现状，从而选择适合银行发展需求的考核模式，并根据后续战略澄清出现问题的不同，优化现有银行考核模式。

第四节 案例2：B农商银行战略澄清

一、B农商银行简介

B农商银行成立于2013年，是经银行业监督管理部门批准的具有独立法人资格的地方性金融机构。B农商银行下设14个职能部门（含1个营业部），辖33个营业经营网点，有员工398人。截至2019年末，B农商银行荣获“全国农村商业银行标杆银行”“国家级青年文明号”“中国最具影响力十佳县域银行”等荣誉称号。

近年来，B农商银行遵循“科学发展、跨越赶超、争创一流”的发展思路，坚持“三个面向”的市场定位，倡导“与您最近、和您最亲”的企业文化，努力为当地群众提供全方位、高水平的各类金融服务。

B农商银行在传统存贷汇业务的基础上，创新性开展票据融资、贵金属、保险代理、信息咨询等各类业务，大力推广“三支付一平台”等网金业务，积极拓展支付结算渠道，逐步实现客户管理精细化、服务流程规范化、利率定价差异化，快速响应各类客户的多样化金融需求，打造出“高效、便捷”的现代化金融服务提供商形象。

B农商银行积极承担社会责任，参与资助贫困学生、贫困农户等公益活动，积极开展探访老人院、残疾人学校等慰问活动。

二、战略澄清工作内容

B农商银行主要围绕“两提升、一强化”的战略主题进行战略澄清。“两提升”是指提升零售占比、提升组织效能；“一强化”是指强化学习能力。B农商银行战略澄清阶段主要工作内容包括调研访谈、专业研判两部分。

（一）调研访谈

天维信息项目组在战略回顾工作的基础上，围绕战略主题设计问卷及调研访谈提纲。在问卷调研上，向全行各层级发放问卷，基本覆盖了全行各层级人员访谈，并与总行领导及各部门负责人进行了一对一的访谈。战略澄清调研主要围绕“两提升、一强化”战略模块在实施以及推进过程中遇到的困难、希望获得的支持进行讨论。

通过为期两周的调研访谈，按照“两提升、一强化”的维度整理归纳如下内容。

1. 提升零售占比方面

（1）目前，业务发展受阻很大程度上受制于当地人口较少、市场空间相对有限、各类资源相对匮乏。

（2）经过数据分析，农村家庭产品覆盖率达 X%以上，社区人口产品覆盖率达 X%以上，覆盖面的提升空间受限。

（3）收银宝中的商户信息有不少是无效的，推进遇到难题。

（4）在积极进行复工复产贷款投放的同时，对于风险的把控很难兼顾。

（5）受新冠肺炎疫情以及政策影响，B 农商银行贷款投放的利率持续走低，同时他行贷款利率优势更加明显，贷款投放以及老客户的留存遇到很大挑战。

（6）B 农商银行社保卡业务发展起步较晚，目前正在努力追赶，计划通过农村社保卡全面换卡占领农村市场。

（7）实行运管条线事业部制改革，期待能够释放部分柜员进入市场营销序列，通过零售转型提高发展质量。

（8）农村地区网格建设基本建成，下一步的重点工作是打造城区网格社区。

（9）很多业务的开展受制于很多因素，比如，旅游金融的开展、商品储蓄的开展等。

（10）在经济总体下行的情况下，要先守住自己的阵地，对存量客户进一步挖掘、实施客户倍增计划是下一步的重点。此外，还存在一些优质的个人类贷款客户流失的现象。

2. 提升组织效能方面

（1）不能一味追求单纯的效率，效率、质量、效益要有机统一。

（2）秉持“合适的人做合适的事”这一原则。

（3）在提升工作效率方面，要充分考虑成本，不能所有事情都通过系统来实现。

（4）资金的使用要围绕业务的发展，要用在行内重点发展的业务上。

（5）要在风险控得住的前提下提升效能。

（6）总体目标是效能有提升，风险控得住，人才跟得上，流程有优化。此外，还提出“五个一”思路，包括一个平台（效能直通车）、一个提升计划、一个科技推广应用、一个机制创新、一个台账体系等。

（7）对于本银行战略框架，全行上下认可度较高。大家思路清晰，不折腾，主要是为了解决发展的问题。

（8）需要优化人力资源相关工作，包括人才盘点、人力资源规划、人力资源结构优化配置、等级评定等。

3. 强化学习能力方面

（1）在强化学习能力方面，B 农商银行打造内训师团队，机关部门人员积极性相对较高。

（2）课程开发以实操性业务为主，逐步形成“人人为师”的学习文化氛围。

（3）受新冠肺炎疫情影响，开展培训的模式以线上为主，目前采用省联社平台进行培训。

（4）课程开发的主导者积极性较高，其他人员对于“学习型”战略的重要性认识还存在不足。

（二）专业研判

基于调研诊断收集的各类信息，天维信息项目组围绕“两提升、一强化”的战略主题，进行归纳总结，并在与 B 农商银行主要领导进行深入探讨后，形成了重点诊断结果（见表 6-1），包括主要痛点及解决思路。

表 6-1 B 农商银行专业研判诊断结果

业务维度	描述维度	内容
提升零售占比	主要痛点	业务发展遇到瓶颈。B 农商银行存款成本高，对公不稳定，储蓄理财化，贷款找不到目标客户，客户结构不优，市场竞争灵敏度不高。 提高战略意识，有些战略工作、重要工作的突破口未找准，需要在需求响应度、市场灵敏度方面发力。比如，积分商城、生态圈的关键在于形成闭环；ETC 的战略意义在于获客；精准营销平台的难点在于运用和推广；网格化营销的关键在于执行力
	解决思路	尽快建立多元化营销体系，建议突破口为社会化营销、网格化营销。前者靠“微信公众号+客服中心”落地，后者靠精准营销平台落地。 开展特色化网点大讨论。各支行有清晰、差异化的定位，并与网点转型工作相结合。网点转型划归市场营销条线
提升组织效能	主要痛点	需梳理部门职责，存在模糊和真空地带。 支行行长存在观望情绪，未完全融入二次创业的总行战略部署中
	解决思路	围绕战略及定位，梳理、完善部门职责，正式发文，每年年初调整（如有）。明确公司的角色和在战略中的位置，明确各支行角色及定位。 尝试探索用人机制的革新，采用“竞聘+双选双聘”相结合的方式
强化学习能力	主要痛点	未能根据当前的痛点及短板、各岗位胜任力模型，针对各类人员开展培训、教育工作。 学习氛围不够浓厚，特别是总行机关办事员、支行基层人员
	解决思路	专人专岗负责，建立全员培训体系和学习培训机制、积分机制。 创新教学培训方法，搭建学习平台，充分运用同业资源、合作伙伴资源，包括邀请标杆行领导、专家对行内骨干、中层进行适时、及时的培训等举措

第五节　战略澄清常见误区

一、误区一：战略澄清需要对外部环境进行充分的识别

当前，中小银行战略管理内容中主要涉及的是战略实施和战略落地，而不涉及战略规划相关内容。在战略规划制定阶段就已经对内外部环境分析得比较具体，战略规划的内容也是基于当下或未来的外部环境，再结合银行发展现状制定的。战略澄清属于战略实施领域的工作，更多的是依据现有战略规划，识别银行自身在战略执行上存在的问题。因此，一些中小银行认为不需要再对外部环境变化进行分析。

二、误区二：战略澄清调研访谈与绩效管理调研访谈没有区别

战略澄清调研访谈与绩效管理调研访谈区别如下。一是访谈对象的差异。绩效管理工作的访谈对象覆盖高层领导、中层管理者和基层骨干；而战略澄清工作访谈对象主要是行领导和中层管理者。二是访谈形式的差异。绩效管理工作访谈形式包括一对一访谈和座谈会；而战略澄清工作访谈形式包括一对一访谈和战略研讨会。三是调研访谈诊断模型不同。绩效管理工作主要是运用“1331”体系①，从考核规划、考核方法、考核导向、考核模式、考核系统、考核运营体系、人力资源体系和业绩管理等维度进行问题诊断；而战略澄清工作主要运用“346”模型，从战略管理层的战略规划、战略分解、战略落地，业务发展层的客户、产品、渠道和营销，运营管理层的组织架构、岗位职责、薪酬管理、绩效管理、培训开发和企业文化等维度进行问题诊断。

三、误区三：战略澄清结果并非一定要进行汇报确认

战略澄清在整个战略绩效管理“两大领域、八大模块”中属于阶段性的

① “1331”体系包括绩效管理规划，做好绩效管理模式、绩效管理导向和绩效管理方法 3 个优化，完善绩效考核新系统、运营管理体系和人力资源管理体系 3 个支撑及建立业绩关系管理基础。

里程碑式工作，是后续战略分解和战略落地工作中策略制定、工作开展的依据。战略回顾与战略澄清阶段识别的现状、诊断的问题是否符合银行发展实际，直接影响后续战略绩效管理工作的开展。因此，战略回顾阶段和战略澄清阶段的成果必须向银行“一把手”及主要领导进行汇报确认，以求达成战略共识，确保后续工作的顺利开展。

第七章　战略分解："两图一表"，细化战略路径任务

继战略澄清之后，银行主要战略方向以及战略主题已确定，下一目标是将前期任务进一步分解到可落地的具体指标，这一环节即战略分解，也是实施战略最重要的一环。

基于天维信息长期服务于银行业的实践经验，银行战略分解流程可按照"两图一表"主线执行。

第一节　战略分解的内容和意义

一、战略分解的内容

所谓战略分解，即通过路径化、可视化、可衡量、指标化的方式，把复杂、长远、宏观的总体战略目标从纵向、横向或时序上分解到各层次、各部门乃至各岗位，并转化成为可理解、可执行以及可评价的目标（或任务），从而形成"自上而下"逐层分解的金字塔形目标体系。

结合天维信息战略分解工作实践经验，上述过程与"两图一表"的实施思路对应，即从战略地图到战略实施路径图的细化梳理，再到战略任务分解表的完成。

二、战略分解的意义

战略分解既能为组织未来发展提供指向性，又能使员工的工作具有可执行性，具有承上启下的作用。战略分解将战略、组织、个体联系在一起，通

过战略分解将战略内容深入传达到组织中的每个个体。

战略分解实现了组织资源的聚焦。战略分解对于很多组织来说，涉及范围非常广，在战略分解中既要考虑产品、品牌、人才，又要考虑各项业务经营指标的实现，所以在战略分解这一环节，要做的一个重要工作就是帮助组织不断聚焦，将多元化目标聚焦到重点目标，将重点目标聚焦到最重要的核心目标，保证组织资源配置与战略核心目标保持一致。只有不断聚焦，才能把组织最优质资源配置与最核心目标进行匹配，最终提高整体战略实现的可能性。

战略分解能有效提升组织的战略执行力。组织可以将战略规划分解到年度和月度、部门和岗位，并转化成具体的行动计划，从而将战略目标落实到每个组织个体，提升组织战略执行力。

战略分解能有效提升组织的绩效管理能力。组织将战略分解和细化为可执行的行动，基于对战略重点的分析、拟订行动计划，明确绩效考核指标，并将责任落实到部门和个人，有利于员工明确组织目标，提高组织绩效管理的有效性与绩效目标的可实现性，从而为组织创造更高的绩效。

第二节　战略分解的原则、思路、方法和流程

一、战略分解的原则

实施战略分解需遵循以下原则。

垂直一致性：以组织战略为主线，以部门目标为基础，根据组织架构“自上而下”逐层对战略进行垂直分解，确保每一层级在分解目标时保持目标的一致性。

水平一致性：以组织工作的整体流程为基础，明确各部门之间的协作关系与相关责任，确保工作流程中各协同部门横向关联的一致性。

导向性与均衡性：在构建金字塔形目标体系过程中，既要考虑各级目标与整体战略目标实现的关联性，保证战略导向不出现偏移，也要考虑各级目标设置的均衡性，促进组织的全面发展。

责任落实：建立一个关于评价指标的责任分解矩阵，确认各部门对组织目标的落实与责任，做到从上到下，从机构到员工，为组织的绩效管理提供方向。

二、开展战略分解工作的常见思路

基于长期实践经验的积累，业界对于战略分解可参考的成熟工具较为丰富。这些常见工具包括 BSC 战略地图（Strategy Map）、DOAM 模型、KSF 法、鱼骨图、BLM 模型等。

（一）BSC 战略地图

战略地图由罗伯特·卡普兰和大卫·诺顿提出。战略地图是在平衡计分卡的基础上发展而来的，但它又比平衡计分卡多了两个内容：一个是要素层，平衡计分卡包括的四个层面目标（财务层面、客户层面、运营管理层面、学习与成长层面）可以被分解为多个要素；另一个是动态层，在战略构思和规划的过程中，战略地图是动态变化的。因此，战略地图以四个层面目标为出发点，深入研究四者之间的相互关系。

简单来说，战略地图的核心就是组织使用人力、信息以及组织等无形资本（学习与成长维度），建立竞争优势和改善内部效率（运营管理维度），从而为市场提供特定的价值（客户维度），最终实现组织的价值增长（财务维度）（见图 7-1）。

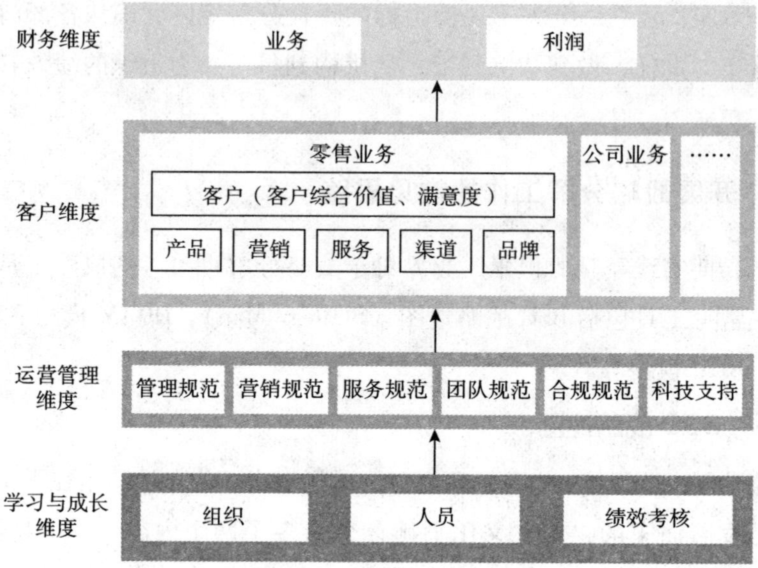

图 7-1　战略地图示例

战略地图绘制六步法。

第一步，确定组织价值增长目标（财务）。例如，某企业董事长提出2030 年前该企业营收要达到 12 亿元，而目前该企业的营收为 6 亿元，也就是说，在接下来的 10 年内，该企业营收要增长 6 亿元，所以营收增长 6 亿元就是这家企业的组织价值增长目标。

第二步，调整客户经营策略（客户）。要实现组织价值增长的目标，在2030 年营收增长 6 亿元，就意味着必须对现有客户进行分类研究，并同步调整客户经营策略。现有客户经营策略分为三种：一是低成本策略，针对价格敏感型的客户；二是差异化策略，针对有独特需求的客户；三是全面化策略，针对需要提供"一揽子"服务的客户。

第三步，明确目标实现的时间。针对 10 年内要实现营收达到 12 亿元的目标，要明确目标实现的时间，如每一年企业营收应提升多少，预计需要多少年才能实现该目标，对于未完成目标的年度应如何进行调整。

第四步，确定各大战略主题（运营管理）。要明确组织短中长期的主要工作重心，确定关键的内部流程，从运营管理、客户管理、创新管理等方面着手相关工作，支撑战略目标的实现。

第五步，提升组织的战略准备度（学习与成长）。判断组织现有人力、信息和组织等资本是否能支撑业务开展，并制定策略以应对业务开展的突发情况，从而为组织建立竞争优势，提升组织内部运营效率。

第六步，制订各级行动计划。根据组织价值增长目标和战略主题，将战略地图的各项内容落实到各部门，制订相应的行动计划并配置资源，确定组织的整体战略预算。

虽然战略地图起源于平衡计分卡，但是在绘制战略地图时，要不断强调价值创造与价值管理，其绘制思路也与价值链理论中价值活动的分解一脉相承，所以战略地图被认为是价值链理论与平衡计分卡两者有机结合的产物。

（二）DOAM 模型

组织战略分解可采用逐级承接分解法，运用 DOAM 模型，采用逐级分解的方式确定各级组织和人员工作目标和任务，同时结合绩效管理相关举措来保证工作目标的完成（见图 7-2）。

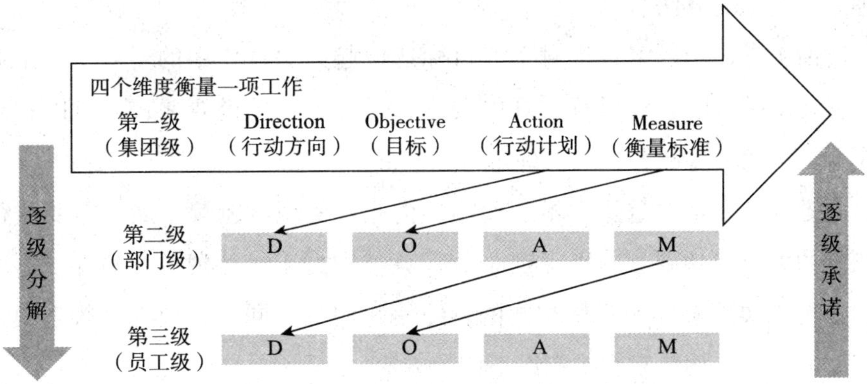

图 7-2 DOAM 模型示例

1. 行动方向（D）

制定行动方向要求做到清楚阐释行动目的或行动任务。一般来说，第一级的行动计划（A）就是第二级的行动方向（D），以此类推，逐级向下分解。

2. 目标（O）

制定目标时要求做到能清楚说明实现目标的标准，采用定量指标。一般来说，第一级的衡量标准（M）就是第二级的目标（O），以此类推，逐级向下分解。

3. 行动计划（A）

制订行动计划需要对目标（O）进行具体分解，具体要做到以下内容：不重不漏，避免出现交叉重叠或遗漏；体现主次，明确重点行动；落实责任，明确到部门和人。

4. 衡量标准（M）

制定衡量标准要求做到对每项行动评价的可评估和可量化，需要将绩效管理工作与流程管理工作进行细化，如设计考核指标、进度管理、时间管理等。

（三）KSF 法

KSF 法即关键成功要素法，是以关键因素为依据来确定系统信息需求的一种总体规划的方法。

所谓关键成功要素是指对企业目标达成起到关键作用的要素。在企业内部，存在诸多影响企业目标实现的要素，通过识别关键要素，就可以找到实现企业目标的主要路径，从而确定行动开展的顺序。

关键成功要素的重要性不言而喻，企业要实现可持续发展，需要获得一定数量的关键成功要素，以保证企业在竞争中处于优势地位。另外，不同企业的关键成功要素也是不尽相同的，即使它们身处同一行业。一般来说，一个企业的关键成功要素主要有以下四个方面。

1. 业务结构

不同类型的业务，其经营特性不同，将会导致业务本身的特质也有所不同，从而产生不同的关键成功要素。

2. 策略与地位

企业现有的市场地位是通过实施过去的竞争策略获得的，不同市场地位的企业在这个市场中的关键成功要素有差异。比如，在一个由寡头垄断的市场中，头部企业的竞争策略有可能会让小企业一飞冲天，但也有可能将小企业置于死地。所以对于小企业而言，头部企业的经营是关系小企业生死存亡的关键成功要素。

3. 外部形势

对企业来说，多变的外部形势可能对企业的关键成功要素产生影响。当外部经济不景气时，对经济形势的准确判断和充足的现金流将成为企业的关键成功要素之一。

4. 特殊性

在过去的一段时间，企业因内部具有某种特殊的要素而取得成功，同时这些要素目前及将来都有可能继续影响企业的生存与发展。

关键成功要素识别四步法。

一是确定战略目标，明确企业希望通过战略达成的目标是什么。

二是列举所有成功要素，梳理所有影响战略目标实现的要素以及影响这些成功要素的子要素。

三是制定评价标准，根据战略目标分析关键成功要素具备的特性，制定识别关键成功要素的评价标准。

四是识别关键成功要素，在梳理的所有影响战略目标实现的成功要素中，根据评价标准进行对比分析，识别最关键的成功要素。

（四）鱼骨图

所谓鱼骨图，是一种发现问题"根本原因"的方法，故也可称为"因果图"。鱼骨图由日本管理学专家石川馨提出，故又名"石川图"。一般来说，很多问题的产生都来源于某些因素，我们可以通过讨论或者分析将这些因素识别，并根据因素之间的联系整理成形状像鱼骨一样的图形，故称为"鱼骨图"。

鱼骨图分为整理问题型鱼骨图、原因型鱼骨图、对策型鱼骨图，在战略分解中我们常用的是对策型鱼骨图（见图 7-3）。

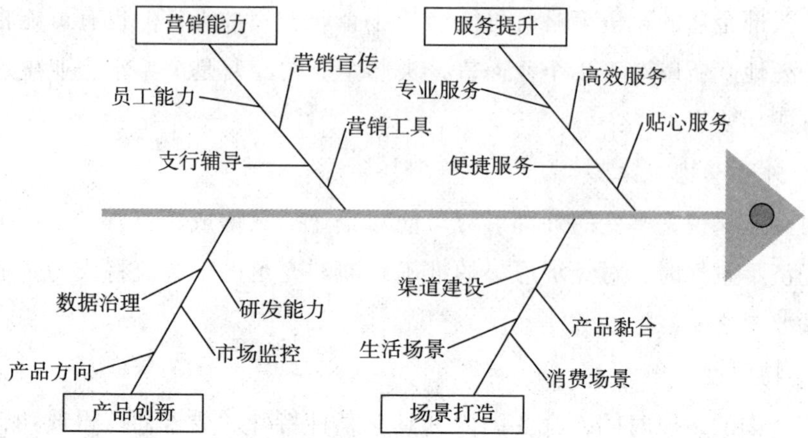

图 7-3　对策型鱼骨图示例

鱼骨图的制作步骤可以分为以下七步：

第一步，确定待讨论的问题；

第二步，将问题填入鱼骨的头部；

第三步，邀请专家深入讨论导致问题的原因，尽可能发现更多的问题；

第四步，对问题进行分类并填入鱼骨中；

第五步，针对不同问题所有人逐一发言，分析问题产生的根本原因；

第六步，逐层深挖问题产生的原因，不能低于五层；

第七步，深挖原因后，对所有原因进行梳理并提出多种解决方案。

（五）BLM 模型

业务领导力模型（Business Leadership Model，BLM）是一个完整的，集合 IBM 百年经营智慧结晶的战略规划方法论。BLM 模型所倡导的战略制定过程，即“业务领导推动和主导的、结构化和纪律性的、基于事实基础的对话和协作过程”（见图 7-4）。

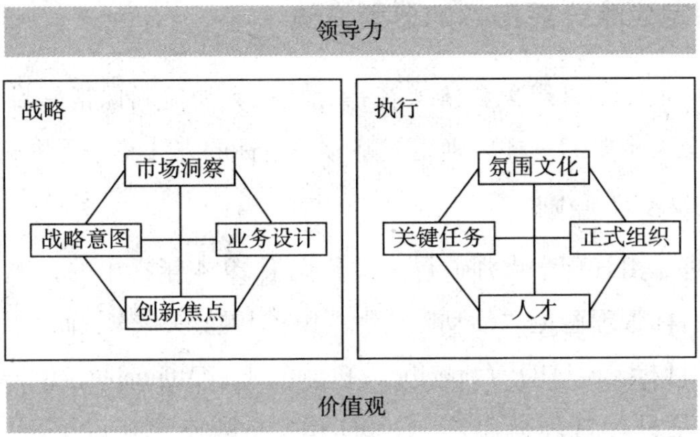

图 7-4 BLM 模型示例

在 BLM 模型中，领导力是根本，价值观是基础，是所有战略决策与执行步骤的基本准则。

1. 领导力是根本

在业务领导力模型中，最上面部分是领导力，因为领导力是企业内部驱动组织变革与发展的重要因素。

2. 战略与执行

业务领导力模型的另外两个部分是战略与执行，成功的战略方案既需要优秀的战略设计，也离不开强大的战略执行力，只有两者互相配合才能保证战略的实现。

3. 价值观是基础

作为企业业务的主要高层管理者，要在企业战略上体现企业的价值观，而作为企业业务的主要执行者，要将企业价值观视为日常工作的一环，并将企业价值观体现在决策和行动中。

BLM 模型，本质上为价值链管理（Value Chain Management），即“对产品沿着整个价值链流动的方向整合所有活动与信息的全部管理过程”。

价值链管理的目标以满足市场或客户的需求为准，因为当客户创造价值时，客户的需要和愿望就会满足，自然价值链上的每个人都会受益。

三、制定战略分解指标的典型方法

战略分解最终不可避免会落实在指标层面，如何确保指标设计的科学与合理同样是至关重要的一环，确定战略分解指标的方法有如下思路可借鉴。

（一）SMART 原则

目标管理是由管理学大师彼得·德鲁克于 1954 年提出的，德鲁克认为管理者要通过目标管理避免“活动陷阱”，不能只顾低头拉车，而不抬头看路，最终忘了主要目标。SMART（Specific，Measurable，Attainable，Relevant，Time-based）原则是目标管理概念之一，SMART 原则体现在以下五个方面（见图 7-5）。

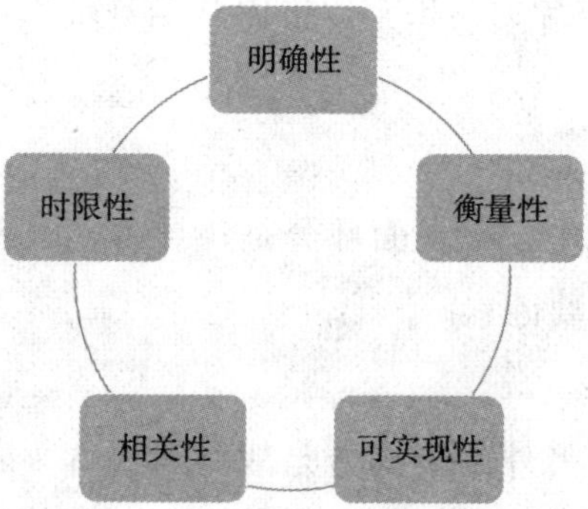

图 7-5　SMART 原则五个方面

1. 明确性

明确性主要是指目标要清晰、明确，让组织成员能够准确地理解而不产生歧义。

实施的诀窍：目标的设定包括工作内容、评价标准、行动计划和时间要求以及资源配置，应让成员清楚各部门与岗位的工作计划内容和进度。

2. 衡量性

衡量性主要是指目标能被量化，可以通过数据来衡量目标是否能实现。当目标不能衡量时，不同的人对目标是否实现就会有不同的看法，容易导致企业内部出现意见分歧，不利于企业下一步目标的实现，同时很容易对现有目标是否实现造成误判。

实施的诀窍：在制定目标的过程中要遵循"可量化的量化，不可量化的质化"这一原则，要让所有人心中都有一把可度量的标尺，尽可能避免使用一些模糊的表达。可以从数量、质量、成本、期限、上司或顾客的满意度五个方面去实现目标的可衡量性，当现有目标无法衡量时，就要考虑对目标进行分解，然后再从五个方面去对分解后的目标进行衡量。另外，可以通过将目标行动流程化来实现可衡量性。

3. 可实现性

可实现性主要是指目标通过努力能够实现。目标设定要结合部门和员工实际情况，目标不能偏高和偏低。

实施的诀窍：在制定目标过程中，要让员工充分参与，召集所有有关人员进行讨论沟通，尽可能使目标在组织与个人、上级与下级之间达成一致。同时，管理者不仅要考虑目标设定的员工参与度，而且要考虑目标设定的难度。

4. 相关性

相关性是指目标要与工作有相关性。在企业管理中，如果一个目标的相关性越大，就意味着实现这个目标的总价值越大，且实现后的总价值远超目标本身直接获得的价值，所以很多管理人员会积极寻找这类总价值高的目标，从而让工作达到事半功倍的效果。

实施的诀窍：一是目标的设定与岗位职责要相关联，把合适的人放在合适的岗位做合适的事，做出合适的评价；二是要深入分析岗位目标设定的合理性，其是否对同部门其他岗位的目标实现产生影响，是否能为部门目标乃至组织目标的实现提供支持；三是要让尽可能多的岗位目标的总价值都最大化，要关注岗位目标与部门目标、组织目标的关联性。

5. 时限性

时限性主要是指目标要有时间限制，要在规定的时间内完成。如果管理者在制定工作目标时没有明确的时间要求，那么员工对目标就没有紧迫感，不利于目标的完成。

实施的诀窍：目标的设定要有时间限制。管理人员可以依据工作目标的重要性和资源配置情况，拟定完成目标的时间，进行工作协助与工作指导，同时做好项目进度定期检查工作，掌握项目进展情况，根据情况调整工作计划。

（二）QQCTR 模型

QQCTR 模型是指设定工作目标时，重点对各任务指标考评细则进行检视。需检视的维度包括：数量（Q）、质量（Q）、成本（C）、时间（T）、风险（R），QQCTR 模型见图 7-6。

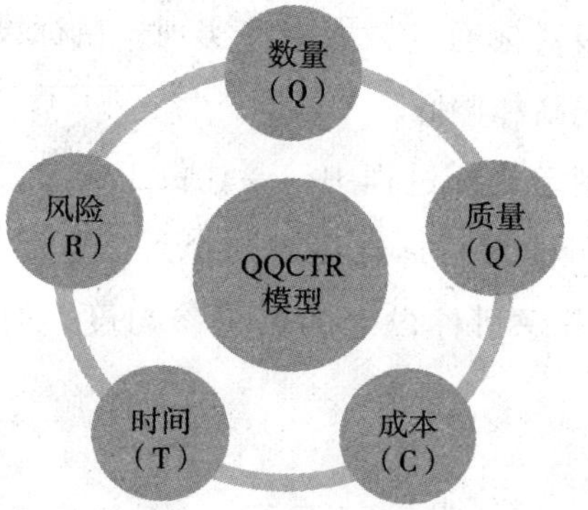

图 7-6　QQCTR 模型

数量（Q），包括所有的计量单位，一般有元、个、次、人等。

质量（Q），包括各类比例、完成度、满意度、达标情况以及流转情况等。

成本（C），包括人、财物、资源的付出，一般有工作人数、工作时长、费用额、预算控制、物料损耗等。

时间（T），包括所有的时间，一般有审批的、启动的、完成的乃至最早启动的和最迟晚启动的、最快完成的等。

风险（R），包括执行工作伴随的失误以及负面影响、工作差错率、客户投诉率等。

四、中小银行开展战略分解思路

在推行战略绩效管理过程中，对于战略分解这一关键工作可按成果物

"两图一表"的思路进行归纳总结。

（一）围绕"两图一表"执行战略分解的主要思路

战略分解既是对顶层设计的细化，又是战略落地工作开展的前提纲要，下面着重围绕战略分解工作的核心内容（"两图一表"）开展思路做过程梳理。

"两图一表"即战略地图、战略实施路径图、战略任务分解表（见图7-7）。战略地图的主要内容是确定战略主题，战略实施路径图的主要内容包括战略主题核心举措、细化举措，战略任务分解表的主要内容包括关键任务。围绕编制"两图一表"的工作开展，会逐层次体现在战略主题、核心举措、细化举措和关键任务上，四者的关系为逐层递进，可理解为不断向下分解细化，直至分解出的各细项内容符合不重复、不疏漏的原则。同时，需关注在梳理以上内容时应做到文字简练、表达明晰。

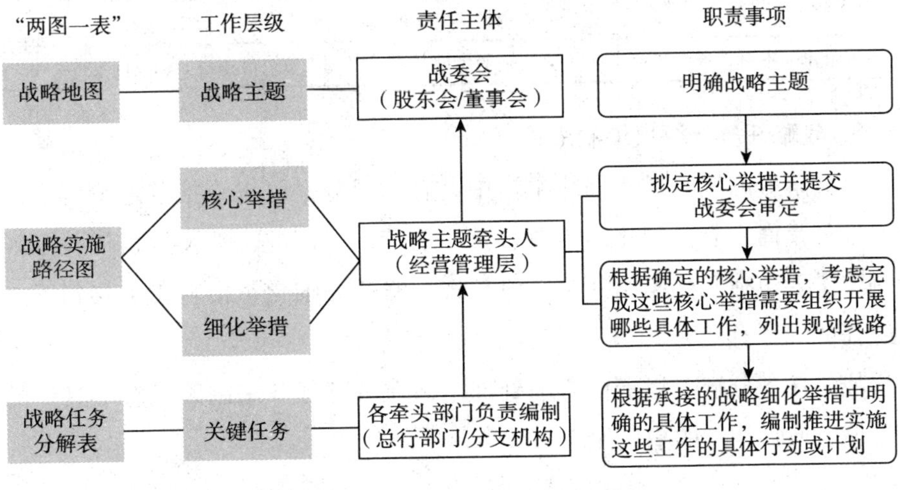

图7-7　"两图一表"逻辑关系

1. 战略地图编制思路

建议在已完成的战略规划基础上开展战略分解工作，在编制战略地图时，将战略规划中各方面的目标按平衡计分卡维度进行归集，按照逻辑关系逐层分解，形成各个战略主题。

图 7-7 即通过对战略规划文件中的各项具体目标进行提炼归纳，明确各项战略主题。

2. 战略实施路径图编制思路

根据战略地图所对应的各个指标进行分解，进一步明确具体举措，包括核心举措和细化举措。其中，核心举措即根据战略主题分解出的下一级相关工作事项，其特征是项目制，可能存在由单一部门完成或多个部门协作完成的现象；而细化举措通常由单一部门独立完成，作为支撑核心举措得以实现的下一级事项。

战略分解包括三种类型指标，细化分解参考思路如表 7-1 所示。

表 7-1　指标细化分解参考思路

指标类型	细化分解参考思路
可量化、可直接创利	直接按序时进度分解
可量化、不可直接创利	可通过规划、方案、制度、办法、规章、指引等途径，需明确讨论、征求意见、发文的具体时间点
不可量化、不可直接创利	需设置明确的关键节点，以及该节点可检查的标志性事件

3. 战略任务分解表编制思路

已分解好的战略任务细化举措中，有一部分是可以直接落地执行的，还有一部分是尚未充分细化还需要进一步明确的。因此，涉及战略任务分解表的制定主要包括两种操作办法：一是将战略任务细化举措直接平移到下一级关键任务（平移法），二是继续分解战略任务。

战略任务分解表将责任明确到部门，在关键任务编制阶段有更具体的要求，该阶段需注意的事项如表 7-2 所示。

表 7-2　关键任务分解关注点

序号	关注点
1	体现前后逻辑关系：前序工作开展进度影响后序工作，不能颠倒
2	遵循四象限工作法：排序按“重要紧急>重要不紧急>不重要但紧急>不重要不紧急”进行排序，特别需要对重难点、短板进行列明
3	任务进度尽量往前排，不能堆积到下半年或年底

续表

序号	关注点
4	非周期性关键任务，时间跨度一般不超过两个月；周期性需列明频次（按月、按季度、按年、按需）

按以上流程分解出"两图一表"后，再经过战略审定环节对战略分解结果进行审定，为后续战略落地工作的开展奠定基础。

（二）战略分解评价指标提炼方法选择

为了保证战略分解后的细化举措得到有效的执行，确定合理的评价指标显得尤为重要，从目前用户反映来看，上文提到 SMART 原则、QQCTR 模型中，QQCTR 模型更合适。在完成细化举措，将工作落实到各责任部门后，可以采用 QQCTR 模型，从数量、质量、时间、成本、风险五大维度去思考各类细化举措的评价指标，在选择指标时要选择既能有效实现该细化举措，又能兼顾目前部门工作水平与能力的评价指标。

（三）战略分解的执行流程与成果

总体而言，战略分解的执行流程具体可称为"三定一配"。所谓"三定"，即定目标、定计划、定行动，而保证目标实现、行动执行、计划成功的关键是资源是否到位；"一配"，指的就是配资源。

1. 定目标：形成战略地图

第一，确定财务目标（财务层面），企业预计的利润与实际利润之间的差额就是企业的总体目标。第二，调整客户的经营策略（客户层面），要实现财务层面的目标，这就意味着必须对现有客户进行分类研究并同步调整客户经营策略。现有客户经营策略分三种：一是低成本策略，针对价格敏感型客户；二是差异化策略，针对有独特需求的客户；三是全面化策略，针对需要提供"一揽子"服务的客户。第三，确定各大战略主题（运营管理层面），要明确组织短期、中期、长期的工作重心，确定关键的内部流程，从服务管理、客户管理、创新管理等方面着手相关工作，支撑战略目标的实现。第四，明确组织实施战略的基础（学习与成长层面），判断组织现有人力、信息和组织等资本是否足以支撑业务开展，并制定策略以应对组织无形资产难以支撑业务开展的突发情况，从而提高组织竞争优势和改善内部运营效率。第五，根据前面确定的战略地图以及相应的目标、指标和目标值，将战略地图的各项内容落实到各部门，制定一系列的行动方案并配置资源，确定组织的整体战略预算和行动方案，形成最终的战略地图。

2. 定计划：形成战略实施路径

（1）规划实现每一个战略主题的实施路径。对企业战略目标实现的战略主题进行逐层分解，直至细化成部门级或员工级的行动方案，而这些行动方案就构成了各大战略主题的实施路径。可采用德尔菲专家法（Delph Method）对战略实施路径进行评估与决策，主要维度包括实施成本、实施收益、实施风险以及分析结论（见图 7-8）。

评价维度解释

评价维度	维度解释
实施成本	◆ 实施过程中可能遇到的阻碍和所需的资源投入量
实施收益	◆ 对战略目标实现的作用大小
实施风险	◆ 目标实施的不确定性和可能产生的负面效果
分析结论	◆ 对实施路径的综合评价

参与评价成员

- 企业中高层管理人员
- 外部专家

图 7-8　战略实施路径基本评价模型

（2）根据每一个确定的战略实施路径制定阶段控制目标，如此，一个战略实施路径或行动计划便基本制定完成。之后，我们要再次确认战略实施路径的最终目的与预期效果。另外，需要再度审视战略实施所需的资源配置，并制定实施战略的指导思想、策略和具体行动路径。

在正式开展战略实施时要关注以下三个方面。

一是背后的原因：确定战略实施路径的最终目标。

二是需要做的准备：需要配置哪些人、财、物资源，并提供哪些相关的经营管理支撑。

三是实现的方式：具体通过何种方式来更好地实现目标。

（3）确保战略实施的三种措施（见图 7-9）。

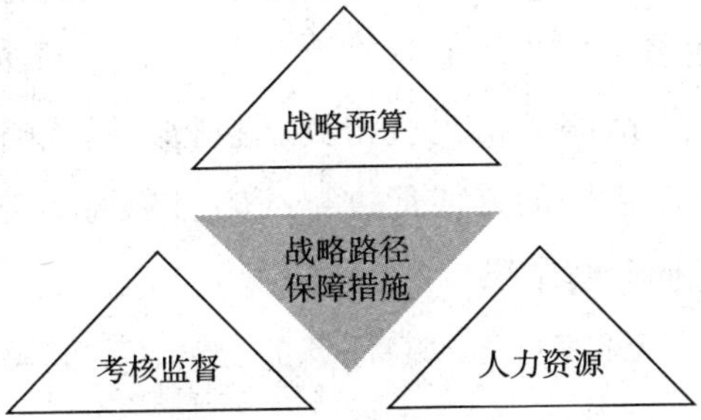

图 7-9　确保战略实施的三种措施

一是战略预算。战略的有效实施离不开清晰的战略预算，战略预算为战略的实施提供资源支持。

战略预算与经营预算（包括全面预算和财务预算）不同，其重要性高于经营预算，应单独编制和控制，在实际执行中可以将其分解到经营预算中。

二是人力资源。人力资源是战略行动的保障，主要是指战略分解表中各战略行动的牵头部门和协助部门及其相关责任人。

三是考核监督。考核监督是指绩效考核作为战略落地实施的重要管理工具，要发挥对具体战略行动的督导作用和评估作用。战略绩效管理将战略与绩效管理深度融合，能提升精细化管理水平，它使战略与日常绩效考核内容相承接，实现了战略行动结果与绩效管理活动的有机结合。

3. 定行动：形成战略任务分解表

（1）战略行动的分解。采取合适的方法提炼关键成功因素，并形成具体行动计划。通常来说，有三种比较常见的绩效指标分解方法，即 DOAM 模型、KSF 法、鱼骨图。

DOAM 模型主要是通过将战略目标下的各大战略主题逐级向下分解到各部门和各员工，形成相应的战略行动方案和评价指标，让员工清楚战略目标与战略主题、战略主题与战略举措及战略行动之间的关系，确保战略方向不出现偏移。

KSF 法是首先寻找到能驱动每一战略目标成功的关键因素，其次根据关键成功因素提炼考核指标。关键成功因素通常通过“头脑风暴法”和专家讨论法确定。

鱼骨图的使用是为了确保在战略分解过程中战略目标与战略主题、战略主题与战略举措、战略举措与战略行动之间保持清晰严谨的逻辑关系。若战略行动得到有效执行，战略举措也就得到了执行，而战略举措的执行将促进战略主题的完成，战略主题的完成促进了战略目标的实现，所以鱼骨图也常被用于验证战略的正向分解结果。

（2）战略任务的分解。对于战略任务的分解，我们总结为以下五个关键步骤。

一是范围确定。首先确定框架，要做什么，不做什么。例如，在分析月度核心任务时，面临的主要矛盾是什么，长期目标中缺失的是什么？其次通过内插和外延的方法来确定工作范围。

内插方法，是根据更长期的目标来倒推当前阶段什么是重要的。通过任务的重要优先级最终确定工作任务内容。

外延方法，就是从过去已经发生的事情出发，来扩展现有的工作。过去三个月，我们发现了什么问题？因此，在当前，我们要解决什么问题？

要事先做好对未来的预测并做好计划存在一定的难度，月初很难预料月底工作会达到什么状态。为此，可生成一种“探索性预案”，也就是一套标准的分解探索性任务的方法。例如，对做成某事，要针对不同人，可能分为A战略、B战略、C战略、D战略等几个部分。

在不确定性任务中，总是会有一些我们可以有主动权的标准件。我们需要平常多总结，形成一套探索的标准流程。

二是目标分解。确定具体任务，下一步就是把任务拆分为更具体的目标。理想的战略分解，每一个结果都是可以被量化的，诸如“××率达到××%”之类。

大体上一个大目标至少可以分为3个子目标，每个子目标又能再细分为3~5个子目标。如果子目标过多，则说明这个目标太大，应该考虑对组织进行分解，用更敏捷的小组去聚焦任务的执行。

三是优先级确定。在设定目标时，哪些是必选项，哪些是可选项。未对核心目标的实现起到充分支撑效果的，就是可选项。作为部门负责人，要有全局的视角，必须有意识地推进一些重要而不紧急的事情，须在更长期的执行周期中来理解事情的优先级。

四是可执行化任务分解。战略实施路径图本身是承接战略地图进一步分解细化的产物，但并未包含具体的内容，因此从战略主题到可执行的计划，还需要更细的分解，这就是我们的战略任务分解表。

我们用看板来做可执行任务的调度和跟踪。每个人每天的工作，应该在看板上产生一个变化。同样，所有的任务都是可以分解的。

五是进入跟踪系统。即使有了好的任务分解，如果不能有效跟踪，也无法有效率地执行，部门负责人应督促相关部门完成工作任务。

4. 配资源

结合"两图一表"，从人、财、物的角度对组织架构、财务预算、流程制度等方面进行梳理与配置。随着企业战略目标的层层分解，将资源配置的计划与经营计划同预算管理充分对接，实现战略上的中长期视角与短周期资源、能力匹配。

同时，战略的执行需要相应的绩效管理体系来提高战略执行人员的积极性，要从组织、人员的角度出发，打造绩效管理闭环，提高部门与员工对战略行动方案的积极性。

第三节　战略分解的应用

战略分解作为战略绩效管理"两大领域、八大模块"中战略实施领域的关键环节，在战略绩效管理中起着承上启下的作用：上承战略澄清成果，厘清各部门战略实施具体工作任务；下启后一步战略审定工作基础，作为战略落地领域各项工作的主要依据。

战略分解形成的"两图一表"在经过战略审定后，将成为整个战略分解领域的主要成果，后续的战略宣讲、战略审查、战略督导和战略评估等工作环节都无法完全独立于战略分解成果而存在。

一、明确战略分解与绩效管理体系的关系

绩效管理作为战略落地的一个重要方法和管理工具，对战略起到督导和评估作用。下面我们将深入分析战略与绩效管理之间的关系，分析企业绩效管理工作的重要前提与企业战略实现的重要工具，从而更准确地剖析战略与绩效管理两者之间的关联性。

（一）战略分解是绩效管理工作的重要前提

在制定战略时，企业一般会对自身开展内外部分析，对企业战略目标实现的战略主题进行逐层分解，细化为具体的行动方案。可以说，企业战略规划了未来的发展方向、目标和行动路线，是企业所有经营管理活动的顶层设计，是企业绩效管理工作的重要前提。

企业战略是绩效管理工作的重要前提，主要体现在绩效管理目标的设置要以企业战略分解后的各级行动结果为基本依据，紧扣战略分解后各部门与各岗位的行动计划内容，一旦有偏差，将导致绩效管理工作与企业战略脱节，从而影响绩效管理结果的有效性。在绩效管理闭环中，第一个环节就是绩效计划，而绩效计划中最重要的工作就是确定企业内各行为主体的绩效管理目标，从而形成企业的绩效管理目标体系。一般来说，一个完整的企业绩效管理目标体系，必须包括所在企业当年的绩效管理目标、各部门/经营机构的绩效管理目标以及各部门/经营机构内各岗位的绩效管理目标，做到事事有目标、人人有目标，所以说绩效管理目标体系既是企业战略分解后的产物，又是企业绩效管理工作的重要前提。

战略分解与绩效目标体系之间的关系如图 7-10 所示。

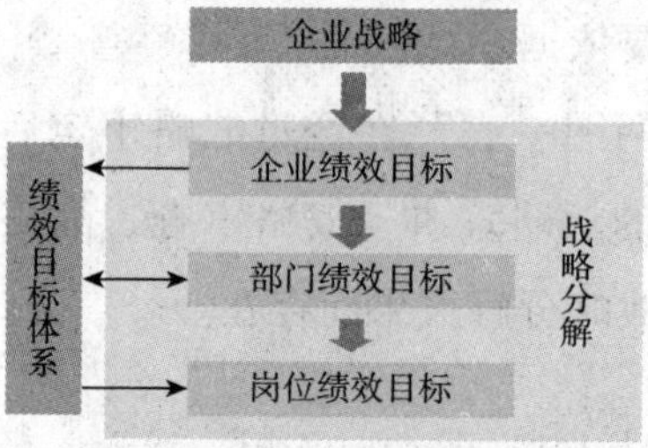

图 7-10　战略分解与绩效目标体系之间的关系

以战略作为基本依据，有利于确定企业绩效管理工作的考核规划、考核导向和考核内容。如有部分企业的绩效管理工作与战略管理工作是互相独立的，虽然建立了一套完整的绩效管理体系，但是无法通过绩效管理将整个组织活动统一到企业战略目标中，导致绩效管理体系无法发挥真正的效果，最终企业战略与绩效管理成为"两张皮"，出现"年年做好绩效管理，年年完不成战略目标"的管理现象。

（二）绩效管理体系是实现企业战略的重要工具

《财富》杂志中提及"70%的 CEO 的失败不是因为糟糕的战略，而是因为糟糕的战略执行"。战略执行很难，主要难在现实工作场景中存在难以想象的阻碍，而其中最大的阻碍就是战略的传导。当然战略的传导还会因不同员工之间的知识水平、理解能力和生活经验等特质最终出现失真的情况。

为避免"糟糕的战略执行"，实现从制定有效的战略到成功地实施这些战略的转换，需要借助科学的方法和工具。绩效管理体系正是在实现企业战略过程中可以借助的一种重要支持手段或工具，利用它可以很大程度消除上述战略传导问题。一个战略的落地实施离不开各个部门的参与，所以对企业战略进行细化分解，将各大战略主题分解为战略举措，将战略举措分解为战略行动方案，从而将战略执行落实到各部门和各岗位。绩效管理体系的作用是帮助企业对战略进行层层分解，确定各个部门应完成的目标，监督并促成各部门或团队按预定的目标推进具体工作，通过绩效辅导改进部门及团队绩效和岗位绩效，从而提高企业的整体绩效，最终促进企业战略目标的实现。

正是基于企业战略和企业绩效管理体系之间的关系，企业应建立与战略相结合的绩效管理体系，即战略绩效管理体系。通过建立战略绩效管理体系，对企业战略进行战略分解，最终形成企业、各部门及团队、岗位的绩效目标；通过对三个层次的绩效目标进行有效设定、跟踪等管理，确保企业的战略目标最终达成。

二、战略分解成果最终需要在绩效管理体系中落地

2020 年，企业绩效管理的一个显著趋势，即根据业务和组织变化，动态

调整绩效目标。在具体操作中，以业务战略为基础，企业应该如何将绩效目标的分解落实到具体工作目标和要求上？

在实际的企业绩效管理体系搭建过程中，战略分解是绩效管理体系的主线，如果无法将企业的战略目标转化成可落地的绩效考核指标，则绩效管理体系将难以发挥实效。

（一）将战略目标分解为绩效指标的流程

一般来说，将战略分解转化为绩效指标时，需要将上级的“策略”转化为下级的“目标”，进行滚动细化。我们一般按照“企业战略目标—各部门绩效目标—岗位（个人）绩效目标”自上而下逐层分解，具体落实到企业高管、部门中层、员工个人的绩效目标上。其中，企业高管的绩效目标是评估企业整体绩效目标实现的指标，通常用营收、利润、股东价值等指标来表示；部门中层的绩效目标主要是评估部门执行企业战略分解后的行动方案成效的指标，通常用存款增量扩面、贷款增量扩面、中间业务收入、不良率等指标来表示；而员工个人的绩效目标主要是评估员工执行企业战略分解后的行动方案成效和日常工作履职是否到位的指标，一般基于岗位职责对某一战略行动方案的评价指标进行设定。战略目标分解如图 7-11 所示。

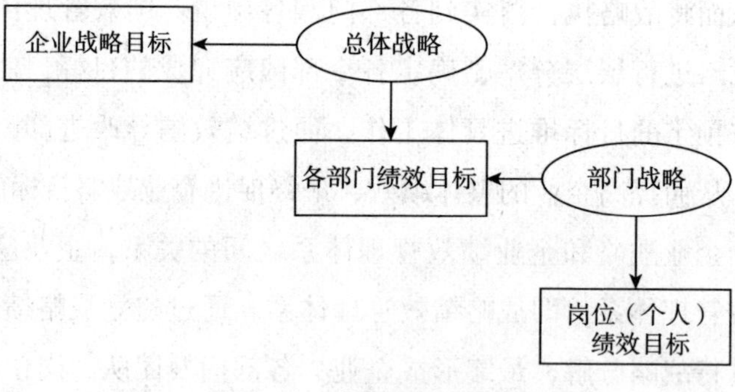

图 7-11　战略目标分解

（二）战略目标分解为绩效指标的步骤

银行开展绩效管理活动的前提是将战略目标转化为关键绩效指标，并将责任落实到人。将绩效指标分解到部门，再从部门分解到各个岗位，实现目标的层层分解，上下一致。

（三）绩效目标分解过程中的四个关键点

绩效管理是保障战略得到有效执行的管理工具，绩效目标源于战略分解但又反过来促进战略的实现。然而，许多企业在制定绩效目标时，存在下述两种常见做法。一是由管理人员直接给各岗位下硬指标、死命令，这种做法常见于销售岗位，上级管理者没有做好战略传导工作，仅围绕纸面的部门绩效目标，将目标切分后强压给下属。这样的做法通常不利于战略目标的实现。二是由员工自己报绩效目标，然后由上级管理者审批同意后作为该岗位的绩效目标。这种做法常见于一些管理岗位，这些管理岗位的工作难以量化考核，同时很多员工基于趋利避害的考虑，会选择对自身利益比较有保障的绩效目标，从而导致部分战略工作无法落实到岗位，战略传导遇到阻碍，战略执行力大打折扣，绩效管理体系也无法发挥该有的效果。

绩效目标的分解不能仅仅靠某个部门独立完成，它需要所有相关部门的参与。但在一些企业中，各相关部门往往喜欢将战略分解看作战略部门或人力资源部门的本职工作，将自己置身事外。如此一来，战略在分解后，经常会出现战略行动方案无法执行、绩效目标无法实现的情况。在分解绩效目标时，相关人员的沟通和参与显得尤为重要，直接影响战略执行的效果。沟通环节包括三个方面，见图 7-12。

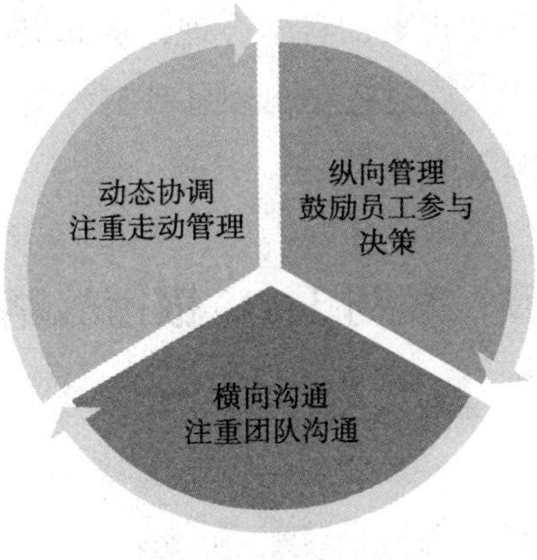

图 7-12　沟通环节

1. 纵向管理——鼓励员工参与决策

在绩效目标落地的过程中，加强上级主管和员工的沟通。一方面，有助于绩效目标的优化，汲取员工的建议，提高战略的可行性；另一方面，员工在执行战略的过程中，明白自身工作对战略实现的重要性，清楚企业的未来走向，从而提高了目标的一致性和清晰性。同时，员工作为战略行动的一线人员，他们可以从战略行动的细节中去保证个人绩效目标的实现，进而确保组织绩效目标的实现。另外，让员工积极参与绩效目标的分解，有助于提升员工绩效的自我管理能力，让员工摆脱“压指标”的被动感，提高员工对目标的接受程度，增加考核方案的约束性和引导性。

2. 横向沟通——注重团队沟通

对一些需要部门或岗位联合开展的战略行动方案，需要在战略分解中将大家的思路与利益统一到同一个方向，确保绩效目标获得所有战略执行者的认可，做到“目标一致，分工协作”。无论是部门间的还是员工间的战略行动配合，都离不开横向沟通交流，所以建立常态化的沟通机制是非常重要的，它可以保证各战略执行者共同完成绩效目标，从而推动战略目标的实现，也可以实现经验的分享与交流。

3. 动态协调——注重走动管理

做好走动管理是管理人员的必备管理动作之一。只有时常处在战略执行的第一线，才有可能在战略分解中提出各种切实可行的战略行动方案，让绩效目标的分解和评价工作变得更加科学合理，从而提高战略执行的效果。同时，一旦在战略行动方案实施过程中出现各种突发情况，能够及时对员工进行指导和提供必要的资源支持。

第四节　案例3：C银行战略分解

一、C银行简介

C银行成立于2009年，在英国《银行家》发布的“2020年全球银行1000强”榜单中，排第300名左右，主体长期信用等级为AAA。长期以来，

C 银行坚持稳中求进的工作基调，做强主业、严控风险、深化转型、提升效能，各项业务稳健、持续、创新发展。截至 2020 年 12 月末，员工总数近 4000 人，总资产超过 4000 亿元，存款规模超过 3000 亿元，贷款规模超过 2200 亿元；并在当地设有管理行级机构"8+1"（8 家区级管理行+1 家总行营业部），另设有异地分行 2 家、异地支行和分理处 22 家，共计 209 家网点。

面对复杂严峻的经济形势，为实现高质量可持续发展，打造银行竞争优势地位，C 银行协同外部咨询机构开启战略绩效管理项目。其中，如何根据内外部形势制定科学合理的银行战略并通过战略绩效管理对银行战略进行战略分解，最终形成银行、各部门、各岗位的绩效目标，通过对三个层次的绩效目标进行有效设定、跟踪等管理以确保银行战略的实现，是 C 银行实现高质量发展的必由之路。

二、战略分解工作内容

基于上述背景，在战略绩效管理过程中，C 银行积极引入"两图一表"工具，并邀请外部咨询专家进行深入指导，各部门积极参与战略分解工作，通过不断的实践与总结，最终形成 C 银行的"两图一表"成果。

（一）C 银行实施"两图一表"的初衷

"两图一表"是在对银行战略目标完成战略澄清工作的基础上，将银行战略目标的各大战略主题分解为战略举措，再将战略举措分解为各部门和各岗位的战略行动方案并设计相应的评价指标。C 银行引入和使用"两图一表"工具，主要是基于以下考虑。

由目标管理过渡到过程管理，虽然制定科学合理的战略目标非常重要，但是如何将战略举措细化为战略行动方案，并进行管理从而实现对战略执行过程的管控则是重中之重。随着利率市场化的逐步深化、互联网金融的进一步发展，政府对银行业的管制开始放松，民营银行获准筹建。中国银行业以往通过规模扩张获取利润增长的模式难以为继，实现高质量发展以获取竞争优势成为 C 银行的唯一出路。2020 年，C 银行所在的 A 市经济继续呈现"发展高质量"态势，三大产业协同发展。与此同时，A 市金融业竞争异常激烈，这是C银行面临的最大挑战。企业经营犹如逆水行舟，不进而退，银行业也不例外，所以对C银行来说，通过战略绩效管理实现高质量可持续发展，打造银行竞争优势是唯一的出路。然而，对银行来说，战略管理难的不是战略制定而是战略执行，唯有通过战略分解将战略目标细化为各部门与各岗位的战略行动方案，实现过程管理，才能确保战略真正得到有效的执行。为此，C银行引入和使用“两图一表”工具，尝试以新视角和新方法推动战略目标的实施与落地。

管理风格上从以往的“自上而下”的行政命令式过渡到“自下而上”的积极参与式，极大地提高了各级管理人员与员工的参与热情，确保战略传导到位和执行到位。在过去的一段时间，C银行长期实行“自上而下”的战略分解做法。每年年初，C银行党委班子根据银行战略目标划分战略主题，并将战略主题落实到负责相关工作的银行高管身上，负责相关工作的银行高管则通过下任务的方式，将相关任务分配至部门。然而，在完成任务的过程中，部门往往发现该项任务只有一个大的经营方向，目标并不明确。另外，也经常出现相关任务与C银行现状不匹配、导致无法落地实施的情况。在C银行以往的战略分解过程中，中层管理者作为战略执行层的中坚力量却存在长期缺位的情况，导致战略传导严重失真，战略执行效果大打折扣。为此，C银行引进和实施“两图一表”工具，通过开展战略研讨会、召开战略发展转型大会等形式，提高中层管理者参与战略分解工作的积极性；通过借助中层管理者的管理实践经验，将战略主题和战略举措进一步细化成各种切实可行的战略行动方案，从而提高战略执行的效果。

从被动的“要我干”过渡到主动的“我要干”，进一步提高了管理人员与员工对银行战略的关注度，形成主动作为的战略执行文化。在实施“两图一表”的过程中，C银行党委会主要负责确定全行战略分解框架，把握好总方向；行长办公室主要负责对提交的分解方案进行审核，保障各项举措切实可行，且与全行总体经营不发生冲突，并组织各部门成立战略小组；各部门主要负责参与战略分解方案的讨论与设计，并根据行长办公室的评审意见对方案进行调整。各级中层管理者作为战略分解的主要力量，深度参与战略分解的各项工作，在研判外部形势与结合银行内部情况的基础上，自主将战略主题细化成具体的战略行动方案。同时，在战略分解方案确定后，需要将各项战略行动方案落实到相应的部门甚至岗位，实现决策者与执行者的步调统一。另外，战略分解成果后续将与绩效管理深度结合，形成"承诺型"绩效管理体系，实现方案设计者、标准制定者和方案执行者三类角色的有机统一，实现战略与绩效管理的深度融合。

（二）C 银行实施"两图一表"的主要流程

1. 分层开展"战略研讨会"，明确战略地图与战略实施路径图

一是银行协同外部咨询专家进行调研访谈和"头脑风暴"，制定战略地图。正确的战略方向是前提，而制定科学合理的战略离不开对内外部发展形势和未来市场走势的判断。首先，银行高管结合自身分管条线，组织有关部门对外部发展形势进行调研，同时以座谈会的形式对内部管理现状进行研讨，从而制定相应的战略主题和行之有效的战略举措，为开展战略决策打好基础。其次，在召开战略研讨会议前，C 银行秉承实事求是的原则，基于前期对银行内外部发展形势的调研，结合目前 C 银行经营现状和上一年战略工作回顾以及未来区域经济发展预期等情况进行深入研讨，并从平衡计分卡（Balanced Score Card，BSC）维度梳理 C 银行的战略地图。

二是召开总行层面战略研讨会，在战略地图基础上梳理各战略板块的核心举措与对应细化举措。在战略研讨会过程中，C 银行基于内外部发展形势、存贷款市场占有份额、他行竞争情况，结合前期调研访谈的相关资料与数据，紧紧围绕实现高质量发展战略目标，坚守"立足当地、服务城乡"的市场定位，践行"提质增效、固本强基"的发展理念，制订了当年的年度计划并明确了"六场战役"，包括公司治理战、阵地攻坚战、内外协作战、风险防御战、效能改进战、品牌提升战。同时，明确了每一场战役、每项战略重点（11 项战略主题）的核心举措等内容（战略实施路径图）。

三是召开分支机构层面战略研讨会，结合更详尽的信息对战略实施路径图进行完善。C 银行总行层面研究出第一版战略实施路径图后，按照各机构职能的相关性，由各部门与各分支机构负责人进行分组研讨，将核心举措内容进一步分解、细化为具体的行动方案，共制定细化举措 53 项，具体行动方

案 104 个；明确负责执行各具体行动方案的责任部门或责任岗位以及实施时间；并根据具体行动方案内容设定合适的衡量指标进行评价，设计评价指标共 73 个。

可将 C 银行战略分解工作分为四个环节：一是确定总行层面制定的初版战略实施路径图；二是围绕初版战略实施路径图，分组研讨制定年度各战略重点对应的核心举措；三是分组开展核心举措细化工作，将核心举措内容进一步分解为细化举措乃至具体行动方案；四是根据修改内容对整体战略实施路径图进行完善，形成最终战略实施路径图。

2. 明确战略分解表内容，厘清中高层绩效合约内容

依据前述工作已完成的“两图”，根据工作的相关性，总行召开会议确定细分目标（将目标细化到战略分解表的程度）。首先，该行召开党委会明确“两图”向下分解的基本纲领以及部分不可或缺的战略任务；其次，在此基础上召开党委扩大会议，让中层干部参与会议，对战略任务分解进行工作交办，中高层围绕会议要求共同完善“两图一表”内容，形成符合要求的初版结果。以“两图一表”为基础，分别形成行领导、分支机构负责人和部室总经理的年度绩效合约（典型“两图一表”中战略任务分解表的内容），明确绩效合约的考评计分方法、关键绩效指标和权重设置等规则。依据层层负责的原则，行长与副行长、各行领导与各中层管理者（部室总经理与分支机构负责人）之间分别签约。为提高合约公信力，部室总经理可采用三方合约，由行长和分管副行长同时确定合约的内容；各支行行长可采用两方合约，直接与行长确定合约内容。各机构负责人在本机构内部自上而下逐级确定绩效合约书，层层分解绩效合约指标。绩效合约指标分为数量型指标和任务型指标两类，依据签约人的岗位特点，分别赋予其不同权重。为提高绩效目标的导向作用和激励效果，绩效合约书的关键绩效指标均按照保底目标 T1、基本目标 T2、理想目标 T3 三档设置目标值并分段计分，T1 一般为基本目标值的 70%，T3 一般为基本目标值的 130%。

3. 设置战略督导机制，提高战略传导效率

一是监控战略执行进度。成立由行长办公室牵头、各部门参与的虚拟性战略组织——战略小组，由战略小组对本小组战略事项涉及部门进行督促，

保障各项工作责任到人。同时，建立战略执行监控与绩效管理体系的联动运营机制，在按季度开展的效果评估工作中同步开展战略评估，通过绩效考核推动进度落后的相关责任部门与岗位重视战略执行工作。

二是开展战略执行经验交流。C银行定期按战略主题召开战略执行经验交流座谈会，由行领导班子与相关部门负责人和分支机构负责人进行座谈，了解各战略细化举措的实施进度、遇到的问题、解决的对策等，并由进度快的负责人进行相关经验分享。部门、分支机构内部同样定期召开战略执行经验交流座谈会，由部门和分支机构负责人与相关责任岗位的员工进行座谈，了解战略行动方案的执行进度、遇到的困难以及解决的对策，并由进度快的员工进行经验分享。

三是构建战略绩效管理体系。通过构建战略绩效管理体系，实现战略管理工作与绩效管理活动的深度融合，让绩效管理成为战略实施落地的支撑工具。可以借助精细化的绩效管理体系将战略分解后的行动方案和评价指标一一落实到责任部门、机构和岗位的绩效考核中，通过绩效考核激励责任部门、机构和岗位积极落实战略行动方案，推动战略目标实现。

（三）C银行实施战略分解工作的关键点回顾

1. 改革的推进在于坚持

在引入和实施"两图一表"之初，C银行内大部分管理人员和员工都持观望的态度。C银行的行领导始终坚持改革方向，通过召开一系列的发展转型大会、战略宣导大会、战略执行经验交流座谈会等加大宣导力度。半年后，随着各类战略行动方案的落地执行，各级中层管理人员与员工已逐渐适应新的管理模式，"两图一表"成为各部门、各分支机构执行战略的必备指南，甚至有部分部门与机构已经尝试将一些劳动竞赛等营销活动通过"两图一表"进行梳理和落地。因此，C银行的战略管理改革得以推进离不开行领导的坚持。

2. 改革的成败在于人

人力资本是最重要的生产力，无论是日常经营管理还是战略落地执行都离不开人，所以战略管理改革的成败与否关键在人。面对异常激烈的竞争，C

银行选择的是“修炼内功”，通过引入和使用“两图一表”，以战略制定与战略执行为发力点，调动广大中层管理者与员工积极参与到战略管理工作。在战略制定中，抛弃原有的“自上而下”的命令式做法，实行“自下而上”的参与式做法，让广大中层管理者得以在战略制定过程中贡献自己的聪明才智，提高了战略制定的科学性和合理性。在战略执行中，让各级中层管理者担任战略分解的主力军，深度参与战略分解的各项工作，实现方案设计者、标准制定者和方案执行者三类角色的有机统一，形成“承诺型”绩效管理体系，让中层管理人员和员工从“要我干”向“我要干”转变。

3. 先进工具的引进需要吸收、消化和再创新

“两图一表”对C银行而言是新兴事物，是“舶来品”。先进工具的引进必须是先进性与现实性的有效结合，必须从本行的经营实际出发，否则将“水土不服”。C银行引进“两图一表”工具，注意立足本行的经营特点、发展模式、管理机制等进行改造应用，力求既把握精髓、学不走样，又贴近实际、为我所用。比如，C银行将战略分解相关研讨会议与传统的发展战略研讨会、年度营销工作会议进行“三会”整合，更加突出对发展战略的决策执行；将“两图一表”中各项战略重点分析与年度市场形势调研有机结合，创造性地设计三方绩效合约，对战略分解各类工作模板进行改造，使之更契合分行经营管理实际；将“两图一表”与支行行长和部室绩效考评有机结合，实现了个人绩效合约与团队考评的有机统一，为捆绑考核、联动考核提供了量化标准。

第五节　战略分解常见误区

一、战略分解常见误区

（一）轻视战略分解这一环节

在管理实践中，大多数中小银行不缺战略，不缺思想，缺少的是实战落地的方法，缺少的是结合战略将目标变为现实的系统，缺少的是有组织地打

好每一场战役。而在实际工作中,战略绩效管理较常出现的问题是在战略规划完成之后,疏于战略分解这一环节,致使前期工作付诸东流。

在战略制定之后,需要不折不扣地执行,并把战略细化成阶段性目标,切实地落实。而这就需要广大员工特别是骨干扎扎实实地落实,要在执行中做到精益求精。

(二)将所有战略任务指标都量化体现

银行的经营目标是确定不变的,但管理本身是灵活的。在任务指标的设定中,定量指标与定性指标是相辅相成的,尽管目标控制十分重要,但如果为了控制而控制,就失去了管理的初衷。因此战略任务分解表中各项指标并非都需要清晰量化体现。

同时,战略分解的成果本身并非不容变更,即便在后续战略落地环节,仍有可能由于客观环境的变化或在实际经营管理中遇见未曾设想的情况,战略分解成果或有适度调整的情况,这类情况都应在前期战略分解过程中充分考量。

(三)执行战略管理工作时未考虑与绩效管理充分承接

战略分解中对重点任务指标需要与绩效考核机制衔接。一方面,避免近似指标在日常运营中受到多头考核管理而造成资源浪费;另一方面,战略的实施落地有赖于绩效管理机制来实现,而绩效管理本身需要与银行战略充分承接。

战略绩效管理中有三个核心环节:一是战略梳理,二是解码分解,三是责任到人。在实际操作中,还有许多纯技术性的问题,如战略梳理应当做到什么程度,如何将目标进行分解,如何将目标指标化,等等,而 KPI、BSC 等都是针对上述问题的解决方法。当然,并非有了方法就可以做好战略绩效管理,如果没有科学的方法,那么战略绩效管理只能是流于空谈。

(四)目标分解不均匀、不充分

一方面是目标分解不均匀,在设计指标时向财务或业务类指标过分倾斜,而只有很少的指标内容留给其他中后台部门。这样一来,组织中的价值链未能形成有效向心力,虽有纵向拆解,但少横向协同,不利于后续工作的开展。

另一方面是目标分解不充分，如认为一部分职能部门与当年主要财务目标没有直接关联或关联性较弱，因而在设计指标时忽视了与这些部门的沟通，同样是不可取的。战略分解是体系化工作，在战略分解工作中需要与每个部门进行沟通与协同。

二、战略失衡三大陷阱

（一）陷阱一：长期与短期失衡

战略规划是对企业中长期的发展做出的整体规划，而绩效管理是围绕短期具体管理目标的实现而开展的工作。在管理实践中，中小银行仅有极少数能真正做到长期战略目标与短期利益兼顾并能促进资源配置平衡。

一些中小银行特别关注年度经营计划和预算，注重当年重要财务业绩指标的达成，而忽略了中长期发展和资源投入；还有一些银行为完成当年或更短周期的战略目标，而不得不牺牲中长期发展机会。

究其原因，是一些中小银行在设定战略目标时没有兼顾长期与短期的平衡，进而在战略落地执行时引发战略行动和资源配置上的严重冲突。

（二）陷阱二：内部与外部失衡

在制定并实施战略过程中，一些中小银行过分关注外部行业和市场动态，对于从内部发掘企业资源和能力的关注不足，这容易导致战略实施上的失衡。

对于内外部条件重视程度上的差异，本质是战略目标的设置忽视了内外条件的相互作用与平衡，进而使内部行动与外部机会脱节，导致与战略目标的偏离，错失发展机遇。

（三）陷阱三：过程与结果失衡

企业所期望达成的最终战略结果，往往是公司最高决策机构确认并下达的。但在下达这些财务目标的同时，往往缺少对下属企业、管理高层和核心团队的战略牵引，导致战略执行过程与战略结果间的偏离。

企业中高层管理团队，对一些重大战略目标解读千差万别，导致执行过程中的偏差与冲突。

当一家公司的管理体系在强惯性中运行时，管理团队常常会对公司高层所设立的战略目标“视而不见”——你说你的战略，我干我的运营，公司所期望的战略结果为日常运营所“绑架”。

这些问题的根本原因在于管理者对战略结果不明确、不清晰，让下级管理团队在“解码”过程中产生误读，并导致其行动上的偏离。同时，战略所要求的结果对现有的组织和运营过程提出“变革性”挑战，团队往往缺乏勇气和动力去面对这一改变，进而难以确保战略目标的实现。

三、如何跳出陷阱

（一）合理的战略目标设置、分类与组合

企业所期望达成的最终战略结果，往往是公司最高决策机构确认并下达的。但在下达这些财务目标的同时，往往缺少对下属企业、管理高层和核心团队的战略牵引，导致战略执行过程与战略结果间的偏离。为了强化战略目标的导向性，保证战略执行过程与战略结果的匹配性，就需要在保证战略目标实现的前提下合理设置各部门目标。在设置目标指标的过程中，企业高层在表达最终的战略结果时要明确且清晰，并保证下级管理团队在战略分解过程中不会产生误读，同时要兼顾现有运营过程对战略实现支撑的可能性，确保现有组织同运营和战略的匹配度。在部门目标设置完成后，需结合部门内岗位设置情况，将部门指标进一步细化成岗位目标，以保证战略目标落实到具体的员工身上，从而构建起完整的企业目标体系。

（二）战略沟通与战略分解

作为公司最高决策机构，需要对公司的未来发展进行明确的战略定位，为公司高层和核心管理团队提供明确的战略指引，并以多种形式及时、清晰地沟通战略内容，减少战略牵引上的“盲目性”。

而作为公司高层和核心管理团队，在公司明确下达战略任务后，也需要对这些结果导向型的战略目标实施精准的战略分解。在“读懂”战略内容的同时，将战略目标进行有效的承接分解，实现对公司战略目标的有力支撑。

这既能做到公司管理团队在设置战略目标时的长、短，内、外兼顾，也避免了由于战略沟通不到位，造成战略执行过程与目标结果的偏离。

（三）战略牵引下的资源配置优化

制订3~5年的银行发展资源配置计划，通过不同战略假设并结合营销端的市场预测设置财务目标，进而实施企业核心价值链的财务预测与资源配置计划，最后完成职能部门的资源配套。

关注短期财务与过程性非财务目标的平衡，兼顾价值创造的过程与结果，同时将3~5年的资源配置计划分解为逐年更新的年度经营计划，将中长期的资源配置计划在短期内落实。

（四）"一把手"推动变革

由于新的战略目标的设置，对原有的组织、团队、人员和运行模式等都提出了全新挑战，所以战略目标实现的过程也常常被看作一次基于战略的管理变革。此时，需要公司高层团队承诺勇于面对"变革"的决心，并对本次基于战略的"变革"给予持续关注与实质性支持，这将极大地激励各层级团队和人员，有力地推动战略目标在组织内落地执行。

第八章　战略审定：上下同欲，完成战略实施工作

战略审定是战略实施的最后一个步骤，标志着战略实施工作的完成，并预示着战略管理进入战略落地阶段。战略审定工作的根本目的是保障战略分解工具的正确使用。

第一节　战略审定的定义和意义

一、战略审定的定义

战略审定是为了让中小银行内部各级对战略实施达成一致意见，保证战略分解方向的正确性、全面性、准确性、可执行性和严肃性而开展的一系列审查工作。战略审定检验的是战略分解的成果，主要是指对战略地图、战略实施路径图以及战略任务分解表的检验与完善。战略审定后，战略的实施路径和任务不能再随意更改。战略落地过程中，在银行评估执行结果与中小银行总体战略出现偏差时，要对战略进行调整。

二、战略审定的意义

战略审定衔接了战略落地和战略实施，它具有两方面的意义。一是战略审定意味着中小银行对如何实现战略目标已经达成共识。经历了一段时间战略实施工作后，战略规划已经从顶层设计细化成具体的、短期的、可执行的一系列工作计划，即前面几章提及的“两图一表”。二是战略审定是一个标志，意味着“两图一表”所呈现的目标和行动举措已经与银行的发展要求趋

于一致，并且比较全面和准确。在审定后，战略实施领域工作宣布告一段落，意味着中小银行接下来需要投入时间到战略落地的相关工作，包括进行战略宣讲，审查并督导各个部门机构完成工作计划，并定期对进度进行评价。战略审定为战略落地的四个模块工作提供依据，是战略评估的重要标准。

（一）对战略实施成果达成共识

"上下同欲者胜"，战略实施落地是一个"自上而下"的过程，如果一个银行的决策层内部对战略实施有不同的想法，那么战略工作的传导将很难开展。战略审定既是所有决策层成员达成共识的体现，也是决策层与执行层达成共识的体现。

1. 在决策层成员之间达成共识

参与战略审定的机构包括战委会、董事会和经营管理层。这些机构都是指引银行战略发展方向的重要组织，其决策具有较强的权威性，因此，这些机构的参与也体现了银行的重视程度。战略审定由决策层参与，目的就是让决策层成员都清晰地认识银行的发展路径，对"两图一表"的合理性、科学性和可行性进行讨论确认。这样既能保障战略管理的严肃性，也能减少因主观认知方面不足导致的战略管理的随意性。"两图一表"是决策层达成共识的成果，是把工作任务分解到职能部门和基层员工的有效依据。

2. 在决策层与执行层之间达成共识

在中小银行的经营中，执行层对战略的认知来自决策层。从总行到职能部门，从经营机构到基层员工，都需要对银行的发展战略有所了解，尤其是总行职能部门，在战略落地执行前要有清晰的认知。总行职能部门是银行经营管理的中枢，在战略落地的实际操作中，总行职能部门也发挥着重要的作用。为完成战略主题，前台职能部门需要对机构和员工提供辅导、支持，包括市场调研、客户分析、产品设计、营销和渠道等内容，中后台部门则需要为银行的业务发展提供管理和监督支持，例如，机制、队伍、文化、激励等各方面的建设。近些年，一些中小银行还提到了"灵活的前台，强大的中后台"这样的组织架构，凸显了职能部门的重要性。因此，当总行职能部门对银行长期发展目标理解有误时，战略实施路径与战略目标就会发生偏离。而当总行职能部门与决策层没有进行充分沟通，统筹工作出现失误时，还有可能产生某些不合理的现象。战略分解的成果必须在决策层与执行层之间达成共识，战略审定的重点工作就是要实现这一目的。

（二）战略管理转换重心

战略审定是战略实施工作的必要环节，意味着战略实施工作的完成。对战略分解结果的存疑或者矛盾点，在战略审定环节都已经解决，各层级人员的工作重心也随之转化。经过战略审定的“两图一表”，将在战略落地过程中成为各层级的工作指引文件。决策层根据“两图一表”，指导、支持执行部门完成工作，并对其进行审查和监督。执行部门则学习掌握经过审定后的工作要求，想办法把工作完成。因此，战略审定是战略实施到战略落地的转折点。

第二节 战略审定的原则、方法与流程

一、战略审定的本质和原则

（一）战略审定的本质是决策

开展战略审定的过程，实质上是评审机构对战略实施的路径、分工和效率做出判断。

判断当前的战略地图和战略实施路径图能否实现银行的战略目标。评审机构既需要对战略主题本身有清晰的认识，也需要对战略主题之间的递进关系进行客观判断。

判断战略任务分解分工是否合适。每个机构和人员既要完成各自的工作，还要与其他机构和人员协同，通过战略分解表，评审机构需要明晰岗位职责，对可能出现的风险及应对策略进行判断。

判断当前资源配置和工作效率是否达到最优。评审机构除了判断战略实施路径和责任分工是否符合要求外，还需要兼顾成本，最大限度地做好资源配置，选择更加有效的方式执行。

（二）工作原则

基于战略审定的实质，评审机构通过发挥主观能动性来开展战略审定工作。战略审定应遵循尊重事实、协商解决争议和效率优先的原则。

1. 尊重事实原则

战略审定的难点之一是评审机构难以判断战略分解任务和实施路径是否合理。首先，基于对市场预判和自身发展的需求，战略实施路径具有一定的不确定性。其次，评审机构对各业务市场的了解不可能做到面面俱到，甚至对一些新的业务领域，或者新的管理模式不熟悉。最后，判断时缺乏依据，没有依据，战委会只能凭借直观认识和经验去平衡部门之间的差异。因此，战略审定需要遵循尊重事实的原则，评审机构需要相应的事实材料作为评审的意见。这就要求战委会和相关职能部门在战略分解时要做好市场分析，分析战略主题的可行性、风险，并提出相应的策略。总行职能部门应该主动提交材料，而战委会则需要在战略审定环节认真解读，更好地理解战略分解的初衷。在战略审定的实际操作中，一些银行还会让总行职能部门对战略分解进行解释，并组织讨论。

2. 协商解决争议原则

战略审定是一个协商解决争议的过程，需要解决战略实施阶段的主要争议问题。如果能达成共识，就按沟通结果执行；如果不能达成共识，则需要由上一级管理者进行裁决，各方应尊重裁决的结果，并保证在战略落地过程中严格执行。

对中小银行而言，一般会在两个问题上产生争议，一个是“这项工作该不该这样做”，另一个是“这项工作应该由谁负责”。无论是哪一个问题，都遵循着审定的原则进行协商解决。如果在实施路径中产生了争议，那么可以请争议各方说明工作开展的思路，并提交相应的依据。决策机构通过对战略实施路径进行分析，再结合银行实际情况，即可选择一个更优的战略实施路径。分工上的争议相较于战略实施路径的争议更常见，而且更难解决。争议各方往往有充分的依据，甚至会出现各方的依据都合理的情况，这会使评审机构难以裁决。所以，评审机构不仅需要听取争议方的意见，还需要自身或者邀请第三方进行整体分析，这样得出的结论才会相对客观。在战略审定过程中，需要对银行的导向、整体判断的意见与争议进行沟通，形成最终的方案。

3. 效率优先原则

战略审定具有重要的转折意义，战略审定越早完成，战略落地工作就可以越早开展。在银行的经营管理中，可以把战略审定归为重要且紧急的工作。评审机构、相关的部门和人员应按照规范，坚持效率优先这一原则，高效完成战略审定工作。

二、工作方法

战略审定需要评审机构对“两图一表”进行判断、讨论和决策。因此，在决策时可以使用层次分析法、群体讨论法等方法。

（一）层次分析法

1. 层次分析法适用于比较复杂的决策

大部分的战略审定决策都是复杂的，每个决策需要考量的因素很多。例如，一项产品是否应该投放，不仅需要考虑客户的因素，包括客户群体大小、偏好、需求等；还需要考虑竞争，包括竞争对手、市场份额占比、产品优劣势等。此外，还需要考虑收益成本，包括收益率、收入成本比、成本优势对比等。层次分析法能够解决复杂的决策问题。通过定性和定量的方式，层次分析法提高了决策的系统性和科学性。使用层次分析法，需要对影响决策的因素进行梳理，只保留关键因素，使原来复杂的问题变得清晰，评委对问题的理解也更加透彻。同时，层次分析的复杂性限制了层次分析法只适用于复杂的决策。虽然层次分析法更科学，但是需要耗费的时间成本较多，对于追求效率的战略审定环节，不可能每个问题都采用这种方法。

2. 层次分析法的应用步骤

结合战略审定的原则，可以按以下三步应用层次分析法。

第一步，判断需要决策的主题。为了提高战略审定的效率，负责制定“两图一表”的机构可以提前对主题进行分类，标记出评审机构难以做出决策的复杂主题，并给出建议。

第二步，构建分析模型。对需要分析的复杂主题，由制定机构深入分析并提取有关因素，使用层次分析法梳理这些因素，形成“自上而下”的若干层次，确定主要的影响因素。

第三步，根据各个方案的得分确定推荐方案。

（二）群体讨论法

在战略审定中常用的方法是群体讨论法。当战略进入审定环节时，很难进行体系化的层次分析，每次战略审定的内容很多，有时候甚至有30~50个讨论点，评审机构不可能对每个讨论点都进行层次分析，所以需要采取更快捷、更有效的方法。群体讨论法流程清晰，执行过程相对简单，能有效地得出结论，所以战略审定会更多采取群体讨论法进行决策。

群体讨论法的实现方法有很多，其中之一是名义群体法。这个方法的关键就是在讨论前评审机构的各成员先发表自己的意见，然后进入讨论环节。群体讨论法增加了意见表达环节，使评审机构能够听到不同意见，从而更全面地看待问题，做出最终的决策。

平行思维有助于提高群体讨论的效率，平行思维最常见的方法就是“六顶思考帽子”。面对一个战略主题，从六个方面进行考虑，包括是否符合客观事实，是否具有长远价值，是否带来正向提升，会带来哪些反向的影响，执行层对主题持何种态度以及主题如何执行，这样就能很清晰地描述主题。所以群体讨论法在战略审定的决策环节是非常实用的方法。

三、工作流程

战略审定的对象是“两图一表”，即战略地图、战略实施路径图和战略任务分解表。战略实施路径图是以战略地图为前提制定的，战略任务分解表则是以战略实施路径图为前提制定的，三者存在递进的关系，如同第七章所述，战略分解的过程并非一次性完成，战略审定的工作流程需要分别开展，与战略分解的工作交叉进行。战略审定整体流程与战略分解流程是交错进行的，如图8-1所示。当战略分解形成了成果物时，银行可以对成果物进行审定，整个战略审定分为审定战略地图、审定战略实施路径图和审定战略任务分解表三大步骤。

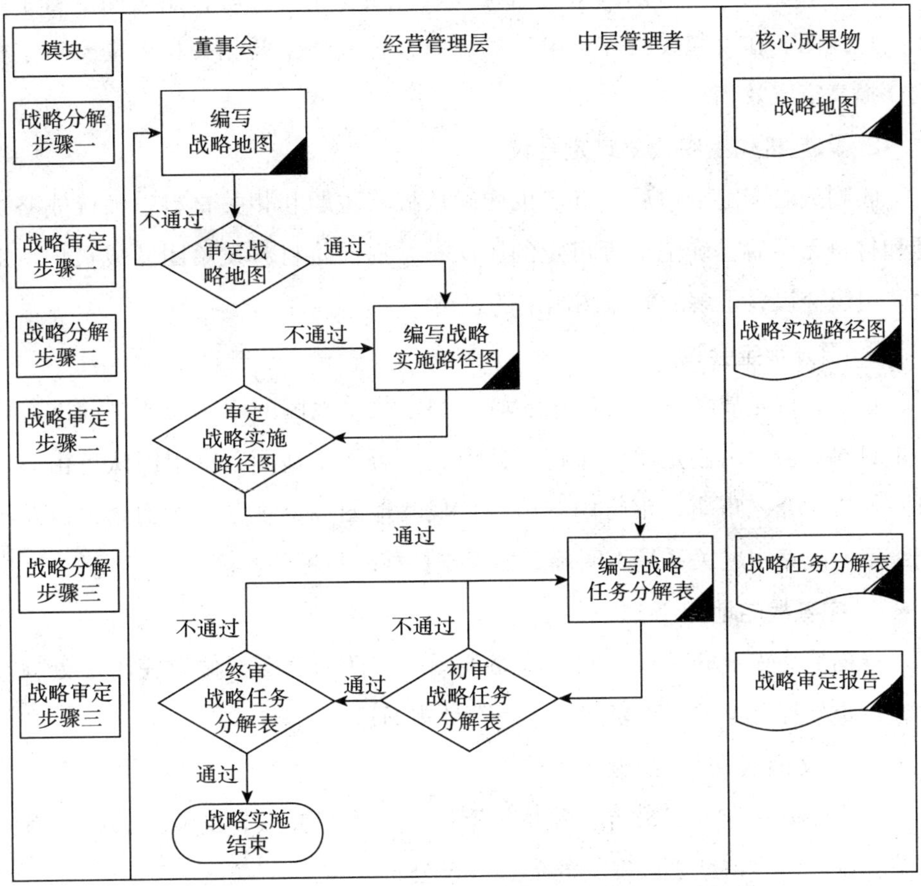

图 8-1　战略审定整体流程与战略分解流程交错进行

（一）审定战略地图

在战略地图编写完成后可以开展战略地图的审定工作，具体流程如下。

1. 由制定机构发起审定申请

战略地图的制定团队和审定团队都来自董事会或战委会，为了避免“既当裁判员又当运动员”的情况出现，要做好制定和审定工作分工。当战略制定团队和审定团队同时归属董事会或战委会时，在人员充足的前提下，可以把参与战略地图制定的团队与负责审定的团队进行区分，请其他行领导或部门参与审定工作，保证战略审定的公正性。当战略地图制定团队、审定团队来自战委会、董事会时，董事会应尽量客观地评价战略地图。制定团队完成战略地图的绘制后，可以向审定机构发起审定申请。同时，制定团队着手绘制战略地图。在发起战略审定申请的同时，将战略主题相关材料提交审定机构，提高审定效率。

2. 审定机构组织战略审定会议

收到战略审定申请后，审定机构确认战略主题和相关材料，确认战略主题和材料无误后，确定负责审定的团队，并提前将材料发给团队成员，审定团队组织会议，了解战略地图制定的思路。

3. 召开审定会议

审定会议是战略审定的决策步骤。制定战略地图的团队需要提前准备好汇报材料。会议由制定团队主持，并由其讲解战略地图，审定团队可由第三方专业机构介入审定，审定内容包括：战略地图每个主题是否清晰，以及不同维度的战略主题关系是否明确，能否支持战略目标的实现。

4. 完善战略地图

根据战略审定的结果，制定战略地图的团队明确需要修改完善之处，在修改后重新提交评审，重复此过程直至评审通过。

5. 发文确认

审定团队整理审定报告，并将评审结果上报战委会，由战委会组织召开决策会议，将终审结果以发文的形式进行公布。

（二）审定战略实施路径图

战略地图确认无误后，需要制定战略实施路径图。在制定战略实施路径图后，银行要开展审定工作，战略实施路径图的审定流程与战略地图的审定流程基本一致，但要注意以下两点。

1. 战略实施路径图由战委会或经营管理层制定

战略地图的制定团队来自原战委会或经营管理层，审定团队来自董事会或战委会，所以制定团队和审定团队一般来自不同的机构。制定团队同步绘制战略实施路径图，提交审定机构。对复杂的问题，可以使用层次分析法进行分析。

2. 审定内容更细致

在审定会议上，审定团队根据战略实施路径图的每一个主题，对每个主题的实施路径进行逐条评审。

（三）审定战略关键任务表

战略关键任务表的认定与“两图”的审定有一些差异。

1. 战略实施路径图由中层管理者制定

战略实施路径图的制定团队来自中层管理者，在战委会或经营管理层完成初审后，由董事会或战委会完成终审后定稿。

2. 关键任务表的审定比“两图”更复杂、更具体

战略任务包括大量的定性指标，根据对战略任务指标的分类进行区别审定。

（1）战略任务指标可量化，且直接创利。此时，分析的维度是该衡量指标是否能被量化，是否按照序时进度分解，是否能体现战略所带来的价值。

（2）战略任务可量化，但不能直接创利。可以从规划、方案、制度、办法、规章、指引，需明确讨论、征求意见、发文的具体时间点等方面按需量化战略任务，量化后的指标还需要验证是否能支撑战略任务完成。

（3）战略任务不可量化，且不能直接创利。此时分析的维度是该衡量指标是否设置了明确的关键节点，以及该节点是否是可检查的标志性事件。

3. 审定内容是多方面的

战略地图的审定包括任务匹配度（任务是否有效承接了战略工作）、任务数量（任务数量是否足以完成战略工作）、任务内容（任务内容是否足以支撑战略工作）、落实责任人（责任人是否对任务具有管控能力）等方面。

（四）审定的内容

1. “两图”审定

对于战略地图与战略实施路径图而言，定性分析主要是对举措格式、举措责任部门、举措逻辑顺序、举措评价指标格式进行分析。具体包括以下内容。

（1）对举措格式的分析。战略任务、战略举措、细化举措是否符合审定标准要求。

（2）对举措责任部门的分析。对每项举措的责任部门进行分析，审定责任部门是否合适且唯一。

（3）对举措逻辑顺序的分析。对同一个主题中具体任务的逻辑性进行分析，包括任务之间是否具有逻辑联系，是否符合并列关系、管理闭环或事情发展逻辑顺序等。

（4）对举措评价指标格式的分析。审定的标准是评价指标能否被归属在可量化且直接创利、可量化但不能直接创利、不可量化且不能直接创利三种类型中。

2. “一表”审定

对于战略任务分解表而言，定性分析的内容一般比较具体。战略任务分解表主要是对战略具体任务内容、具体任务格式、具体任务责任部门、具体任务逻辑顺序、具体任务评价指标格式进行分析。

（1）对战略具体任务内容的分析。由中小银行战略任务责任人（或者是负责的行领导）对战略内容进行审查，审定战略内容是否足够精练，能否支撑举措目标达成。

（2）对具体任务格式的分析。战略任务分解表是否无缝承接战略实施路径图，具体任务是否已经是最小粒度，且不可再细分。

（3）对具体任务责任部门的分析。对每项具体任务的责任部门进行分析，协同部门的工作内容是否明确。

（4）对具体任务逻辑顺序的分析。对同一个战略举措下的具体任务进行分析，包括任务之间是否具备逻辑联系，是否符合并列关系、管理闭环或事情发展逻辑顺序等。

（5）对具体任务评价指标格式的分析。审定的标准可以参考 SMART 原则，要求战略单元所有人员熟悉并掌握评价指标。

第三节　战略审定的应用

一、战略审定与战略绩效管理体系的关系

战略审定是战略管理工作的标志性模块之一，作为战略实施领域的最后一个模块，终审结果确认后，银行的战略绩效管理工作就正式进入战略落地阶段。对绩效管理体系来说，战略审定结果也是一个重要影响因素，战略审定不仅是战略管理的依据，也是绩效管理的依据。

（一）战略审定是战略管理的依据

1. 战略审定的结果是战略落地的依据

战略审定后的“两图一表”是战略宣讲、战略审查和战略督导的主要内容，甚至在战略评估环节，评估机构也需要在假定战略审定无偏差的前提下评估战略落地的有效性。

2. 战略审定影响着每个周期的战略管理

战略审定对战略管理的影响不仅仅体现在当前战略绩效管理阶段，甚至到了下一个战略实施阶段，其影响也是明显的。战略审定越认真，战略的可执行性就越高，能大大降低调整战略的成本。而在战略回顾和战略澄清工作中，战略审定的结果也是主要的分析对象。

（二）战略审定是绩效管理的依据

1. 战略审定是调整绩效管理体系的依据

战略审定覆盖了战略规划中的各个方面，既包括业务经营，也包括运营管理，绩效管理体系自然也不例外。绩效管理体系与“两图一表”形成了相互影响、相互关联的关系，绩效管理体系的建设要求需要在“两图一表”中明确，而“两图一表”中各个战略主题之间的关系，需要落实到绩效管理体系。

2. 战略审定是调整绩效考核指标体系的依据

在战略绩效管理体系中，战略审定的上一个模块是战略分解，战略分解

是四个关键结合点之一，它与绩效考核“四驾马车”相结合。不难发现，战略审定是在战略分解基础上，对“两图一表”进行确定，审定的成果物也是“两图一表”，这是与绩效管理体系结合的实质内容。因此，虽然战略审定并不是战略绩效管理体系的四个关键结合点之一，但其结果仍然会影响绩效管理体系，具体体现在不同阶段和不同内容上。

此外，不能忽视战略审定对绩效考核指标体系的影响。为了保障战略落地不偏差，在战略审定环节，终审机构对“两图一表”进行优化完善，最终会反映在绩效考核指标体系上，这就意味着绩效考核体系需要根据战略审定的结果进行调整。

二、战略审定在绩效管理体系中的落地

（一）战略审定与绩效考核的设计同时进行

从银行战略绩效管理效率的角度，战略分解比战略审定更适合作为绩效管理的关键结合点。战略分解需要大量的人力和时间成本。从战略地图到战略关键任务分解表的分解，董事会、战委会、经营管理层、中层管理者，甚至第三方公司，都需要不同程度地参与。为了提高战略分解的质量，对“两图一表”还需要投入足够的时间，尤其要确认战略任务分解表每个主题中每个环节都能准确衡量、准确衔接。此外，还需要与中层管理者进行沟通。战略审定对人力和时间成本的消耗同样大，如果把战略审定作为与绩效管理体系的结合点，在战略审定后再构建绩效考核体系，无疑需要耗费更多的时间，反而影响银行战略执行效率。因此，战略审定与绩效考核要同时进行。

（二）战略审定后确定最终绩效考核指标体系

战略实施路径图完成后，评审机构可以对战略实施路径图进行审定，同时负责绩效管理的部门可以根据战略实施路径图初步确定考核的方向和框架。战略审定工作完成，银行进入战略任务分解表的环节，这时要把绩效考核的框架与审定后的战略实施路径图进行比对，以此为依据完善考核框架。完成战略任务分解表后，审定机构继续开展战略审定工作，而绩效管理部门则开始细化考核指标，形成初步的考核指标体系。战略任务分解表审定完成后，

可以根据其成果物对考核指标体系进行优化、完善，最终确定绩效考核指标。

绩效管理部门不仅需要完成考核指标体系的设计，还需要构建绩效管理体系，即根据战略审定的结果，确定绩效管理的规划，明确管理体系、文化体系、制度体系和软件体系该如何打造。将战略审定成果运用到整个绩效管理体系，更好地巩固战略分解与绩效考核这一结合点。

第四节　案例4：D银行战略审定

一、D银行简介

D银行的前身是城市信用社，2005年，获中国银监会批准筹建。截至2019年末，D银行资产总额在500亿~1000亿元，负债总额为600亿元以上，其中各项存款余额超过500亿元，各项贷款余额超过400亿元；共有近80家分支机构，60家社区和小微支行，从业人员2200余人。

D银行与天维信息合作，启动战略绩效管理项目，并在天维信息的指导和协助下完成了战略回顾、战略澄清以及战略分解工作，初步形成了“两图一表”初稿，正式进入战略审定环节。

二、战略审定工作内容

在战略审定环节，D银行党委会成员（决策层）与天维信息的资深顾问团队共同组建了评审委员会，优先开展了战略地图与战略实施路径图的审定工作，然后开展了战略任务分解表的审定工作。

（一）“两图”审定

在战略地图与战略实施路径图的审定环节，党委会负责对战略实施路径图进行审核，对战略实施路径图中的战略任务和举措内容一一进行评价。对战略任务，党委会从任务匹配度、任务数量、任务内容和责任人审定战略任务，并形成审定决策。

天维信息资深顾问团队以枚举分析法（Mutually Excusive Collectively Exhaustive，MECE）原则和 SMART 原则为依据，利用 BSC 四大维度构建价值树，运用逻辑分解法开展了评审工作。“两图”审定包括成果物编写是否符合规范，责任部门是否明确，同一战略任务下的举措是否有逻辑联系，评价指标是否科学。

D 银行“两图”战略审定流程如图 8-2 所示。

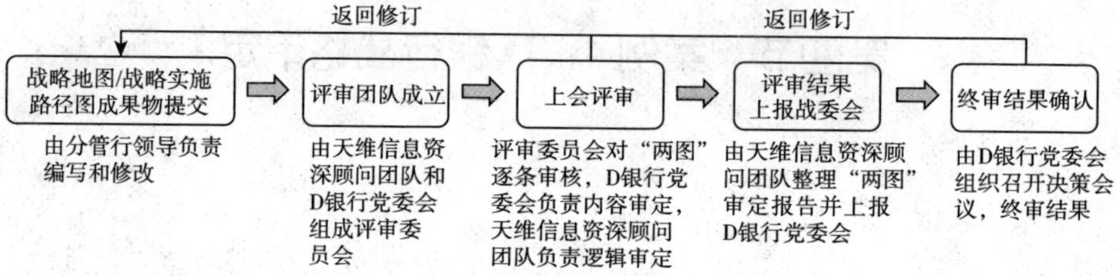

图 8-2　D 银行“两图”战略审定流程

（二）“一表”审定

在关键任务分解表审定环节，D 银行党委会、天维信息资深顾问团队对表中的每项任务进行逐条审核。

党委会对具体任务内容和是否可支撑举措目标达成进行了审定，天维信息则对任务格式、责任部门和配合部门是否明确、同一举措下的具体任务是否有逻辑联系和评价指标进行了审定。

D 银行“一表”战略审定流程如图 8-3 所示。

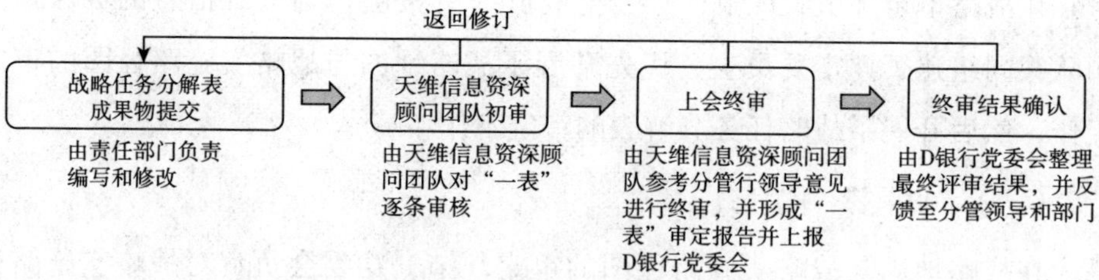

图 8-3　D 银行“一表”战略审定流程

D 银行战略审定标准如表 8-1 所示。

表 8–1　D 银行战略审定标准

战略审定范围	战略审定维度	战略审定标准	检查人	备注
战略地图/战略实施路径图	战略任务	(一) 任务匹配度； (二) 任务数量； (三) 任务内容； (四) 落实责任人	D 银行党委会	(一) 不宜包含日常工作； (二) 任务数量在 15~40 个为宜； (三) 一个任务对应一个责任人，且责任匹配
	举措内容	(一) 内容精练； (二) 举措内容可支撑战略任务达成		由银行战略落地小组主要负责对内容审查，内容应精练，避免假大空的语句出现
	举措格式	三级分类是否标准： (一) 战略任务； (二) 战略举措； (三) 细化举措	天维信息资深顾问团队	战略实施路径图的填写格式应最多为三级标题分类
	举措责任部门	责任部门是否准确且唯一		每项举措的责任部门应确定且唯一
	举措逻辑顺序	同一战略任务下的举措是否有逻辑联系		应符合并列关系、管理闭环或事情发展逻辑顺序等
	举措评价指标格式	评价指标应可被归属在三种类型之一		(一) 可量化、可直接创利：直接按序时进度分解。 (二) 可量化、不直接创利：规划、方案、制度、办法、规章、指引，需明确讨论、征求意见、发文的具体时间点。 (三) 不可量化、不直接创利：需设置明确的关键节点，以及该节点可检查的标志性事件

续表

战略审定范围	战略审定维度	战略审定标准	检查人	备注
战略任务分解表	具体任务内容	（一）内容精练； （二）具体内容可支撑举措目标达成	分管行领导/党委会	由银行战略任务责任人（责任行领导）主要负责对内容审查，内容应精练，避免假大空的语句出现
	具体任务格式	（一）是否正确承接战略实施路径图指标； （二）具体任务应为一级分类，不可再细分	天维信息资深顾问团队	战略任务分解表应无缝承接战略实施路径图，且采用一级指标将具体举措细化
	具体任务责任部门	责任部门和配合部门是否明确		每项具体任务的责任部门应确定且唯一，配合部门需准确且表明需要配合的工作内容
	具体任务逻辑顺序	同一举措下的具体任务是否有逻辑联系		应符合并列关系、管理闭环或事情发展逻辑顺序等
	具体任务评价指标格式	评价指标可被归属于三种类型之一		（一）可量化、可直接创利：直接按序时进度分解； （二）可量化、不直接创利：对规划、方案、制度、办法、规章、指引，需明确讨论、征求意见； （三）不可量化、不直接创利：需设置明确的关键节点，以及该节点可检查的标志性事件

评审后，由天维信息资深顾问团队出具战略实施路径图审定意见，其中涵盖了D银行在制定战略实施路径图时存在的共性问题、个性问题、各模块战略实施路径图修改建议以及原因等内容。

三、战略审定工作效果

D银行的战略审定效果比较明显，领导层基本明晰了战略内容，业务部门也有较深程度的参与。“两图一表”的快速确定，使D银行很快地形成了系统化的绩效管理体系，也取得了不错的业绩。

第五节　战略审定常见误区

战略审定对战略实施的重要性不言而喻，需要银行及外部咨询机构的共同努力才能将银行的战略分解成果进行固化。但是，银行在开展战略审定工作的过程中常常出现理解偏差以及执行不到位的现象，最终导致战略审定工作无法达到预期效果，甚至大打折扣。战略审定的效果不佳，将直接影响战略任务分解表的准确性与可执行性，对后续的战略落地工作以及绩效管理工作带来负面影响。因此，银行要重视战略审定环节，尽量减少战略审定模块因人为主观因素带来的不可挽回的损失。一般来说，战略审定的常见误区有以下四种情况。

一、过于强调战委会的评审与纠偏能力

战委会作为银行的最高决策层，是战略审定的最终决定主体。有些银行在战略审定的过程中过于强调战委会的评审与纠偏能力，发现部分责任部门在“两图一表”的审定中对初稿的关注度不高。战委会在这个过程中耗费过多的时间和精力，对组织的长远发展造成不利影响。

二、过于相信各部门负责人的战略分解能力

各部门负责人作为银行的中坚力量，是构建与执行“两图一表”的主体。有些银行在战略审定的过程中过于相信各部门负责人的战略分解能力，评审团队以“职能部门比经营管理层更加了解具体”为由，使终审流于形式，导致在一个战略绩效管理周期结束后，发现最初的战略意图并没有通过“两图一表”有效传递到基层员工，容易出现绩效目标完成但战略工作未完成的现象，战略绩效管理最终也流于形式。

三、过于依赖外部咨询机构的专业力量

虽然外部咨询机构能够给银行带来先进的管理理念和管理方法，但是无法完全代替战委会或各部门。外部咨询机构从逻辑、思维等方面对“两图一表”进行评审与纠偏，但无法准确判断战略分解的内容是否合适，如过于依赖外部咨询机构的专业力量，容易导致银行的战略无法与银行的实际需求和发展目标准确匹配。

四、“两图”与“一表”的审定同时开展

有些银行在战略审定的过程中，想进一步提高效率，降低反复沟通修改完善的时间，将“两图”与“一表”的审定同时开展，结果却适得其反，花费了更多的时间。原因在于，“两图”与“一表”存在明显的逻辑先后关系，首先有战略地图；其次有战略实施路径图；最后根据战略实施路径图进行有效分解后，才形成最终的战略任务分解表。如果“两图”与“一表”同时开展，当“两图”出现调整时，“一表”也需要进行联动调整，那么对于“一表”的审定工作就是低效率的，审定往往只会做诸多重复工作。因此，“两图”与“一表”的战略审定工作必须严格遵循先开展“两图”审定，再开展“一表”审定的流程。

第九章　战略宣讲：推广宣贯，培养战略意识

未经实施的战略，对于组织的经营发展起不到任何实质性的促进作用。战略宣讲解决了战略管理中“人”的理念和执行的问题，即如何转变员工的理念和意识，改变员工的行为，保障战略执行传导到组织神经末梢的“最后一公里”，进而提升组织的战略执行力。

第一节　战略宣讲的定义和意义

一、战略宣讲的定义

战略宣讲是指通过各种媒介，如以会议或文件等形式，对组织战略进行深层次解读的过程。其目的旨在帮助员工了解和认识组织战略的内涵、具体分工、相关要求及其自身在战略实施过程中发挥的战略价值和工作使命。

战略宣讲是一项贯穿战略实施全过程的工作，不同阶段承担着不同的使命。战略推进的不同阶段，其工作本身的目标有所不同。从员工层面而言，第一阶段目标为建立战略意识，第二阶段为强化战略理解，第三阶段为提升战略忠诚度，第四阶段为成为战略的推广者。从组织层面来说，在战略规划制定初期，战略宣讲目标旨在帮助人员了解战略的具体内容及相关分工等细则。在战略实施过程中，战略宣讲旨在及时传导最新导向及相关实施政策，保障内部的信息同频。一个战略规划周期结束后，战略宣讲旨在汇报相关战略成果，为下一个战略周期的工作推进积蓄力量。

二、战略宣讲的意义

（一）让员工理解战略

战略的理解需要沟通，沟通是组织成功的关键。然而，很多公司的沟通都做得不够。高绩效组织和低绩效组织之间的差异如表9-1所示。

表9-1　高绩效组织和低绩效组织之间的差异　（%）

关键因素	高绩效组织占比	低绩效组织占比
员工对整个组织的目标有良好的认识（占比）	67	33
高级管理者具有高效的沟通能力（占比）	26	0

很显然，如果员工不能理解组织的远景，那么他们就不可能理解组织为实现此远景所制定的战略。如果缺乏对组织远景和战略的理解，员工在日常工作中就不能有效地支撑战略落地。组织的“一把手”应该意识到，在实施一个新战略时，所有员工都必须理解该战略，这样员工才能更好地开展工作，以适应战略执行的要求。

假设某商业银行开发了一款新的金融产品，如何才能让客户知道这款新产品的上市呢？银行在推出了一款新的金融产品时，首先，会通过投放户外广告以及宣传海报等手段开展推广活动，让客户或潜在客户了解新产品的特征以及优势（建立产品认知）；其次，通过业绩情况来了解有多少顾客尝试了这款产品（产品市场份额），并通过数据分析来了解顾客是否持续购买（产品忠诚度），以市场调查的方式了解客户是否有意向向他人推荐该产品（产品宣传者）。银行会持续开展活动来引导市场，直到原有行为模式改变、新的消费习惯建立为止。

假设某商业银行试图在组织内部制定一个新战略，那么怎样才能让员工了解这个新战略呢？研究表明，平均只有不到5%的员工知道组织的战略。很显然，让员工改变原有的行为模式来实施新的战略要比让顾客尝试新产品重要得多。就像推出新产品一样，管理人员在推行新战略时也应该加强对新战略的宣讲以及与顾客的沟通。

（二）让员工跟随战略动起来

如果商业银行想要成为战略中心型组织，那么战略的执行不能完全是“自上而下”的指示，而是“自上而下”的沟通，让员工都能主动思考如何帮助组织达成战略目标。“一把手”需要让员工相信公司正在坚定地执行战略，甚至进而有动力向其他人传达战略。

第二节　战略宣讲的方法

不同的阶段会有不同的目标，战略宣讲所采用的工具和形式也不相同。目前，较为常见的战略宣讲多以会议等形式开展，只是在会议的规模上以及与会领导的规格上有所不同。

一、战略宣讲原则

战略宣讲工作总体把握如下原则。

（一）分层宣讲，各有侧重

战略宣讲工作针对不同的宣讲对象其内容有所不同。针对中层干部，宣讲内容侧重于战略内容的远期性；针对基层骨干，宣讲内容侧重于战略内容的执行性。

（二）明确总基调，互动参与

战略宣讲工作需提前根据需要确定总基调，总基调明确后，围绕整体目标设计相关流程开展具体工作。除此之外，信息的输出不应该是单方面的，而是可以根据时间的要求，适当增加互动环节，提升宣讲的效果。

（三）经济考量，注重实效

战略宣讲的途径多种多样，各类工具、途径的选取有成本的差异。因此，战略宣讲“组合拳”工作如何打出实效，既需要考虑效果呈现，也需要考虑经济因素。

二、战略宣讲内容

根据战略宣讲的不同阶段和不同宣讲对象，宣讲内容分为以下两部分。

（一）讲方向，讲计划

面向行领导，主要宣讲已通过战略审定的“两图一表”，以及后续战略落地阶段的项目安排及计划。

（二）讲任务，讲工作

面向基层员工，主要宣讲具体的工作任务以及如何开展工作。可以结合经营分析会（季度/月度）或绩效考核制度培训开展。

三、战略宣讲工具

根据经济成本的高低，将常见的宣讲工具分为低成本宣讲工具和高成本宣讲工具。结合战略宣讲的工作阶段特征，运营期初的经济投入相对较高，运营中期经济投入有所降低。

（一）低成本宣讲工具

低成本沟通工具是指人力成本、费用成本、场地成本等综合经济占用成本较低的沟通工具。具体包括邮件、内刊、内网公告、手册等不涉及人员互动的单向沟通渠道。“两图一表”的宣贯可借助内刊进行阶段性的截取发布，突出重点。针对全年性的实施计划可借助内网公告、手册等载体进行信息宣传及内容发布。

（二）高成本宣讲工具

高成本宣讲工具是与低成本宣讲工具相对的一个概念，指综合经济占用成本较高的宣讲工具。具体包括面谈、小组会议、代表大会、视频会议等涉及互动交流的双向沟通渠道。

四、战略宣讲流程

战略宣讲流程整体分为六个环节，如图 9-1 所示。

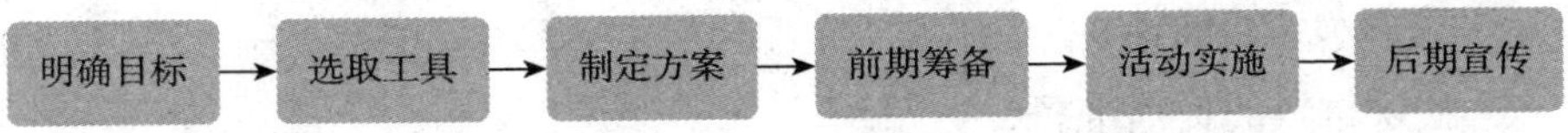

图 9-1　战略宣讲流程

（一）明确目标

随着战略工作的持续推进，战略宣讲的工作目标有所不同。战略落地初期，战略宣讲工作目标为理念宣导和远景的构建。在战略落地中期，根据上一年度存在的问题及下一年度工作开展的整体规划进行主题设计，整体工作目标为问题剖析、调整内容及优化方案。在战略落地收官期，宣讲目标为鼓舞士气，厘清完成情况与总目标的差距，以促进战略目标的达成。

（二）选取工具

战略落地初期，宣讲难度相对较大，其经济成本投入也较高。在该阶段，针对全体员工开展大型的工作会议，会议需“一把手”站台，明确会议内容的重要性。针对中层干部，可采用座谈会的形式开展，就具体工作事项可能预见的问题或难点以及需要匹配的资源做初步研讨。

在战略落地中期，相关导向已基本明确，战略理念基本深入人心。因此，针对该阶段的宣讲工具，可结合行内人员的素质情况，选取适当的低成本宣讲工具。同时，随着大众对于信息阅读习惯的改变，也可考虑采用一些新媒体渠道开展相关的宣讲工作。

战略落地收官期，需根据战略目标的具体完成情况制定针对性的战略宣讲方案。该阶段具有承上启下的作用，因此该阶段需要多措并举，开展相关工作。

（三）制定方案

宣讲方案的设计、制定需要结合具体的工具进行，方案内容不仅涉及整体宣讲实施的效果呈现，还包括最终的后期宣传等内容。

（四）前期筹备

前期筹备工作是否充足是活动实施能否成功的关键。在进行战略宣讲的筹备过程中，应当注重五个细节问题：

· 参会人员的确认；

· 会议材料的提前准备；

· 会场设备的准备和调试；

· 主要领导时间的协调与提前通知；

· 前期的宣传工作及通知工作。

（五）活动实施

活动实施时需要提前预估相关的突发状况，以做好相应的紧急预案，保障活动顺利开展。

（六）后期宣传

战略宣讲结束后需要发布宣讲通稿，通稿可在内网公布或是通过组织内部自有的新媒体渠道开展宣传。宣传形式不局限于正式的文章，可借助思维导图等形式对关键核心内容进行展示。

第三节　战略宣讲的应用

战略宣讲涉及场景包括战略落地的启动会议、战略落地过程中的中期回顾以及某一战略执行完成的盘点与经验总结或为开启新的战略做一些准备工作。战略落地的启动会议一般安排在年初，参会人员为总行领导班子、中层干部及核心业务骨干。会上由总行领导班子描绘战略蓝图和远景，由中层干部汇报个人目标承诺（PBC）。

战略的执行与落地需要依赖于绩效考核工具的承接，员工对战略的执行程度取决于员工对绩效考核的理解程度。绩效分析会、员工座谈会、业务经营分析会作为绩效管理中不可或缺的环节，对员工的战略执行力提升至关重要。业务经营分析会是每个企业在经营过程中必做的管理动作，绩效分析会、员工座谈会是天维信息经过近 20 年绩效管理运营服务的经验总结与积累。如何开好“三会”，怎么将“三会”开出战略高度，怎么通过“三会”提升组织战略执行力，将是本部分重点阐述的内容。

一、绩效分析会

绩效分析会面向的群体多为中层员工，绩效分析会的召开旨在通过考核内容的解读传递组织战略精神及未来发展导向。绩效分析会的会议内容除了需要对绩优员工的业绩表现进行分析，更重要的是通过会议将组织整体战略内容进行有效的传递。

二、员工座谈会

员工座谈会是指面向基层员工的开放式会议，会议主要目的是收集关于某类问题的意见及建议。通过座谈会可以充分了解员工对战略、绩效考核等事项的态度与情感，同时有助于决策层了解工作执行过程中的现实问题与实际情况，为后续工作或体系的优化提供基础信息。

三、业务经营分析会

业务经营分析会多面向中层管理者、高层管理者，会议主要围绕组织关键业绩发展情况进行讨论。以往业务经营分析会仅仅聚焦于结果的讨论、组织短期经营业绩的分析，对于组织长远的战略落地以及战略目标执行情况的讨论则较为欠缺。因此，以经营会议为契机，通报战略目标达成情况，进而保障中层管理者对组织战略的关注度与参与度。

第四节　案例 5：E 农商银行战略宣讲

一、E 农商银行简介

E 农商银行地处苏北，多年来坚守“服务‘三农’、服务个体工商户、服务小微企业”的市场定位。在发展过程中，不断完善内控机制，推进流程银行建设，强化金融服务创新，市场竞争力得到快速增强，各项业务保持较快速度发展，存贷款增幅位居全省农信系统前列，市场份额稳居县域第一，是当地营业网点最多、存贷款规模最大、金融覆盖面最广、群众基础最深厚的金融机构。

二、战略宣讲工作内容

E 农商银行于 2018 年提出相关战略主题，并在组织内部进行了全面的宣贯工作，战略主题相关理念已深入人心。为进一步深化落实战略规划相关内容，达成各项战略指标，E 农商银行每年都会组织开展转型发展大会（战略启动会性质的工作会议），大会主题围绕战略发展的主要目标进行确定。以 2019 年大会主题为例，2019 年是 E 农商银行三年战略规划的逐步深化之年，当期会议的主题为“创新”。通过主题的确定，由总行各职能部室围绕各自的部门职责及总体战略规划深化落实 2020 年度工作。会议的前期筹备工作历时近一个半月，在这一个半月中，职能部门与外部第三方战略咨询团队对各项战略工作展开了充分的讨论，并结合 E 农商银行当地的市场环境、现有管理基础及其他同业的改革经验对各项举措进行了充分的论证，最终确定了 2020 年的重点工作目标及行动计划。

总行领导班子指明战略方向，描绘战略蓝图并且提出在战略落地过程中全行上下面临的挑战。同时，各职能部门总经理围绕战略目标提出下一年度部门 PBC。

本次会议宣讲，参会人员基本覆盖了全行中高层管理者、业务骨干，通过宣讲促进了后续战略工作的进一步深化与落实。

第五节　战略宣讲常见误区

战略宣讲作为战略落地的首要环节，对于战略的落地执行及效用发生具有重要的意义。然而，在实际工作中，经常存在以下三个误区。

一、误区 1：重视程度不够，工作流于形式

很多组织在战略管理中较为重视战略的前期规划和设计，但是对于宣讲的重视程度不够，由此也直接或间接导致员工对组织战略的重视程度不够，使战略宣讲流于形式。

二、误区 2：工作目标不明确，开展形式较为单一

陷入这一误区的主要原因是对该项工作或者说对于战略管理的实施阶段缺乏正确的认识，导致在宣讲环节未形成正确的工作目标。由于这种工作目标上导致的偏差，进而使战略宣讲工作开展形式单一，效果不明显。

三、误区 3：对战略宣讲认知不足，宣讲频率较低

一些银行的战略宣讲频率较低，基本是以年为单位开展，战略意识未深入人心。导致这一问题的主要原因是对战略宣讲工作缺乏体系化的认识。

战略宣讲工作贯穿战略实施落地的全过程。战略宣传与推广解决了员工对战略的认知问题。怎么通过战略宣讲转变员工的行为，真正地按照这一计划或理念去执行，或者说促使员工在这个大的框架下进行更多的战略创造，都是战略宣讲环节需要重点考虑的问题。

第十章　战略审查：过程把控，确保战略执行不走样

在开展战略审查工作时，需要对战略实施的具体任务进行阶段性的审查，实现战略绩效管理过程可控，确保战略执行不走样。

第一节　战略审查的定义和意义

一、战略审查的定义

大部分银行已经意识到战略绩效管理的重要性，但往往会忽略战略绩效管理是一个长期和动态的过程，在战略落地实施的过程中，必须通过对战略实施进行阶段性的战略审查，才能确保战略绩效管理的成功。

“审查”是指审核、调查，或者说是对某件事情、情况的核实、核查。战略审查即对战略规划具体执行的情况进行核实核查。战略审查的概念来自PDCA循环和软件工程学，PDCA循环又称戴明环。PDCA循环是将质量的管理过程分为四个阶段，即计划（Plan）、执行（Do）、检查（Check）和改善（Action）。在质量管理活动中，要求把各项工作按照制订计划—计划实施—检查实施效果的程序进行，然后将成功的纳入标准，不成功的留待下一循环去解决。这一工作方法是质量管理的基本方法，也是战略绩效管理各项工作的一般规律，而战略审查则属于PDCA循环中Check阶段的一个环节工作。

在软件工程学中，美国著名的软件工程专家巴利·玻姆（Barry Boehm）综合多位专家的意见，并总结了美国天合公司（TRW）多年开发软件的经验，于1983年提出了软件工程的七条基本原理，其中之一就是“坚持进行阶段评

审”。统计结果显示，大部分错误是在编码之前造成的，大约占63%，错误发现得越晚，改正它要付出的代价就越大，要差2~3个数量级。因此，软件的质量保证工作不能等到编码结束之后再进行，应坚持进行严格的阶段评审，以便尽早发现错误。天维信息在考察诸多银行绩效项目建设过程中发现，“坚持进行阶段评审”这一原理同样适用于银行战略绩效管理。

在中小商业银行的战略绩效管理中，战略审查是保障银行在战略落地阶段按时且高质量完成战略关键任务和重要事项必不可少的环节。战略审查一般以季度为周期监控中小商业银行的经营管理活动和业绩结果，将实际业绩与期望业绩进行对比，发现已实施战略的问题和不足。为了达到预期目标，战略审查的主体必须具备独立性，即其应相对独立于战略的制定和实施过程，与战略管理过程没有直接的利益联系，也不承担相应的责任。同时，战略审查的对象是战略管理的全过程。经过“两图一表”的战略分解后，会形成诸多需要去落地执行的战略工作任务，战略审查应能深入战略落地过程的每个环节，能覆盖所有的战略工作任务。

二、战略审查的意义

战略审查在战略绩效管理中具有矫正纠偏的作用，为后续战略落地到各个模块提供依据。从战略审查的内容和作用来看，战略审查工作具有以下三方面的意义。

（一）战略审查有利于将部门的战略工作任务与部门员工建立对应关系

研究表明，战略管理往往达不到预期目标，其中关键一点在于组织整体目标与组织内个人目标不统一。也正因为如此，我们往往把理想的战略力称为“合力”，即把组织内看起来各自为政的力量，通过战略管理的定位和定向整合到一起。为了达到这个目标，必须在单位承接的全行战略与单位员工之间建立对应关系，这也正是战略审查存在的意义之一。战略审查的关注点有四个要素：任务、责任人、起止时间、评价标准。即除了关注常规的任务外，也会同步关注做事的人，做到在战略管理中“事事有人做，人人有事做”，并通过开展常态化的战略审查工作，督促各位责任人切实履行各项战略的落地执行工作。

（二）战略审查赋予了战略落地执行的过程管理抓手

战略管理进入战略审查环节，说明战略已经进入实际的落地执行阶段。战略执行需要不断地监督、检查和改进。结构化的战略审查是银行战略管理的核心监控机制，银行应该针对战略执行定期开展战略审查，以确保组织始终在正确的战略轨道上。

（三）战略审查为后续战略督导和战略评估提供依据

在战略落地执行过程中，往往因为前期的一些小走样、小疏忽，导致最后的战略落地受到较大影响。在银行战略落地过程中，对走样变形的战略执行展开及时纠偏，需要有一个强有力的抓手。而战略审查则能较为有效地避免战略执行走样的现象。一方面，战略审查涉及战略任务的每一个执行动作和具体事项，也能一一和责任人产生关联，同时辅以起止时间和评价标准，确保了战略管理的全面性；另一方面，通过由银行或与第三方专业机构共同出具的战略审查报告，提升了纠偏的权威性和执行刚性。为了进一步确保纠偏到位，战略审查报告也将用于战略督导和战略评估环节，为其提供第一手的客观信息和数据。

第二节　战略审查原则、方法和流程

一、战略审查原则

战略审查是在战略任务分解表的基础上，通过执行跟进、信息集中、汇总分析等，推动银行战略得到有效落地。在此过程中，需要坚持充分调研、分层分类和诊断专业的原则。

（一）充分调研原则

战略审查的核心工作之一就是任务分解，通过反向追溯的方式，了解清楚银行各单位人员对于战略落地的认知。因此，对战略评审表的审核过程不能只是“走过场”，要从责任人、战略任务、起止时间、评价标准四个方面，确保“人人有事做，事事有人做”，并通过战略审查管理台账，对获得的信息和数据进行总结归纳。

（二）分层分类原则

在战略审查过程中，会涉及不同层级的人员、不同类型的信息。为了辨别关键有用的信息，需要坚持分层分类的原则，对信息进行梳理。一方面是在责任对象上进行分层，将责任对象区分为行领导、中层管理者和基层员工三个层级；另一方面是在任务类型上，按能否定量和能否直接衡量成果将战略任务分为可定量可直接衡量、可定量不可直接衡量、不可定量可直接衡量、不可定量不可直接衡量四类。在战略审查过程中，一般是按照这四类分别展开。

（三）专业研判原则

对于战略审查阶段工作而言，最关键的就是通过一系列的访谈调研，识别和归纳当前战略实施过程中的问题，并对此给出专业建议，出具战略审查报告。而能否准确识别问题，给出合理化建议，实际上考验的就是诊断者的专业能力。所以，在对战略审查表的审核以及战略审查台账的编制过程中，需要进行充分的讨论和专业化的研判，确保诊断输出结果的专业性。

二、战略审查方法

（一）计划管理

计划是经营管理者在特定时间段为实现特定目标，对要完成特定目标而展开的经营活动所做出的统筹性安排。“计”是在特定时期，为完成特定目标而对经营活动所处综合环境、企业内外影响因素以及企业自身发展历史性对比等因素的归纳总结和科学分析；“划”是依据“归纳总结和科学分析”所得出的结论，制定相应的措施、办法以及执行原则和标准。在战略审查过程中，同样需要运用计划管理的思想和方法来推动相关工作开展。

计划管理按其特性定位，可划分为三个阶段，即事前管理、事中管理、事后管理。在银行的战略审查工作中，事前管理主要是对“部门任务分解表”的审核，从而确保任务能够得到有效执行。银行实施对事前环节的有效控制，能确保任务落地的可行和可靠，并为任务的事中管理提供操作平台。事中管理主要是对计划执行体系工作效率的管理。对各单位部门战略分解任务的执行过程中出现的各类偏差，首先要做到超前预测，其次要做到措施有效。对执行效果的跟踪是事中管理的主要工作，从而确保任务执行的效率。事中管理的责任主体是银行各单位，银行战略管理部门的事中管理主要是对任务执行进度和质量的控制。事后管理主要是对战略任务实施完毕后的考核评价、总结经验、汇编材料、归档备案。

计划管理可在四个方面采用系统工程的一些方法。在制订计划所需信息和制订最优计划方面，包括管理信息系统、预测技术、线性规划、目标规划、动态规划、规划计划预算系统等。在安排计划任务、执行计划方面，包括线性规划中的分派问题、动态规划中的排序问题以及计划协调技术、关键路线法等。在计划的检查和评价方面，包括系统分析、成本效益分析等。在计划的调整、协调方面，包括计划协调技术、滚动计划等。这些方法的运用可以有效地提升战略审查工作效率，增强战略审查工作效果。

（二）归纳总结

在银行的战略审查阶段，需要对大量的数字、信息进行归纳总结，确保战略审查报告数据的精准、分析的客观以及建议的合理。归纳总结按对象可分为两种：一种是行为性总结，对行动、步骤、流程的结果进行总结；另一种是描述性总结，对信息进行总结。比如，某银行的战略任务中有一条，积极参与政府“最多跑一次”改革，全面拓展“金融+公共”“金融+政务”业务合作模式；积极谋划推进工商注册代办、公共支付非税代缴、电子缴税、国土使用权交易保证金、棚户区改造、税务发票自助机具布放等项目，这种属于对行动步骤的结果进行的总结。而“至年末，合计柜组 68 个，比上年同期减少 27 个；大堂经理 55. 5 人，比上年同期增加 25. 5 人”就属于描述性总结。

三、战略审查工作流程

战略审查工作一般先由各单位提报战略任务分解表的执行进度，经外部咨询专家和行领导办公室汇总后形成台账，并在对台账进行审查后形成战略审查报告。

（一）明确审查范围

战略规划的内容包括全行经营管理的全流程，在具体落地执行过程中，一般总行的前、中、后台部门及各分支机构都有参与，本着领导责任制的原则，审查工作涉及对象包括总行各部室负责人以及所辖一级机构负责人。

（二）执行标准流程

1. 提报进度

银行各单位负责人按季度跟踪战略任务的执行进度，形成本机构战略审查表提交至行领导办公室，如表 10-1、表 10-2 所示。

表 10-1　战略任务分解表

负责部门	细化举措	工作级别星级	负责人	关键任务、具体事项	开始时间	结束时间
零售金融部	推动网点由阵地营销向“融入场景”转变	★★★	王五	围绕网点目标客群定位及策略，打造独特的运营能力，明确各自的业务，提高客户活跃度	2020 年 1 月	2020 年 8 月
			李白	……	……	……
			陆六	……	……	……

表 10-2　战略审查表

实际开始时间	预计结束时间	是否能如期完成	评价指标完成情况	备注（包含问题/建议）
2020 年 1 月	2020 年 8 月	能	网点营销服务平台如期建立	

2. 建立台账

外部咨询专家同行领导办公室对各机构提交的战略审查表按照不同战略事项进行汇总，建立战略事项跟踪台账（见表 10-3）。

表 10-3　战略事项跟踪台账总表

战略地图		战略实施路径图								战略事项跟踪台账						
序号	战略主题	序号	核心举措	序号	细化举措	工作级别星级	牵头部门	配合部门	评价指标	序号	关键任务具体事项	负责人	开始时间	结束时间	频次	评价指标完成情况
1	公司治理优化	1.1	股东及股权治理	1.1.1	根据新章程及实际，修订股东大会议事规则	☆☆	党群工作部	办公室	及时完成率	1.1.1.1	修订股东大会议事规则，并推动董事会战略委员会审议通过	张三	2020年1月	2020年3月	按年	良好（90分）
		……	……	……	……	……	……	……	……	……	……	……	……	……	……	……
		……	……	……	……	……	……	……	……	……	……	……	……	……	……	……

3. 形成报告

外部咨询专家与行领导办公室重点审查各机构对战略任务的完成情况，形成战略审查报告，并按照工作要求将战略审查报告提交至战略绩效管理项目组进行审核归档，为下一环节战略督导的工作开展做好充分准备。

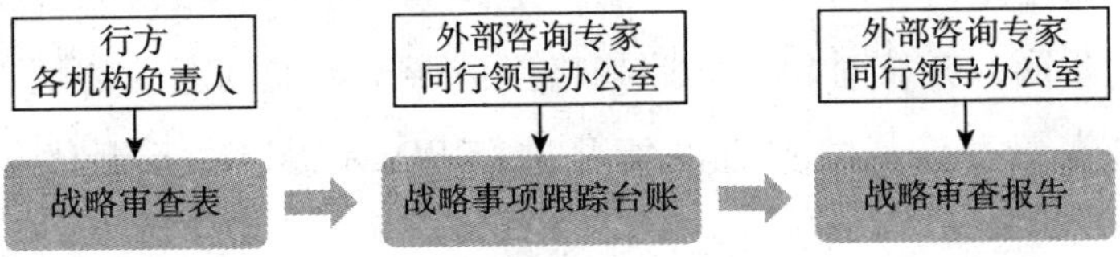

图 10-1　战略审查工作流程

（三）遵循时间周期

一是在战略落地阶段，根据实际情况每月或每季度末开展一次。

二是战略审查需在战略宣讲之后、战略督导之前执行。

第三节　战略审查的应用

战略审查在绩效管理体系中的落地主要体现在以下三个方面。

一、战略审查优化了考核规划内容

银行绩效管理体系的搭建，离不开中长期考核规划的制定；而考核规划要基于银行所处的不同绩效考核发展阶段，有计划地稳步推进，以确保规划的前瞻性、科学性和有效性。从整个考核规划过程来看，离不开对银行所处现状的调研和访谈。在战略审查工作开展过程中，也需要以战略工作任务执行情况审查为抓手，从战略管理、业务发展、内部运营管理层面进行信息收集和梳理，从而为考核规划的优化提供战略层面的参考和指引，确保考核规划更好地承接银行战略，从而促进战略的有效落地。

二、战略审查为考核方法的选择提供依据

绩效考核方法，按照不同的标准可划分为不同的类型。按照考核对象，

可分为分支机构考核、事业部考核、职能部室考核、团队考核、行员考核和客户考核等；按照适用场景及所发挥作用，可分为目标管理考核、产品营销计价考核、3K 考核、OKR 考核等；按照考核周期，可分为月度考核、季度考核、年度考核和不定期考核。战略审查按战略维度从不同部门、不同条线对银行现状进行审查，可以为考核方法的选择提供依据。银行在选择考核方法时可以根据不同的考核对象，对照战略澄清所呈现的问题，匹配不同的考核方法，并依据每季度战略审查的情况进行 PDCA 循环，不断优化绩效考核方法。

三、战略审查为考核模式的选择提供佐证

银行考核管理模式主要包括总分支管理模式和条块管理模式。总分支管理模式即总行垂直考核与支行二次分配的平衡。条块管理模式是指业务条线化垂直管理与各经营层管理相结合，明确“条”与“块”的责权利，实现条块考核的有效平衡。不同的考核模式在考核权限划分、管理流程等方面均有不同。当前，银行在考核模式上较易出现总行“一竿子插到底”或者简单的“总分支”层级考核模式。究竟采用何种考核模式更适合银行发展需求和考核要求，则需要从战略、业务、管理等维度梳理银行当前的战略工作任务执行情况，从而选择适合银行战略发展需要的考核模式，并根据后续战略审查呈现的问题，在现有银行考核模式上进行优化。

第四节　案例 6：F 农商银行战略审查

一、F 农商银行简介

（一）基本信息

F 农商银行是经中国银行保险业监督管理委员会批准，由境内自然人、非金融机构和中国银保监会认可的具有独立法人资格的地方性银行机构，于 2012 年 11 月 20 日正式挂牌开业，是在有着 60 多年历史的 N 市 Z 区农村信用

合作联社基础上整体改制而成的股份制农村商业银行。

（二）合作缘由

2014 年，F 农商银行与天维信息签署长期合作服务协议，通过双方多年的密切合作、协同努力，F 农商银行已初步实现了从粗放型绩效考核到全面绩效管理的升级。整个绩效管理体系流程按照 PDCA 全流程管理，有力地调动了员工的工作积极性，推动了银行精细化管理目标的实现。

面对日益复杂的外部环境，如何通过绩效考核支撑战略发展，保持战略定力，成为 F 农商银行关注的焦点问题。经过双方的深入探讨，天维信息提出由当前全面绩效管理阶段向战略绩效管理阶段转变的“良方”，获得了 F 农商银行领导层的一致认可。2018 年 10 月，在原有绩效管理的基础上，F 农商银行开启了战略绩效管理合作服务的新篇章。

（三）战略目标有以下七个。

总体目标：秉持稳增长、控风险、建队伍和优管理的思路，深化改革、转型创新、打响品牌，确保加快发展与结构调整相统一，风险防控与效益提升相统一，传统业务与创新开拓相统一，实现稳健、科学、可持续发展。

主要目标有以下七个。

1. 存贷款规模接近翻一番

未来五年，各类存款和贷款年均保持稳定增长。

2. 财务效益达到更高水平

账面利润、中间业务收入逐年增加；不良贷款率得到良好控制；拨备覆盖率、贷款拨备率不低于预期水平；资本充足率保持在预期水平以上。

3. 市场占有率持续提升

截至 2020 年末，区内存款市场份额、区内贷款市场份额保持在预期水平以上。在客户结构上，业务将逐渐向小微企业与个人客户倾斜，小微企业与个人业务所占比重将显著提高，且客户结构能够在较长时期保持稳定。

4. 交易渠道得到逐步完善

截至 2020 年末，电子银行交易替代率提升，网上银行、手机银行、微信银行全面推广应用。有效融入省农信联社“丰收驿站”惠民金融和商务平台，探索社区型金融服务渠道。

5. 新兴业务实现快速发展

未来五年，逐渐改变过分依赖利差收入的单一格局，努力提升中间业务、非信贷资产、非利差收入的比重，大力拓展金融市场业务等新兴业务。

6. 团队建设取得初步成效

形成若干个具有一定产业特色的“特色支行”。同时，以社区银行网点转型升级为目标，进一步提高网点的综合竞争力和单点盈利能力。

7. 人员结构趋向合理

客户经理队伍壮大，有效保证销售团队的建设与业务目标的达成。未来五年，员工队伍逐步实现年轻化、知识化、专业化，本科及以上人员占比提升，不断提高人才储备质量。

二、战略审查工作内容

按照战略审查的工作流程，首先由 F 农商银行各单位负责人根据战略任务分解表，提交本机构战略任务的执行进度，并将本机构战略审查表提交行领导办公室。

各单位根据战略任务分解表，提交本单位的战略审查表。以下以业务管理部为例展开说明（见表 10-4）。

表 10-4 部门战略事项分解表

编制部门：业务管理部　　　　编制时间：2019 年 12 月 15 日

战略承接工作		战略分解关键任务		具体细化任务、要点及举措		工作级别	主导部门	配合部门	开始时间	持续周期	结束时间
1	继续坚持以个人业务为主，完善"三大普惠"，努力提升客户体验	1.1	继续助力乡村振兴战略，推进落实美丽乡村建设	1.1.1	加大对××区农村基础设施建设、富民产业发展、农户自主创业、农村消费升级、移民搬迁安置等领域的信贷支持力度	战略级	业务管理部	—	2020 年 1 月 1 日	6 个月	2020 年 6 月 30 日
				1.1.2	拓展"多权"抵押贷款，全方位巩固和拓展各项个人贷款业务			—	2020 年 1 月 1 日	全年	2020 年 12 月 31 日
		1.2	总结现有经验，谋划拟定"整村预授信 3.0"版本	1.2.1	整合税务、工商等部门数据信息	战略级	业务管理部	—	2020 年 1 月 1 日	3 个月	2020 年 3 月 31 日
				1.2.2	加强与社区、物业合作，注重加强网格化管理、名单营销、政银合作			—	2020 年 1 月 1 日	6 个月	2020 年 6 月 30 日
				1.2.3	加快实现辖内行政村、社区及大型企业的营销全覆盖			—	2020 年 1 月 1 日	全年	2020 年 12 月 31 日

续表

战略承接工作		战略分解关键任务		具体细化任务、要点及举措		工作级别	主导部门	配合部门	开始时间	持续周期	结束时间
1	继续坚持以个人业务为主，完善“三大普惠”，努力提升客户体验	1.2	总结现有经验，谋划拟定“整村预授信3.0”版本	1.2.4	加快提升普惠建档率、贷款用信率、客户黏度，并主动对接区宣传部门	战略级	业务管理部	—	2020年1月1日	全年	2020年12月31日
				1.2.5	把整村预授信（普惠大讲堂）打造成为普惠金融标杆项目、品牌工程			—	2020年1月1日	全年	2020年12月31日
		1.3	全力拓展“邻里贷”业务	1.3.1	结合个人社保、公积金、个人纳税等信息，搭建客户准入模型、额度模型、利率模型、审批模型	战略级	业务管理部	—	2020年1月1日	全年	2020年12月31日
				1.3.2	加快推进小额信贷线上化、批量化、简约化，通过批量营销实现普惠客户签约率的稳步提升			—	2020年1月1日	全年	2020年12月31日

续表

战略承接工作		战略分解关键任务		具体细化任务、要点及举措		工作级别	主导部门	配合部门	开始时间	持续周期	结束时间
1	继续坚持以个人业务为主，完善“三大普惠”，努力提升客户体验	1.4	全面适应全域城市化形势，坚持“小客户、大群体”，继续做优消费金融业务	1.4.1	加大对住房、装修、汽车、旅游等消费领域的拓展	战略级	业务管理部	—	2020年1月1日	全年	2020年12月31日
				1.4.2	适时引入第三方外部数据，实施名单制营销			—	2020年1月1日	3个月	2020年3月31日
				1.4.3	重点完善“线上放贷率”指标考核，并在业务合作、流程管理、考核机制、人员安排、组合营销等方面做出更多尝试			—	2020年1月1日	全年	2020年12月31日
	……	……	……	……	战略级	业务管理部	—	2020年1月1日	……	……	

为便于战略执行以及战略审查，F农商银行业务管理部将战略任务进一步分解为关键任务和具体事项，并将其一一与责任人、开始时间、结束时间进行对应（见表10-5）。在分解关键任务及具体事项的过程中，通常有三种分解方式。第一种是可量化、可直接创利的任务和事项，直接按序时进度进行分解即可。第二种是可量化、不直接创利的任务和事项，比如，规划、方案、制度、办法、规章、指引等，需明确讨论、征求意见、发文的具体时间点，以便在战略审查环节做到有据可依。第三种是不可量化、不直接创利的任务和事项，需设置明确的关键节点，以及该节点可检查的标志性事件。

表10-5　对应战略任务分解表的部门任务分解表

负责部门	细化举措	工作级别星级	负责人	关键任务、具体事项	开始时间	结束时间
业务管理部	加快搭建客户准入模型、额度模型、利率模型、审批模型，结合个人社保、公积金、个人纳税等信息	★★★	张三	推出可发布的客户准入模型	2020年1月1日	2020年1月31日
				推出可发布的个人业务利率模型	2020年2月1日	2020年2月29日
				更新个人贷款审批流程	2020年3月1日	2020年3月31日

对应部门任务分解表，按季度提交战略审查表，战略审查表须对应每一个任务事项的时间进度、完成情况进行说明，并就未能按计划完成的事项进行说明及提出改善建议（见表10-6）。

表10-6　对应部门任务分解表的战略审查表

实际开始时间	结束时间	是否能如期完成	评价指标完成情况	备注（包含问题/建议）
2020年1月3日	2020年1月31日	是	完成	
实际开始时间	**预计结束时间**	**是否能如期完成**	**评价指标完成情况**	**备注（包含问题/建议）**
2020年2月1日	2020年2月29日	否	尚未完成	加强与相关部室沟通
2020年3月1日	2020年3月31日	是	完成	

经过对各单位战略任务完成情况的重点审查，出具F农商银行第一季度战略审查意见。

目前，F农商银行处于战略落地阶段，战略审查是保障战略任务顺利完成的关键步骤。根据战略审查表和战略事项汇总台账，重点审查各项关键任务、具体事项的评价指标完成情况。初步审查结果如下。

对于产生经营效益，直接可创利评价指标，重点审查指标完成率，审查情况如表10-7所示。

表10-7　直接可创利评价指标审查表　　（%）

关键任务、战略事项	负责人	评价指标	指标实际完成率	指标目标完成率	偏离程度	备注
各项存款新增××亿元	张三	目标完成率	124	100	24	—
积极参与财政资金存款招标工作	李四	招标参与率	100	100	无	—
		中标占比	47	40	7	—
……	……	……	……	……	……	……

对于可量化评价指标，重点审查频数，审查情况如表10-8所示。

表10-8　可量化评价指标审查表　　单位：次/年

关键任务、战略事项	负责人	评价指标	完成频数	目标频数	偏离程度	备注
继续开展各条线员工学习、培训和教育，优化行总部每周集中学习活动制度	王五	有效培训开展次数	35	40	-5	—
办好内刊、内网、微信等宣传载体	钱六	各载体宣传次数	50	50	无	—
……	……	……	……	……	……	……

对于不可量化、有明确时间节点和在时间节点可检查的标志性事件的评价指标，重点审查各机构是否在规定时间节点内达成标志性事件，如表10-9所示。

表 10-9　不可量化、有明确时间节点和在时间节点可检查的标志性事件的评价指标审查表

关键任务、战略事项	负责人	评价指标	是否在规定时间节点内完成	是否达成标志性事件	备注
整合“金融+生活”服务	赵七	事件评价	是	是	—
启动流程银行建设	孙八	事件评价	是	是	—
……	……	……	……	……	……

对于不可量化且无法在工作中设置标志性时间节点的评价指标，应采用一事一议的方式逐项审查。通过审查各机构领导的述职报告等，对评价指标完成结果统计如表 10-10 所示。

表 10-10　不可量化且无法在工作中设置标志性时间节点的评价指标审查表

关键任务、战略事项	负责人	评价指标	完成情况	评价依据	备注
围绕“厚德农商”文化，继续发挥工青团妇组织的作用	郑九	时间进度	已完成	全年无异常	—
强化干部从严管理，严格执行干部交流、轮岗、亲属回避、重要事项报告等制度	周十	时间进度	已完成	全年无异常	—
……	……	……	……	……	……

三、战略审查工作效果

通过战略审查工作的实效开展，战略绩效管理有力地促进了战略目标的实现。近两年来，F 农商银行主要业绩指标保持平稳较快增长势头：总资产增长 77.20%，年均增长率 25.73%；各项存款增长 63.42%，年均增长率 21.14%；各项贷款增长 55.11%，年均增长率 18.37%；当地存款市场份额提高 3.01%，区内排名由第四位提升至第二位；当地贷款市场份额提高 2.12%，区内排名由第七位提升至第五位；信贷支持客户数（有贷款余额）增长 176.87%，年均增长率 58.96%；实际不良贷款率下降约 15.00%；电子交易替代率提高 30.15%。同时，法人治理的规范性、客户服务的满意度、员工团队的精气神、服务渠道的延伸、产品体系的完善、管理流程的优化、风控文

化的打造、社会形象的提升等定性方面都有不同程度的进步。其间，F 农商银行还荣获了“××农信系统业务成长十佳银行”“××市文明单位”“辖区银行业金融机构综合评价 A 类行”“××区纳税二十强”“××区服务业十佳企业”等荣誉。

第十一章　战略督导：监督引导，激发战略执行内生力

在战略审查之后开展战略督导工作，结合战略审查报告对战略工作任务的执行人进行评价和结果运用，激发执行人对于战略工作任务执行的能动性。

第一节　战略督导的定义和意义

一、战略督导的定义

督导，顾名思义，就是监督与指导，最早来源于家电行业，它是由机构内资深的工作者对机构内新进入的工作人员、一线初级工作人员、实习学生及志愿者进行监督与指导。根据定义，督导的核心职能包括两方面。一是监督，对现场或某一特定的环节、过程进行监视、督促和管理，使其结果能达到预定的目标。二是指导，指示教导、指点引导。在银行业，“督导”这个词虽然被提及的频次不高，但同样客观存在。如某银行设有业务督导岗位，主要职责包括相关业务和团队管理活动的组织发起、过程跟进、工作支持、绩效考核等。

战略督导，即关于战略落地的监督与指导，是战略绩效管理过程中不可或缺的一部分。监督的着力点在事情上，指导的着力点在人上，而战略督导则是既关注与战略有关的事情，又关注执行战略的相关人员。通常情况下，在战略绩效管理过程中，为有效监督和指导职能层战略落地的实时状况，在各层级依据规章流程定期对战略执行情况进行全方位检视之后（在战略审查后），将检视结果联动运用到绩效管理中，通过绩效管理的全流程管理确保战

略落地的顺畅有序。从本质上说，战略督导是运用绩效管理“要什么就考核什么，考核什么就有什么”的思维，以战略工作的落地为主线，以战略工作任务的进展情况和战略工作任务责任人的工作状态为着力点，以考核结果运用为抓手的一整套管理思维和方法。为了确保这一管理思维和方法的有效贯彻，必须匹配相应的管理机制并严格执行。

二、战略督导的意义

战略督导是天维信息结合多年银行绩效管理实践总结的战略绩效管理方法论的重要组成部分，能较好地匹配银行战略落地管控的需要。通常来说，按照对战略的管控紧密程度不同，可分为三种典型的管控模式，即财务管控、战略管控和运营管控。财务管控模式主要是以财务指标对各条线部门和经营机构进行管理和考核，是一种分权的管控模式。战略管控以战略规划为主，总行可以视情况对各条线部门和经营机构施加影响从而达到管控目的，主要管控手段为战略规划与控制、财务控制、人力资源控制以及部分重点业务管理，是介于集权和分权之间的一种管控模式。运营管控模式主要通过总行业务部门对所辖经营机构的日常运作进行管理，在这种管控模式下，总行主要管控手段包括财务控制、营销控制、技术控制、新产品开发、人力资源管理等，是一种集权的管控模式。这三种典型的管控模式都有各自的特点，选择哪种管控模式，关键在于战略是否清晰、管理机制和流程是否完善、总行的集权与分权导向、各单位负责人的能力素质等。显然，在战略绩效管理的大背景下，如能有效开展战略督导，将赋予战略管控强力抓手，更好地确保战略管理的实效。

在战略绩效管理“两大领域、八大模块”内容中，战略督导是战略落地领域紧随战略审查的下一项工作，发挥着跨领域的串联作用，是不可或缺的强力管理抓手。从战略督导的内容和作用来看，战略督导主要体现在以下两个方面。

（一）战略督导有力保障战略审查工作执行成效

在绩效管理中，应根据考核结果对员工进行奖惩，否则考核的效果将大打折扣。同样，在战略绩效管理的落地过程中，需要重点关注战略任务执行过程中的及时评价和反馈。相关研究数据表明，超过 2/3 的组织和个人都错失了目标，只有不到 1/3 的组织和个人能够做正确的事情。在战略绩效管理过程中，通过战略督导进行战略任务执行中的过程管理，并通过绩效评价和结果运用等方式，及时反馈给战略工作任务的执行单位，促使其更加注重战略审查中与自身相关的具体战略工作任务。

（二）战略督导打通了战略管理和绩效管理的工作流，使两者形成有机整体

战略管理关注的是银行应该做什么，由谁来做，做得对不对，做得好不好；而绩效管理关注的是如何更合理地做，如何更有效地做，如何评价做出的成果，如何激励做出这些成果的人。一方面，这两个工作流各自运转，各行其是；另一方面，这两个工作流相互影响，互相作用，从而确保战略管理的可落地性以及绩效管理的方向正确性。其中一个关键在于过程管理的及时性，需要通过战略督导，以绩效管理的 PDCA 循环评价执行人战略工作的开展成效。在具体执行中，为确保战略督导的评价和结果运用能真正发挥督导的作用，一般建议在两周后再度进行督导评价，更新评价结果并确定考核联动运用结果。

第二节 战略督导的工作原则和流程

一、战略督导的工作原则

战略督导是在有效贯彻战略审查工作的基础上，通过执行跟进、信息集中、汇总分析等过程，推动银行战略得到更有效落地的过程。在此过程中，需要坚持及时反馈、奖惩有规和双赢为上的原则。

一是有效沟通，及时反馈。战略督导的过程是一个不断指导、沟通、反馈的过程。如果对督导评价的结果反馈不恰当、不及时，对应单位则不了解自身对战略工作任务的执行情况是否符合战略任务预期，不利于执行单位完成战略工作任务，同时很可能会给其他单位的战略工作任务完成带来不利影

响。因此，在战略督导小组需要在督导评价结果出来后，及时与被评价单位进行沟通反馈，并对评价结果进行确认。

二是有果必用，奖惩有规。奖对是基础，罚准是水平。战略督导发挥作用的关键在于是否能公平合理地对各单位阶段性的战略任务执行情况进行评价和奖惩。建议银行可以从物质和精神两个维度双管齐下来督导评价的结果运用，而非过于追求物质激励或者仅仅是精神激励。时效性决定有效性，及时运用评价结果能带来更大的效果。为了使战略督导的效果最大化，银行的战略管理委员会在完成战略督导后，应在规定时间内及时进行激励。

三是改善为本，双赢为上。将战略工作任务执行单位和战略工作任务紧密联系，促使银行更好地将战略落地执行。因此，在战略督导过程中，并不是将战略督导评价运用在绩效考核上就意味着工作结束，而是需要持续保持关注，确认被评价部门已根据结果反馈开展优化改善，从而更好地推动战略工作的落地。

二、战略督导的工作流程

战略督导的工作流程体现在：首先，依据战略审查报告的审查结果出具受考核者的评价结果；其次，将评价结果进行兑现，并在后续展开执行跟进和更新评价。

战略督导小组依据战略审查结果，对应考核举措，出具评价结果。

参考举措1——建立战略事项跟踪台账，考核按时完成率。即战略督导小组根据前期战略审查阶段对每一战略事项完成情况逐一审查的结果建立台账，按工作完成率进行衡量，并辅以红黄牌机制对完成情况进行预警（对单项工作仅以督导时是否完成进行评价），见表11-1。

表11-1　战略事项综合完成度评价

战略事项综合完成度	<80%	<60%
红黄牌预警	黄牌	红牌

结合物质激励和精神激励运用评价结果，建议体现在当期绩效考核结果运用中（影响到薪酬兑现）。

参考举措2——主观评价法。即战略督导小组依据“责任部门”“制度体系”“落地举措”三大维度对战略事项落地情况进行评价。

参考举措3——以经营结果为导向设置独立考核评价体系。即围绕当年经营目标，设置一套独立战略绩效管理指标考核体系进行考核（通常在银行无全行经营目标考核体系时考虑使用）。

实施工作流程的两周后，再度进行督导评价，更新评价结果并确定考核联动运用结果。

第三节　战略督导的应用

战略督导在绩效管理体系中的落地主要体现在以下两个方面。

一、战略督导强化了对考核规划的认知和认同

一个成功的绩效管理体系，一定是“自上而下”对战略愿景、战略目标、战略任务形成共识。银行员工对于变革，会有着天然的防御心理，这也势必导致战略规划在后续的落地执行过程中出现各种问题。通过战略督导工作的开展，及时帮助员工对阶段性的工作进行结果评价和结果应用，奖优罚劣，并对过程中出现的问题展开督导，能够更好地帮助员工理解战略规划的工作任务要求，强化员工对于战略规划的认同。

二、战略督导为考核结果应用的选择提供依据

战略督导包括三个方面：一是阶段性工作成果评价，二是工作成果的结果应用，三是工作改善的监督指导。其中，前两项工作，可以为银行绩效管理体系中的考核结果应用环节提供依据。通过对各总行部门、各支行在当年每个季度战略工作任务执行情况的评价及结果应用，在凸显战略工作任务核心地位的同时，有效地和总行部门及支行的季度/年度考核，总行部门和支行所辖员工的季度/年度考核建立强关联关系，从而使绩效考核更加全面、客观、公正。

第四节　案例7：G农商银行战略督导

一、G农商银行简介

（一）基本信息

G农商银行成立于2006年3月28日，是随着市场经济和改革发展应运而生，由G市人民政府作为主发起人发起成立的一家地方性股份制商业银行。截至2019年末，G农商银行的金融服务网点覆盖全省主要地市，并设立了多家村镇银行。

截至2019年末，G农商银行第X季度资产总额同比增长50%。各项存款余额较上年末增长40%，贷款余额较上年末增长50%。不良贷款率不到2%，较年初减少0.5个百分点，资本充足率超过22%，拨备覆盖率超过200%，主要监管指标达到监管标准。

（二）合作缘由

为加快实现G农商银行战略目标、实现业务转型和结构调整、增强可持续发展的动力、提高市场核心竞争力，结合G农商银行面临的实际问题，需要对本行多年的绩效考核系统、绩效考核体系进行优化。由此，G农商银行于2017年与天维信息签署长期合作服务协议，通过双方数年来的精诚团结、共同努力，G农商银行已初步完成绩效管理体系的建设和常态化运营，绩效管理的公平和效率得到较好平衡，绩效资源的产出投入比也不断提升，银行经营业绩有了较快发展。

本着立足新起点、肩负新使命的任务需求，G农商银行就2020—2022年度战略目标与实施路径展开规划。就战略规划如何得到有效落地问题，G农商银行与天维信息共同探讨决定将本行的绩效管理体系升级为战略绩效管理体系，新的战略绩效管理体系建设于2020年3月，在原有绩效管理的合作基础上正式拉开了帷幕。

（三）战略目标

基于G农商银行的经营现状、股东期望与资本规模等情况，将战略目标细分为由经营层面目标、市场层面目标、管理层面目标和支撑保障层面目标构成的目标体系（见图11-1）。

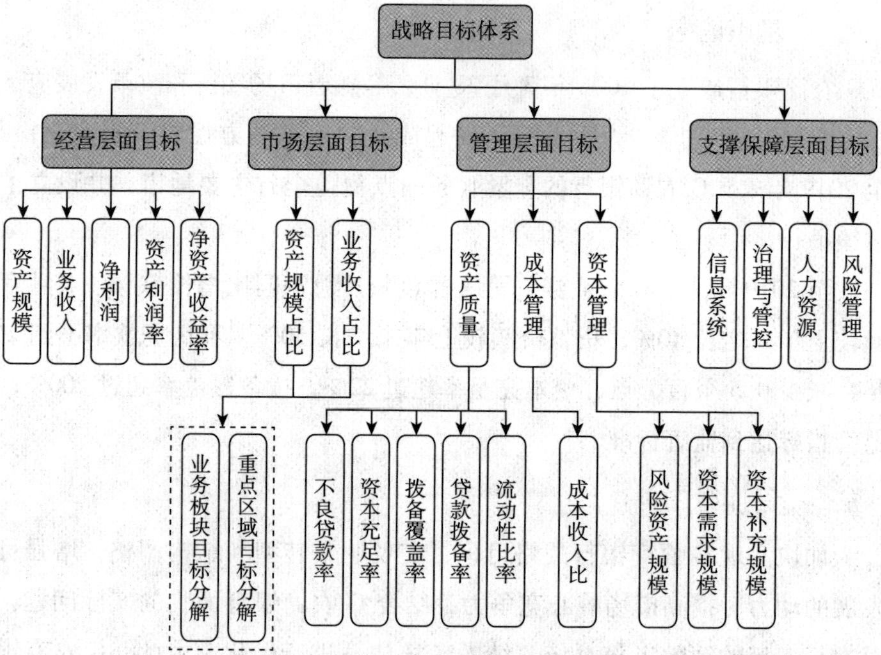

图11-1　G农商银行战略目标体系示意

整体战略目标：通过本规划期内的不懈努力，G农商银行到2022年主要战略目标将围绕着经营层面和管理层面展开。

二、战略督导工作内容

按照战略督导的工作流程，成立战略督导小组，负责督导战略工作落地，跟踪战略执行的全过程，并按季度盘点战略执行进展，向G农商银行战略管理委员会报告战略任务的执行情况。G农商银行第X季度战略事项综合完成度评价表如表11-2所示。

表 11-2　G 农商银行第×季度战略事项综合完成度评价　　单位：%

任务维度	任务模块	第×季度完成情况	预警情况
经营层面目标	资产规模	<84	正常进展
	业务收入	<83	正常进展
	净利润	<71	黄牌预警
	资产利润率	<73	黄牌预警
	净资产收益率	<72	黄牌预警
市场层面目标	资产规模占比	<72	黄牌预警
	业务收入占比	<73	黄牌预警
管理层面目标	不良贷款率	<75	正常进展
	资本充足率	<89	正常进展
	拨备覆盖率	<92	正常进展
	贷款拨备率	<88	正常进展
	流动性比率	<75	正常进展
	成本收入比	<72	正常进展
	风险资产规模	<75	正常进展
	资本需求规模	<75	正常进展
	资本补充规模	<75	正常进展
支撑保障层面目标	信息系统	<71	黄牌预警
	治理与管控	<80	正常进展
	人力资源	<40	红牌预警
	风险管理	<75	正常进展

三、战略督导工作效果

通过战略督导工作的开展，G 农商银行战略绩效管理的落地工作得到了有效保障。2020 年，实体企业经营面临供需两侧冲击，G 农商银行通过对战略的坚定执行和灵活调整，全力保障金融服务顺畅，有效应对一系列的风险挑战，以高质量的金融服务助力夺取疫情防控及经营发展的“双胜利”。

全年收入完成年度目标的 101%，营业净收入完成年度目标的 102%，利润总额完成年度目标的 101%，资产总额较上年末增幅超过 15%，负债总额较上年末增幅17%，各项存款余额较上年增幅近30%。各项日均余额完成计划170%，各项贷款余额较上年末增幅5%。同时，不良贷款得到有效遏制，主要监管指标持续改善，除资本利润率、资产利润率外的其他各项主要监管指标均优于监管标准。

在内部管理和支撑上，通过战略督导的开展，有力推动了“全行一盘棋”的建设，促进了全行经营管理的统一性。以往在经营管理工作中的经营理念不统一、风险偏好不统一、管理规划要求执行不统一的“三个不统一”老问题得到了改善，极大地增强了全行上下对战略规划的认知和认同。

第十二章　战略评估：全面检验，保持战略实施有效性

战略评估是“两大领域、八大模块”的最后一个工作模块，是对战略落地情况的评估，是战略规划、战略实施和战略落地形成闭环的关键结合点。

第一节　战略评估的定义和意义

一、战略评估的定义

战略评估，是指在战略管理的不同阶段，对战略、战略执行情况和落地效果进行评估分析的管理行为。正如安索夫对战略的定义，战略的核心应该是明确银行所处的位置及目标，并明确实现目标所需要采取的行动。战略是长期的过程，当战略被执行到一个阶段时，这个战略是否仍然能够有效地支持战略目标的实现，关键部门和机构是否严格执行，是否产生了预期的效果？如果这些疑问不能得到解决，战略落地的效率和效果就有可能被大大削弱，甚至失效。战略评估的目的就是明晰这些疑问，保障战略的持续完善和落地执行。当发现战略在实施落地过程中已经与预期目标发生偏离，就需要尽快提出改进的建议。战略评估与战略审定体现战略管理的两种状态，战略审定代表停止更改、开始运营，战略评估则代表运营到一个阶段，开始进行优化。

天维信息通过对多家中小银行调研发现，银行通常会基于结构学派的战略管理理论开展战略评估。评估内容包括实现战略目标各层次的指标，不仅要对完成情况进行分析，还要分析偏离的原因以及战略的有效性，实现战略纠偏的作用。因此，战略评估执行得好，往往会给战略绩效管理带来非常显

著的效果。

战略评估作为战略管理的核心环节，也是战略管理与绩效管理有机融合的关键。在具体执行中，可以将战略评估和绩效管理效果评估一起执行。战略是绩效管理的方向，为了保证绩效管理与战略匹配，能起到合理的资源配置作用，同时开展战略评估和绩效管理评估，既可以将两者结合，也能节省工作成本，提高管理效率。

二、战略评估的意义

战略评估可以使银行战略落地的效果最大化。银行的战略覆盖了银行经营发展的方方面面，各方面相互独立却又环环相扣。只有战略的各方面都按照规划严格执行，银行的目标才可能实现，但这样的理想状态在实际操作中是达不到的。银行经营环境时刻处在变化中，银行内部也在持续发展变化，在战略落地过程中，出现计划没有完成、执行效果达不到预期目标是很常见的现象。战略评估并不能避免出现战略偏离，但可以分析偏离的程度和原因，及时调整工作方法以保障执行效率，也使战略与银行的变化保持同步，提升战略落地的效果。因此，战略绩效管理不能忽视战略评估这个工作模块。

案例

新冠肺炎疫情下的银行战略

2020年，新冠肺炎疫情给中小银行零售转型发展带来了更大的压力。L银行正处于零售转型的第二年，面对疫情，不得不重新审视自身的战略。在评估中，L银行发现疫情对零售业务影响较大：一是居民不出门，根本无法通过线下渠道拓展客户，即使能拓展，也需要更多的获客成本；二是部分个体工商户停工停产，线下零售业务很难开展；三是消费类资产（如信用卡分期）逾期有所增加。但同时，L银行也发现了新的机遇：一是批发型业务成本效益比更好；二是对公客户需求增加；三是对于优质的对公客户，其资金的稳定性表现明显。

结合评估结果，L银行及时对战略目标的实现路径进行了调整。虽然零售转型还是L银行的长期目标，但是在实现路径上，L银行对不同业务重新进行了平衡规划，并适当调整了当时阶段客户营销拓展的侧重点。L银行还匹配合适的产品和渠道，让员工在疫情期间也能及时营销。虽然疫情对当地的银行业务发展产生了冲击，但是凭借着合理、及时的工作安排，L银行还是取得了先机。

与L银行相比，M银行就比较被动。虽然M银行也有清晰的战略任务分解，但是面对疫情，M银行并没有及时做出调整。在疫情稳定后才发现，M银行零售业务的发展已经远远落后于预期。因为当地的其他银行已经在疫情期间做了优质客户的营销，M银行想达到预期目标难度非常大，整体目标也受到了影响。

零售业务一直是银行业看好的领域，在过去的五年里，很多银行都以零售业务转型为主，即使当前热门的数字化转型战略，其中一部分内容也是围绕零售客户的渠道建设。银行面对疫情的突然冲击，如案例中的L银行，立刻就做出了反应。这些反应避免了战略偏离、战略不被执行或战略失效。战略规划持续三年到五年，银行需要评估战略落地机制，能及时对变化的环境做出反应。

（一）找出战略偏离的程度和原因

战略执行中产生偏离很常见，清晰认识偏离能让银行迅速做出反应，并调整行动计划，提升实现战略目标的可能性。虽然在战略实施过程中银行会结合内外部因素分解实施路径和关键任务，但是银行在战略规划阶段无法准确预判经济环境的快速变化，导致战略执行偏离预期。这正如L银行“一体两翼”的战略布局，前期的确为其带来了零售市场巨大的竞争优势，但在新冠肺炎疫情的突发冲击下，银行也需要重新评估其零售业务的战略定位和战略规划是否合适。执行战略评估时，即使战略发生了偏离，银行也能够及时优化策略，减少走弯路的机会。

战略执行最怕的是偏离原有目标，使银行在实现战略目标的过程中花费大量的成本。通过战略评估，银行可以有效掌握战略，使战略目标不偏移。当发现战略实施路径或任务计划不能满足战略目标需求时，中小银行仍能对其及时进行调整，这就确保了银行的战略定力。

（二）强化银行的战略执行力

战略评估是对战略执行结果的复盘，从根本上强化了银行的战略执行力。根据《财富》杂志对全球500强银行的调查，有效制定的战略只有不到10%得到了有效执行。战略实施落地的问题常见于关键任务的执行上，而非战略制定上，所以银行需要持续提升执行能力。影响战略执行力有四大障碍，一是远景障碍，领导班子对远景目标意见不一致，机构和人员不清楚具体目标；二是行动障碍，战略没有落地，战略达不到“上下同欲”；三是人员障碍，管理者缺乏战略管理的能力，虽然按要求执行，但是达不到预期目标；四是制度障碍，银行虽然有战略，但是往往缺乏考核制度和管理制度的支撑，也缺少明确的管理机制。

战略评估的意义在于对执行不到位、执行偏离的原因进行分析并优化。只有找到影响银行执行力的原因，才能真正解决其执行不到位的问题，从而提升战略执行的质量和效率。

（三）保障银行战略持续有效

战略评估为战略管理提供了一套检测机制，保障中小银行战略能及时纠偏，取得更好的效果。战略评估的根本目的不在于战略纠偏本身，而在于使战略发挥得更充分，提高银行的竞争力。当战略的作用被弱化时，应对战略进行调整。战略调整主要围绕战略目标、战略执行路径和战略资源匹配三个方面开展。通过深入的分析，为下一阶段的战略落地提供切实可行的建议方案。

战略绩效管理是战略管理与绩效管理的有机结合，当银行的绩效管理体系基于战略评估结果进行设计规划时，其资源配置就能更准确地向核心业务倾斜。而对于保守或者防御型的业务，银行也能更合理地优化其结构，释放其占用的资源，把更多的银行资源投入到战略业务和团队上，实现资源的有效合理配置。

第二节　战略评估方法

为了得到更好的评估效果，在执行战略评估前，银行需要先了解评估的内容，根据影响银行战略评估的因素，选择匹配实施方法和标准，然后具体地按照评估流程开展工作。

一、战略评估内容

对银行而言，业务经营和管理运营同等重要，银行需要均衡发展，“两条腿”缺一不可。在某些场景下，管理运营甚至比业务经营更重要，而且业务经营从业务到客户，最终还是会落地到运营机制、队伍建设和激励机制等管理运营中，两者是紧密结合的。平衡计分卡能更好地匹配银行经营和管理的关系，并运用到评估工作中。通过大量数据案例分析，天维信息构建出适合中小银行进行战略评估的四层模型。战略评估四层模型包括目标层、发展战略层、战略支撑层和稳健经营层，四个层面从上往下逐层分解，从下往上逐层支持。

（一）目标层

目标层的分析目的是掌握战略主题当前的执行效果是否达到中小银行预期，并对下一阶段的目标进行财务预测。目标层的分析内容包括总体目标和年度目标、主要业务目标和财务预测三方面，这三方面内容都能用银行业金融机构绩效考评指标进行分析，具体包括合规经营类指标、风险管理类指标、经营效益类指标、发展转型类指标和社会责任类指标五类。

1. 合规经营类指标

合规经营类指标主要用于评价银行在相关法律法规和规章制度上、内部控制建设与执行上是否符合监管要求。合规经营类指标是经营发展的前提，在战略评估中包括合规执行、内控评价和违规处罚等方面。

2. 风险管理类指标

风险管理类指标用于评价银行业金融机构风险状况及变动趋势，反映了银行是否充分考虑了经营管理中所遇到的风险，并识别分析、评价控制的能力。一般包括信用风险指标、操作风险指标、流动性风险指标、市场风险指标和声誉风险指标等。

3. 经营效益类指标

经营效益类指标用于评价中小银行经营成果、经营效率和价值创造能力，是衡量股东价值实现的指标。决定银行经济效益的因素是多方面的，战略评估需要从多角度进行评价才能得到准确的结论。经营效益类指标包括利润和成本类指标、经营效率类指标两种。

（1）利润和成本类指标。利润和成本类指标包括利润和成本控制类指标。高质量发展是新形势下中小银行的一致要求，利润和成本控制类指标直接反映了中小银行的盈利能力，是衡量中小银行战略目标的主要标准之一。对中小银行，可以参考的指标包括资产利润率指标、资本利润率指标、净息差、净利差和成本收入比等。

（2）经营效率类指标。经营效率类指标是中小银行特有的指标，这类指标虽未出现在银监会发布的《银行业金融机构绩效考评监管指引》中，却是衡量中小银行机构经营效率的指标。

经营效率类指标包括人均资产、人均存款、人均贷款、网均资产、网均存款、网均贷款等。人均指标和网均指标不仅可以单独分析员工和网点的工作效能，通过交叉分析还可以反映资源配比的科学性与否。

4. 发展转型类指标

发展转型类指标主要是衡量当前中小银行发展情况，这是中小银行评估中最常使用的一类指标。发展转型类指标包括规模类指标、转型类指标和业务类指标三种。

（1）规模类指标。规模类指标包括反映资产、存款、贷款和渠道业务规模增长、增速类指标。规模类指标是重要的核心发展类指标，一方面，来自上级监管机构和股东的要求，上级机构和股东通常希望银行的业务规模能够保持稳定增长，这是中小银行长期以来的重点工作；另一方面，中小银行可以通过规模效应，降低银行边际成本，提高银行经济效益和获利空间。

在战略评估中，评估机构往往会关注规模类指标是否体现战略阶段目标。规模类指标的实现意味着战略阶段目标的达成。

处于不同发展阶段的中小银行，在发展导向上各有侧重，但总体来说，利润类指标日趋重要。战略评估中会更多从规模类指标了解现状和发现问题，但也应该重视利润类指标的分析。通过对增长趋势的评估，可以发现银行业务发展的规律，从而科学地匹配资源投入。利润类指标则可以反映条线、业务、岗位或人员的贡献程度，用“两图一表”与之匹配分析，能进一步掌握在各项工作中存在的不足。

（2）转型类指标。转型类指标与银行发展转型的战略主题息息相关，直接反映了银行转型成效。随着非信贷业务的快速发展，中小银行的业务模式和风险开始趋于复杂化，传统的信贷风险不再是银行面临的唯一或主要风险，市场风险和流动性风险日益凸显。对银行而言，非信贷资产类型繁多，其风险表现也更为多样化、隐性化，因此对非信贷资产的监测尤为重要。

转型类指标中主要的信贷指标包括大中/个人/小微贷款比例、非信贷资产占比、非贷款利息收入占比等。

（3）业务类指标。对于战略中的核心业务和创新业务的发展情况，可以单独设立指标来进行检测。

核心类业务指标是对银行生存、发展和转型有重要作用的业务指标，比如小微银行贷款余额、银行卡发卡数、贷记卡发卡数、银行网银客户数、微信绑卡数、电子交易替代率、不良资产清收处置等。

创新业务类指标是银行对未来业务进行部署，围绕客户或业务产品设置的指标。这些指标是中小银行未来发展新的效益增长点。创新业务类指标包括表外资产规模、理财规模、投行及理财业务利润、国际结算业务等。

5. 社会责任类指标

社会责任类指标用于评价银行在金融服务、支持节能减排和环境保护、提供社会公众金融意识等方面的表现。一般包括服务质量、公平对待消费者、绿色信贷和公众金融教育等指标。

战略评估的目标层通过五类指标衡量战略实施落地的效果，在实际战略评估的执行中不一定要严格按五类指标进行设计。当五类指标达到考核标准时，说明银行战略正在发挥效用；反之，则说明当前战略执行不到位，或者战略与外部环境已经出现脱节，这时候银行就需要考虑及时调整工作或者调整战略。

（二）发展战略层

发展战略层是战略评估四层模型中第二层的内容，是模型中最核心的层面，也是最复杂的层面。在发展战略层中，中小银行需要分析银行各条线的业务经营战略，其目的是实现战略关键目标，发展战略需要战略支撑层的支撑。在发展战略层的评估中，不仅需要了解中小银行有哪些业务战略，还需要掌握业务战略的有效性和相互关系，更需要深入了解这些战略中每一项关键任务的执行情况。

近年来，不少银行的业务经营战略主要由零售业务战略、对公业务战略和资金业务战略组成。虽然处于不同经济背景或不同发展阶段的银行可能在业务经营战略的侧重点上有差异，但是基本离不开这三类业务。

1. 对公业务评估

对对公业务开展评估，既需要关注其在银行的重要程度，也要分析其潜在的增长点。

2009 年，招商银行马蔚华先生说："不做对公业务，今天没饭吃；不做零售业务，明天没饭吃。"虽然大部分中小银行已经提出了要进行零售转型的高质量发展战略，但对公业务仍然在银行业务规模和盈利中占据重要地位。

仔细分析对公业务，不难发现目前仍存在许多增长点，例如，政府机关、事业单位，在扶持区域基建上，仍能给中小银行带来较高的效益。中小银行应合理发展对公业务，以得到政府和监管部门的支持。

对公业务的主要分析内容包括客户群体、产品设计、渠道建设和场景打造。

（1）客户群体的衡量指标包括客户满意度、转化率等。要实现"以客户为中心"的目标，中小银行需要对各项业务的产品、客户的营销和服务、中小银行的品牌主题进行评估。

对公业务的主要客户群体包括公司类客户和机构类客户。根据客户办理业务的规模、所在区域、所在行业、对银行的价值可以把客户进行分层、分类。通过客户分析，可以了解当前对公业务的客户群体是否足够支撑银行对公业务目标的实现。

（2）通过产品分析可以了解当前的产品是否对客户具有吸引力，在市场上是否具有竞争力。客户对产品的满意度、使用频率能有效地反映产品对业务发展的价值。

（3）渠道建设分析主要用于评估当前业务渠道是否具有充分的合理性和便利性，不仅是线下渠道，线上渠道的建设也在近年越发显得重要。

（4）对场景打造的分析能够反映银行在特色化经营上是否充分发挥自身优势，反映了当前业务的发展是否适应当前社会经济环境，是否能有效支撑对公业务目标的实现。

2. 零售业务评估

对零售业务开展评估，重点关注银行在零售业务的发展或转型的策略，其给银行带来的价值以及困难，银行是否已经对困难有所认知并制定了措施。

零售业务主要是指个人业务。近年来，银行提到的零售转型，准确来说是大零售转型，大零售的含义更加广泛。小微和个人业务，都可以纳入大零售板块。银行主动进行大零售转型具有积极意义，这是其顺应改革和经营环境变化而制定的有效举措。大零售转型既有助于经营效益的稳健增长，也有利于银行实现其社会责任。

零售业务的主要分析内容与对公业务相同，包括客户群体、产品设计、渠道建设和场景打造。

（1）零售业务的主要客户群体比对公业务更多样，例如，城乡居民、个体工商户等。根据银行在零售业务发展上的特点、当地区域客户群体的结构、客户的职业特性和价值等，可以把客户分成多类。客户群体分类越准确，银行打造的产品和场景就越能促进零售业务的目标实现。

（2）通过产品分析，需要重点考虑市场竞争力和盈利能力。零售客户对业务办理的要求不比对公业务低，而且有变化快的特点。通过产品投入产出比的分析，更清楚当前产品体系对零售业务的促进作用。

例如，针对城乡居民消费类贷款、个体工商户的经营性贷款以及小微银行的银行贷款，应因地制宜地进行设计，产品是否多样，是否服务于目标客户群体的需求等，应是主要的评估内容。

（3）渠道建设分析反映在渠道建设方面的战略举措是否符合客户需求，以达到获客、留客的目的。零售客户的需求多样化，银行通过渠道建设分析可以评估当前的战略举措是否合适。

（4）场景打造分析反映了银行零售吸引不同客户群体的能力，不同客户群体适用的金融场景不同，通过分析场景成效，能反馈场景是否高效留住客户，提升客户价值，从而带动全行零售业务发展。

3. 资金业务评估

资金业务已成为与对公业务、零售业务并列的三大业务之一，是银行重要的资金来源和运用渠道，在中小银行的业务发展中具有举足轻重的地位。中小银行逐步向交易型银行转变，在保证流动性的同时，让资产在流动中分散风险，保持营利性与流动性的平衡，不断扩大利润。因此，推动资金业务转型也是中小银行发展的重点方向。

资金业务评估内容主要包括业务构成、投资收益、风险控制等。

（1）业务构成主要分析资金业务是否与市场实际环境匹配，使银行资金业务运转最大化。

（2）投资收益主要分析资金业务对银行实际产生的收益，确定资金业务是否在银行竞争中具备优势。

（3）风险控制是保证资金流动性安全，以保证资金运作符合银行整体要求。

4. 三大类业务关联评估

案例

“一体两翼”战略①

2009 年，浙商银行提出深耕“一体两翼”战略。在一定的业务规模基础上，形成了“以公司银行业务为主体，以小银行业务和投资银行业务为两翼”的“一体两翼”经营模式。

2015 年，招商银行在过去 10 年优异零售业务基础上，提出“一体两翼”发展战略。“一体两翼”战略是以零售为“一体”，公司、同业金融为“两翼”的发展战略。

2018 年，徽商银行确立了全面建设高质量发展现代银行的总目标，形成了“一体两翼”路线图。“一体”是围绕“民生金融、产业金融、科技金融、

① 赵光远. 招商银行将进行“一体两翼”战略转型［EB/OL］. https：//www. sohu. com/a/20495944_115402.

绿色金融、普惠金融、扶贫金融”，抢抓基础客户、基础资产、基础负债，增强核心竞争力，构成全行业务发展的主体。“两翼”，一是创新促转型，构建专业完善的业务产品体系，在传统基础业务基础上，聚焦投资银行体系、交易银行体系、私人银行和财富管理体系、资产管理体系、移动金融体系和数字银行体系建设，理顺体制机制，丰富业务产品体系，大力提升徽商银行综合服务能力；二是管理提质增效，构建科学高效的管理体系，在抓好“三基”（基础业务、基层网点、基层人员）的同时，聚焦公司治理体系、全面风险管理体系、内控体系、内部监督体系、科技管理体系、薪酬费用管理体系建设，落实责任，提升效率，防控风险，确保徽商银行高质量发展。

（1）业务的相互关系是首要分析内容。运用 SWOT 分析模型或战略地位和行动评估矩阵（Strategic Position and Action Evaluation Matrix，SPACE），中小银行评估在当前内外环境因素作用下，商业的战略能否给组织带来效益和竞争优势。通过分析，给出更有助于实现战略目标的建议。

（2）战略执行情况是分析内容之一。一个好的战略能够促进战略目标的实现，但落地执行不到位会延迟或妨碍目标的实现。因此，对战略执行情况进行分析，就是为了避免这种情况的发生。如果中小银行按照“两大领域、八大模块”严格执行战略绩效管理，那么在战略审查阶段就会对各阶段战略任务的完成进行审查监督，战略评估可以把战略审查的结果作为战略执行情况分析的内容。

（三）战略支撑层

战略支撑层与平衡计分卡中的运营管理维度和学习成长维度对应。其内容包括党建管理、风险管理、财务管理、运营管理、组织架构、人力资源、企业文化和信息科技等多个方面。中小银行需要特别关注客户，通过综合化、全方位的服务满足客户的金融需求，补齐金融服务短板；通过科技赋能，降低运营成本，提高服务效率，提升风险防控能力；降低实体经济融资成本。战略支撑层不仅支撑了一项业务策略，而且支持了整个发展战略层。战略支撑层的八个方面会形成不同的战略主题，这些战略主题的完成情况和有效性，是战略支撑层评估的内容。

1. 党建管理

银行需从提高党建实效、创新工作方式、强化队伍建设等方面着手，切实发挥党建在推动转型发展中的引领作用。因此，对战略支撑层的评估首要评估的内容是党建管理。

2. 风险管理

风险管理是中小银行预防、回避、分散或转移经营中的风险，从而减少或避免经济损失，保证经营资金安全的管理机制。因此，是否建立成熟的风控机制，是否对风控进行测评和监控，是否能及时处理风险等，都是风险管理需要评估的内容。

3. 财务管理

财务管理应向战略财务、业务财务、共享财务方向转型，通过财务转型，实现成本节约、效率提升、流程管理标准化和规范化，并进行风险防控。

4. 运营管理

运营管理是银行重要的基础性工作，为银行经营管理发挥着最基础的支持保障和服务作用。运营管理对中小银行操作风险防控也发挥了重要作用，中小银行的运营管理水平体现了银行的核心竞争力。

5. 组织架构

根据业务战略对组织进行架构调整、精细化管理，这是对组织架构的评估内容。

6. 人力资源

人力资源包括团队的建设、薪酬设计、绩效管理激励等多个方面，人力资源为战略执行提供保障，因此在评估时需要重点对其进行评估。

7. 企业文化

企业文化代表了银行精神层面的建设，往往通过定性指标进行评估。

8. 信息科技

当前，许多中小银行都提到数字化转型，可见信息科技的战略评估非常重要。信息科技不仅包括系统，还包括信息科技的需求收集、平台建设、运营机制等，这些都属于信息科技的评估内容。

（四）稳健经营层

稳健经营层既是整个战略评估的基础，也是战略实施落地、战略目标实现的必要条件，主要包括资本充足率、资本质量和流动性、各类监管等指标。

1. 资本充足率指标

资本充足率指标是抑制风险资产的过度膨胀，保护存款人和其他债权人的利益，保证银行等金融机构正常运营和发展的检测类指标。例如，资本充足率、核心一级资本充足率、每股收益等。

2. 资本质量和流动性指标

资本质量和流动性指标很大程度上体现了银行的偿债能力和再融资能力，反映中小银行未来的盈利能力，是重要的评估指标。中小银行的资本构成指标包括一般总资本净额、一级资本净额以及核心一级资本净额等。核心一级资本具有最强的损失吸收能力，是反映银行风险抵补能力的重要指标，也是银行经营发展的重要基础。

3. 各类监管指标

银行主要受中国人民银行（以下简称“央行”）和中国银行保险监督管理委员会（以下简称“银保监会”）监管。央行对银行的监管体系主要是宏观审慎评估体系（MPA），银保监会的监管体系主要是《商业银行风险监管核心指标（试行）》和《商业银行监管评级内部指引（试行）》。

二、战略评估影响因素

战略评估需要评估的内容较多，不同的人评估产生的结论可能也不一样。战略评估结论受战略决策者、利益主体、银行文化、上一阶段发展战略和时间因素影响。

（一）战略决策者

在中小银行中，战略决策者往往是银行董事会或战委会。这些决策机构对外部环境的应对策略和风险的偏好，决定了中小银行的战略规划。在战略评估阶段，中小银行需要特别关注战略是否满足了决策机构对战略的需求，并及时进行优化调整。

（二）利益主体

战略评估需要充分对各利益主体进行衡量。中小银行的外部利益主体包括银行主要服务的客户群体；内部的利益主体包括股东、高层管理者、员工等。

省联社是农信体系下金融机构的直接监管部门，省联社对农商银行的主要诉求是服务当地实体经济、支农支小，尽更大的社会责任；而股东对其主要诉求是提升资产质量，创造更多的效益。战略评估要对两者的诉求进行充分的分析与平衡。

（三）银行文化

战略评估应充分考虑银行文化因素，要关注当前战略与银行文化的平衡性。当战略与银行文化不相匹配时，很可能导致该项战略主题不被员工接受，直接影响战略的实施；反之，也有可能影响战略的创新性和开放性，降低战略给银行带来更大竞争力的可能性。

（四）上一阶段发展战略

战略评估方案一般会与上一阶段发展战略保持较强的相关性，原因是战略规划具备继承性和相似性。中小银行的主营业务都有较长的寿命，业务发展一般具有延续性。当中小银行制定新的战略规划时，在原来的战略主题基础上会进一步深化，减少资源重复消耗；上一阶段的战略实施和落地已经投入了大量的时间和资源，重大战略变革意味着需要重新投入大量的成本，这对中小银行的经营发展不利，因此在给出评估的建议方案时往往会倾向于相似的战略。

（五）时间因素

时间因素是影响战略评估的因素之一。由于战略的精细化程度存在差异，不同时间点开展战略评估，需要不同的评估策略。战略执行时间越靠前，战略越细化，战略执行度就越详细。随着时间的推移，应更加关注战略执行情况的分析以及相应建议。

三、战略评估方法

战略评估可采用的方法很多，例如，SWOT 分析模型、平衡计分卡、SPACE 矩阵、BCG 分析模型和 IE 分析模型等，银行可以根据影响因素和分析需求选择合适的方法开展战略评估。结合中小银行的实际，使用 SWOT 分析模型和平衡计分卡进行评估，各种方法在战略评估中的应用各不相同。

（一）SWOT 分析模型

SWOT 分析模型的使用主要从三个方面分析：一是分析中小银行所处的外部环境，区分机遇（Opportunities）和挑战（Threats）；二是识别中小银行的内部发展情况，区分优势（Strengths）和劣势（Weaknesses）；三是对机遇挑战和优势劣势交叉分析后，提出策略意见。中小银行 SWOT 分析模型见表 12-1。

表 12-1　中小银行 SWOT 分析模型

	优势（S）	劣势（W）
	优势 1：…… 优势 2：…… 优势 3：……	劣势 1：…… 劣势 2：…… 劣势 3：……
机遇（O）	SO 战略 采取积极发展的战略	WO 战略 采取转型创新战略
机遇 1：…… 机遇 2：…… 机遇 3：……		
挑战（T）	ST 战略 采取发挥优势克服调整的战略	WT 战略 采取收缩合并的战略
挑战 1：…… 挑战 2：…… 挑战 3：……		

1. 机遇（O）与挑战（T）评估

对中小银行面临的机遇与挑战进行分析，主要是对中小银行所处的政治环境、监管政策、经济发展动态、消费者结构和观念、先进行业技术等因素的分析。这些因素有的会给银行带来新的机遇，促进中小银行新一轮的发展；有的则会带来冲击。如果银行战略调整不果断，就会导致其处于不利的竞争地位。

中小银行可以运用PEST（宏观环境分析，含四大因素：政治、经济、社会、技术）模型或者PESTEL（大环境分析，含六大因素：政治、经济、社会文化、技术、环境、法律）模型对机遇与挑战进行评估，一般会考虑政治因素、经济因素、社会因素和技术因素。

2. 优势（S）与劣势（W）评估

银行的优势和劣势，是一个动态变化的过程。银行在建立某种竞争优势后，竞争对手也会做出应对措施，银行的竞争优势地位面临严峻的挑战。银行优势与劣势分析主要在于评估银行在效益、产品、营销和组织等方面是否具备竞争优势。优势与劣势分析需要有参照物，当两个银行都面向同一批顾客群体时，这两个银行就是竞争的关系。如果其中一个银行更具备占有市场的能力，那么这个银行就处于竞争的优势地位；反之，则银行处于劣势地位。虽然银行的优势实际上指的是比其他竞争对手更有利的综合竞争力，但是明确银行在哪一个方面具有优势也很有意义。一是可以扬长避短，提升银行的综合实力；二是可以明确银行对照行业银行应具备的关键成功要素是否处于优势地位，有利于明确下一步的决策。因此，在做优势与劣势分析时必须从整个价值链以及客户的角度出发，将产品、营销、服务、品牌、运营管理机制、组织团队建设、银行文化等各方面，与竞争对手做详细的对比。

在评估中小银行的战略举措是否仍具备有效性时，可以运用SWOT分析模型，形成不同的战略意见。

SO战略：中小银行利用自身客户群和技术的优势，把优势与机遇组合，寻求更大的发展。

WO战略：中小银行对所处的内外部经营环境进行分析评估，找到影响经营发展的关键因素，利用外部机遇，转化内部劣势。

ST战略：中小银行应思考如何利用自身优势，规避外部威胁所造成的影响。

WT战略：中小银行面临着严峻挑战，对处于劣势的业务，需要思考收缩或合并等途径，减少其对中小银行综合竞争力的影响。

（二）平衡计分卡

平衡计分卡在战略规划或战略评估上得到广泛运用。实际上，战略评估的四层模型也是在平衡计分卡基础上进行设计的。

将平衡计分卡作为评估模型，是因为平衡计分卡每个维度定位都比较清晰，都有对应的绩效衡量指标。通过平衡计分卡，评审机构不仅可以对每个战略主题的具体行动计划进行评估，还可对战略主题之间的关联性进行清晰评估。

1. 四大维度的评估

战略评估是对战略实施的结果从财务维度、客户维度、运营维度及学习与成长维度进行衡量。在财务维度，主要评估股东以及管理者在经营管理中的效果，例如，效益提升、规模增长、质量提高或者是成本下降。在客户维度，需要评估客户群体和市场，所涉及的产品、服务、营销和品牌。如市场份额、客户留住率、客户获得率、顾客满意度、顾客获利水平等。在内部运营维度，中小银行需要评估银行为吸引和留住目标市场上的客户，对关键的内部运营过程的优化举措。在学习与成长维度，主要评估银行为实现目标必须进行的变革，如人力资源体系完善、激励体系建设、人员培训等。从四个维度对战略同时进行评估，银行能更全面地掌握战略实施落地的情况。

2. 维度关联性的评估

平衡计分卡指标体系实现了财务指标与非财务指标的平衡、短期目标与长期目标的平衡、内部利益和外部利益的平衡、结果性指标和过程性指标的平衡、管理业绩和经营业绩的平衡。通过对这些维度的关联性进行评估，能反映业务发展提升的实施路径是否正确和高效。

（三）SPACE 矩阵

SPACE 矩阵主要用于评估中小银行所处的外部环境以及中小银行应该采用的战略。SPACE 矩阵克服了 SWOT 分析模型方向单一的不足，提出从环境稳定性、产业优势、财务优势和竞争优势四个维度对中小银行进行战略评估，但每个维度又由若干指标组成，因此增加了分析的难度。SPACE 矩阵将财务优势和环境稳定性独立出来进行评估，将其中的风险因子单独分析考虑，因此更适合风险较大的行业或对风险较敏感的中小银行使用。

（四）BCG 分析模型

BCG 分析模型适合对银行产品是否仍然占据市场优势进行评估。BCG 分析模型认为，决定产品结构的基本因素一般有两个，即市场引力与企业实力。根据交叉分析，银行可以根据产品所属分类对产品价值进行评估。

（五）IE 分析模型

IE 分析模型，又称内部-外部模型，是在原来由通用电气（GE）公司提出的市场吸引力-经营实力模型（GE 模型）的基础上发展起来的。这个方法可以用来评估银行进入新的市场或者新产品的研发是否符合业务发展需求，并提出对应的评估建议。

战略评估的几种方法对比情况如表 12-2 所示。

表 12-2　战略评估方法对比

方法	分析内容	使用场景
SWOT 分析模型	机遇与挑战、优势和劣势，对机遇挑战和优势劣势交叉分析后，产生的策略意见	评估当前战略与银行内外部因素是否相匹配
平衡计分卡	财务维度、客户维度、运营维度及学习与成长维度四个维度代表着一个系统性的战略管理体系	用于银行经营管理平衡性的评估，适用性比较广
SPACE 模型	财务优势（FS）、竞争优势（CS）、环境稳定性（ES）和行业优势（IS）	与 SWOT 分析模型相似，适合对风险较敏感的中小银行开展评估
BCG 分析模型	经营单位所具备的竞争地位差别的大小以及在行业中取得独特竞争优势的方法的多寡	适合评估战略产品优劣势
IE 分析模型	行业的发展状况与发展趋势以及中小银行内部竞争力	评估市场进入和产品开发

（六）中小银行战略评估方法分析

战略评估是战略管理“两大领域、八大模块”的最后一个环节，是下一阶段战略管理工作的依据。因此，明确战略评估的分析方法非常重要。中小银行可以使用前文介绍的各种模型，例如，平衡计分卡、SPACE 模型、BCG 分析模型等，但在中小银行战略评估中，分析内容离不开三大维度，即效果偏离度、战略执行度和战略有效性（见图 12-1）。

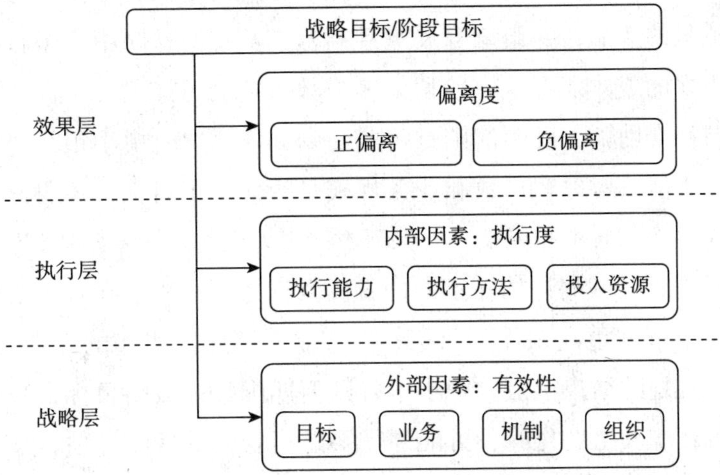

图 12-1　中小银行战略评估模型

1. 效果偏离度

战略评估以效果为中心，效果层的偏离度评估是战略评估的重要部分。通过分析效果偏离度，深入挖掘影响战略效果的各种因素。找“定位”是效果偏离度评估的目的，判断在战略实施落地后，效果与预期的阶段目标是否产生了偏离，是正偏离还是负偏离，偏离的程度有多大。中小银行往往可以用数量、质量和成本来衡量当前效果的偏离程度。效果偏离度表现如图 12-2 所示。

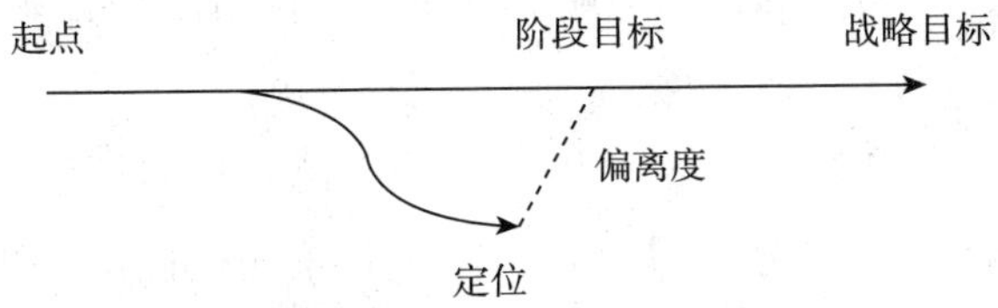

图 12-2　效果偏离度表现示意

偏离度评估有以下要点。

（1）全面性。战略评估不能仅仅分析可能产生的效果，还应对银行经营整体情况进行评估，从银行排名、业务发展、质量风控、经营效益、总体目标和年度目标完成情况等方面展开分析。在银行不同的经营阶段，银行发展的导向不尽相同，例如，在渠道建立、获取客户的阶段，中小银行会开发能增加客户流量的产品，并组织开展一系列营销活动，这时中小银行在获客层面会投入更多的成本。在这一阶段，客户数可能会迅速增加，但业务规模可能只是保持稳定增长，而利润则有可能受到影响。这时中小银行开展战略评估应注意，不能只考虑客户数和业务规模是否达到了目标，还要分析所付出的代价，如时间、成本和风险，要保证不能把太大的目标差距留到下一阶段。

（2）阶段性。战略评估在不同的阶段目标也不一样。在每个季度末，要匹配的是每个季度重点工作的目标；在年末，要匹配当年的重点工作目标；在整个战略规划的结束节点，中小银行则要匹配整体战略目标；当中小银行所处的客观环境发生变化时，可能还需要进行临时的战略评估，预测客观环境对阶段目标的影响。

（3）可衡量性。偏离度分析不能仅仅得到“有偏离”或者“与目标负偏离”的结论，需要有具体的数据作为衡量依据。这个依据可以是一个标准值或平均值，也可以是目标值。例如，存款业务增长目标，可以从增长额偏离度、增速偏离度等维度评估；而客户数增加，则可以从客户数偏离度、有效客户数占比等维度评估。

与战略目标产生偏离的原因主要从内部因素和外部因素进行分析。当战略有效时，效果产生偏离往往是由于战略的执行不到位，中小银行要进一步评估战略的具体执行情况；战略执行2~3年后，对战略有效性评估的意义越来越大，这时中小银行要加大对战略层的分析，即对战略有效性的分析。

2. 战略执行度

战略执行不力是战略偏离的原因之一，因此在战略评估阶段应分析战略的执行度。在经济发展趋势相对稳定、监管政策明确的前提下，战略往往保持较强的有效性，只需要对局部进行优化即可。战略评估的重点应保证战略被严格且高效执行，战略督导、战略审查也是基于相同的目的。而对战略执行度评估，主要是分析战略落地过程中执行不到位或执行不佳等问题。中小银行可以从执行能力、执行方法和资源投入三方面进行分析。

战略执行能力评估不仅仅是评估战略主题的负责部门或者负责人是否具备完成战略的能力，还要评估中小银行是否具备执行战略的能力。战略的执行需要党建管理、风险管理、财务管理、运营管理、组织架构、人力资源、企业文化、品牌打造、信息科技等各方面的支持，当发现战略执行不力时，应考虑提高效能的方法。

战略执行方法评估目的是找到提高战略执行效率的方法。战略执行方法的分析对后续的工作计划执行具有一定的促进作用。当战略效果出现负偏离时，中小银行不仅需要迅速找出原因，还需要调整方法，以达到预期目标。

提升战略执行效率的途径除了优化工作方法，还可以增加资源的有效投入，但资源的投入并非越多越好。对资源投入进行分析要注意：一是为了完成目标，中小银行需要明确应该增加投入哪些资源，而执行方法则保证了中小银行的资源投入效率；二是需要分析这些资源的投入是否值得，盲目的资源投入并不一定有利于整体目标的实现，当判断投入资源与短中长期的收益都不匹配时，中小银行应该重新分析外部环境，并对战略本身进行审视。

当发现战略主题执行不理想时，不仅需要从战略执行情况去判别该战略主题完成质量、战略主题对后续任务或其他关联主题的影响，还需要从战略执行能力分析执行情况不理想的原因，并提出战略实施路径调整或资源优化配置的建议方案。

3. 战略有效性

开展战略有效性评估，会涉及宏观微观环境、政府相关部门的监管政策、核心业务市场竞争者、当地居民金融需求和消费习惯、行业金融成熟度等信息的分析。若个别战略失效或被弱化，则应调整战略方案。

4. 战略评估建议

从战略主题进行分类，战略评估建议分为对核心战略主题的评估建议、对创新发展主题评估建议和对发展模式的评估建议。

（1）核心战略主题。目前，中小银行的核心发展主题包括多个方面，是当前中小银行基于本身的条件而寻求高质量发展常会采纳的发展主题。一是顺应中小银行发展需求的主题，这些主题与中小银行的性质相关，体现了中小银行坚守阵地、回归本源的发展方向。如党建引领、乡村振兴、消费升级（内循环）等战略主题。二是转型逻辑上的主题，中小银行要发展，离不开转型的话题，如大零售转型、网点转型、数字化转型等，都是中小银行近年来的重点工作。三是以客户为中心发展的主题，中小银行逐渐建立了互联网思维，对客户的维护越来越重视，不仅要做价值客户，还要对不同的客户群体分层分类，分别设计不同的产品和营销策略。四是渠道建设，渠道建设也是大势所趋的主题，渠道仍然是中小银行的短板，只有快速建立有效的渠道，才能让银行在获客和稳客上建立优势，从而在竞争中获得优势。

（2）创新发展主题。创新发展会给银行带来新的利润增长点，它不仅仅指产品或渠道，中小银行业还可以从运营机制、组织效率等方面进行创新来获得更高的利润。中小银行可以在银行整体运营和管理中，引入战略导向，而非简单的目标导向。由高管带头，建立高效的管理团队，打造敏捷银行也是当前中小银行创新发展的主题之一。在产品设计、营销和服务上，向"小、快、灵"转变。另外，还有金融场景化、渠道整合、品牌打造等，都是创新的发展主题。

（3）发展模式。经营效益最终取决于中小银行采取的商业模式，战略评估要结合中小银行的实际，为银行提供合适的模式。当前，银行常见的商业模式有五种。一是品牌引领模式，以品牌为引领，设计特色化产品，打造特色场景，吸引不同的客户。这种模式往往更容易吸引高忠诚度的客户，对银行的持续发展比较有利。二是专业化分工模式，扩大营销人员占比，并打造专业化队伍分工，建立社会化营销，这是提高营销效率的常见模式。在这种模式下，降低了营销的边际成本，营销团队的效率会得到进一步提高，从而增加利润。三是以渠道为载体的模式，强化渠道建设，各种渠道并行，不仅能增强客户体验，也能增加获利途径。四是科技引领模式，如利用科技手段进行客户分层分类管理，实现精准营销。当前，许多银行会使用客户关系管理系统管理客户，但针对不同的客户，实行线上营销仍有很大的发展空间。五是金融生态圈平台模式，通过金融生态圈，扩大客户群体。异业联盟、利益联结等优秀的商业模式，就是从金融生态圈平台模式延伸出来的。针对上下游银行的优惠贷款、使用平台客户的优惠政策，也是此类商业模式独具特色的经营方式。

上述商业模式并非完全独立，中小银行可以根据自身所需，组合商业模式，使其效益最大化。

四、战略评估标准

目前，常见的战略评估标准包括伊丹敬之的优秀战略评价标准、理查德·努梅特的战略评价四标准、斯坦纳·麦纳的战略评价六要素。由于中小银行信息相互独立，要进行全面完整的调研分析存在一定的困难，这就造成中小银行在进行战略评估时缺乏标准，导致战略评估结果出现偏差。

（一）伊丹敬之的优秀战略评价标准

日本战略学家伊丹敬之认为，优秀的战略是一种适应战略，它要求战略既要适应外部环境因素，包括技术、竞争和顾客等；也要适应内部资源，如资产、人才等；还要适应组织结构。在制定优秀的战略时应该权衡七个方面的战略思想。

一是实行差别化战略。企业制定战略应区别于其他对手，具有自身的特性。

二是战略要集中。各类资源配置要集中，以提高战略目标实现的可行性。

三是把握好时机。应寻找合适的时间和机会开展企业战略。

四是利用波及效果。企业要发挥自身的核心能力，即在企业已有成果的基础上进一步提高自身的优势，扩大影响力，从而提高企业员工的信心。

五是提振员工的士气。通过战略描绘企业的未来，让员工满怀信心。

六是战略要有不平衡性。企业战略要有一定的失衡，不能长期稳定不变，从而让企业所有人员产生紧迫感。

七是战略要巧妙组合。企业战略要实现各类资源和要素的有机组合，从而产生协同效果。

（二）理查德·努梅特的战略评价四标准

英国战略学家理查德·努梅特提出了可用于战略评价的四个标准：一致

性、协调性、可行性和优越性。协调性与优越性主要用于外部评估，一致性与可行性则主要用于内部评估。

1. 一致性

所谓一致性，是指在一个战略中不应出现不同的目标和政策。以下三条准则主要用于判断战略不一致可能引发的组织内部问题。

（1）管理问题不因更换相关人员而减少或消失。

（2）部门间的目标存在“零和博弈”，结果总是此好彼坏。

（3）企业高管总是在解决政策性问题。

2. 协调性

所谓协调性，是指在评估时要单个趋势和组合趋势并重。在制定战略时要综合考虑各种变化趋势的相互影响，实现内外部因素的匹配。

3. 可行性

所谓可行性，是指一个好的战略要做到既不浪费企业的各类资源，也不产生棘手的派生问题。企业能否依靠现有资源实施战略是检验战略可行性的最主要标准，而企业资源主要是指企业的物力、人力和财力。其中，财力是可以进行量化评估的，所以也经常被视为战略选择的第一限制性要素；人力和物力比较难以进行量化评估，但相对财力而言，其在战略选择和实施中发挥了更重要的作用，所以战略评估的重点是企业在过往是否已具有实施战略所需的人才和组织能力。

4. 优越性

所谓优越性，是指一个好战略必须能够帮助企业在特定的业务领域创造和保持竞争优势。竞争优势主要来源于企业在资源、技能、区位上的优越性。其中，资源优越性主要是指银行具备一个或多个资源优势；资源包括外部的客户资源、市场资源或环境资源，内部的人力资源、信息资源、技术资源或内部文化资源；技能优越性主要是指竞争中所具备的营销、服务或管理上的优越性；区位优越性主要是指地理位置的优越性。

（三）斯坦纳·麦纳的战略评价六要素

美国战略学家斯坦纳·麦纳提出战略评价的六要素：环境适应性、目标一致性、竞争优势性、预期收益性、资源配套性和战略风险性。

一是环境适应性。企业战略要与外部环境和发展趋势相适应。

二是目标一致性。企业选择战略时要考虑战略目标实现的可行性。

三是竞争优势性。企业选择战略时要考虑该战略能否充分发挥企业的优势，帮助企业获得竞争优势地位。

四是预期收益性。企业要选择能够获取利润最大化的战略方案，企业战略利润最大化追求的是长期利润的最大化，而不是短期利润的最大化，一般可用投资利润率来衡量长期利润。

五是资源配套性。选择战略时要考虑企业各类资源是否配套齐全，因为战略的实现离不开各种资源的配套，其中有一部分资源企业目前不具备但只要后续配置到位也可视为已有资源。

六是战略风险性。未来具有不确定性，战略具有风险性。企业在战略决策时，要利用各种手段预测风险并制定应对策略。

（四）中小银行战略评估标准选择

中小银行在开展战略评估时可选择使用伊丹敬之的优秀战略评价标准、理查德·努梅特的战略评价四标准、斯坦纳·麦纳的战略评价六要素三种方式，但斯坦纳·麦纳的战略评价六要素更适合中小银行使用。中小银行属于高风险且风险敏感的行业，在日趋激烈的外部竞争中要取得优势，需要统筹考虑收益与风险。中小银行战略执行的统一性、资源的有效协调与斯坦纳·麦纳的战略评价六要素互相匹配：中小银行的战略评估需要结合 SWOT 分析模型，对外部环境及其发展趋势进行分析，保证战略具备环境适应性。同时，对中小银行的优势和劣势进行分析。对中小银行的战略分解可以使用“两图一表”，保证把战略目标分解到部门并逐步执行，保证银行战略目标的实现。战略评估包括对预期收益性和资源配套性的分析。对战略有效性和执行度进行评估，避免产生战略执行风险，保证战略有效实行。

五、中小银行的战略评估流程

（一）战略评估的分类

从战略绩效管理的整体流程来看，战略评估可分为阶段性战略评估与全年性战略评估两种。

1. 阶段性战略评估

阶段性战略评估分为定期评估和临时评估，主要是指战略管理中季度的评估或者临时设置的评估。阶段性战略评估的目的是减少效果的偏离、保证执行效率，因此在评估方法上注重执行层的评估，而偏离度评估需要结合阶段目标，如果阶段目标明确，那么阶段性评估就容易得到清晰的结论。当中小银行开展临时战略评估时，需要客观评测现在的情况，作为中小银行阶段评估的依据。一般来说，阶段评估会针对本阶段战略落地情况展开评估，梳理当期调整建议与下阶段调整建议，其中当期调整建议主要通过战略审查、战略督导等方式在本阶段进行改进，下阶段调整建议主要判定为重要不紧急项目，可在第二年战略绩效管理项目的战略分解阶段进行调整。

2. 全年性战略评估

全年性战略评估一般在年末开展，作为整个战略管理阶段的战略评估，不仅要对全年战略绩效管理项目进行总结评估，还要对整个战略管理阶段的效果进行总结分析。全年性战略评估比阶段性战略评估更重要，因为其既对本年战略绩效管理八大模块进行总结，也与下一期战略回顾和战略澄清工作相承接，为战略分解提供依据。

（二）战略评估的执行流程

要完成战略评估，需要完成以下工作。

1. 制定战略评估的初步策略

战略评估是一项复杂的工作，在开展战略评估前，要先确定目标和策略。首先，需要明确本次战略评估的内容包括哪些，从银行的战略、业务发展、运营机制和组织队伍等信息中，选择重点需要评估的内容。其次，根据影响因素判断评估的主要方向，以及匹配选中内容的评估方法。另外，还需要明确当前的评估标准是否合适。最后，提出整体评估策略。

2. 收集战略绩效管理的相关材料

根据评估整体策略，评估机构对材料信息进行收集。战略评估需要收集的材料信息很多，其中包括战略管理过程中实施与落地工作情况，中小银行所在区域的外部环境和内部发展情况，战略执行效果、执行情况和执行能力等。

3. 组织访谈调研

评估机构可以从系统或相关部门获取相应的信息。战略评估访谈调研覆盖经营层、战委会和中层管理者。对经营层的访谈，主要判断当前银行发展进度是否需要调整，与整体战略间关系是否有变化；对战委会的访谈，主要了解战委会对当前战略的看法，是否与外部环境匹配，有没有调整优化的必要；对中层管理者的访谈，主要了解工作推进情况。

4. 综合分析

对原始材料、实际数据与访谈结果进行战略评估分析。根据已经确定的分析方法，对战略执行度、有效性和战略本身进行分类、分层分析，并形成相应的分析结论。

5. 根据分析结论形成整改意见

通过战略评估，对银行的战略实施落地有了初步结论，评审机构需要进一步对战略落地实施提出整改意见，包括银行战略是否有必要进行调整，如何提高战略的执行力以实现银行战略目标。在汇报整改意见前，需要和决策层初步统一意见，形成最终报告。

（三）战略评估的成果展现

根据以上战略评估的执行流程，战略评估的成果体现在以下七方面。

1. 前期工作开展情况回顾

可按照时间轴的方式展示一个项目周期的战略分解及落地工作。

2. 针对战略规划方案中提出的战略主题进行解读

中小银行可以按照战略主题进行调研，访谈每个模块的分管领导和牵头部门，围绕实施进度以及推进过程中遇到的困难进行调研。

3. 下沉支行调研情况汇总

战略评估时选取有代表性的员工进行访谈调研，重点了解战略主题的推进情况。访谈调研前准备访谈提纲，收集员工反馈的问题并进行汇总。

4. 对本行战略执行情况进行整体评估及提出改进建议

根据战略评估四层模型对中小银行的战略输出分析结论。

5. 战略审查及督导意见汇总

若在战略落地中对战略已进行多次审查，并进行战略督导，结合战略审查意见及督导结果，进行汇总并作为战略评估的模块进行展示。

6. 战略调整优化建议

根据分析结果提出战略调整优化建议，作为下一年战略澄清回顾阶段的内容展开。

7. 下阶段计划

战略管理是一个闭环，因此需要围绕目标制订下阶段工作计划。

第三节　战略评估的应用

一、战略评估与战略绩效管理的关系

通过战略评估，中小银行对当前的运行管理情况有清晰的认知。一份完整的战略评估报告包括三个方面。一是战略实施效果，在战略运营中哪些达到阶段预期，哪些没达到预期？二是战略执行情况，哪些战略任务按计划完成，哪些计划延期完成，哪些计划未完成；战略执行不力的原因是什么？三是战略有效程度，当前战略是否有效，是维持原来的战略执行，还是需要对战略进行调整优化？战略评估报告能解答战略绩效管理中的大部分问题，因此战略评估被运用于银行战略绩效管理的各个环节。

（一）战略评估是战略实施与战略落地的衔接点

战略评估工作贯穿战略绩效管理工作全过程，起到了承接与纠偏的作用。战略评估中对战略有效性的分析，是战略实施与战略落地的关键承接点。战略评估分析的是战略管理的整体工作，并对整个流程提出建议。

在完成战略评估后，紧接着要做的是战略回顾和战略澄清。如果战略评估中提出了调整战略的建议，那么在战略回顾和战略澄清阶段，需要对调整的战略主题进行澄清，而调整的主题也会成为战略分解和战略审定的重要工作。如果战略评估中发现战略仍具有有效性，那么重点工作在于战略回顾和

战略分解，延续前期的战略并保证严格执行。

（二）战略评估是战略分解的重要依据

战略评估中的偏离度、执行度和有效性分析为战略分解提供科学的依据。战略分解是战略实施的关键环节，中小银行通过“两图一表”，将战略目标分解落实到部门。中小银行在进行战略分解前，需要明确的是分解的战略是否合适；基于上一阶段的战略执行情况，战略分解的关键路径和关键任务是否需要调整。

当外部形势发生变化时，应思考战略实施路径，寻求更有效的路径。例如，2020 年初，受新冠肺炎疫情影响，商户经营存在困难，消费市场尚未复苏；利差收窄，大行业务下沉，中小银行面临巨大的挑战。一些银行调整策略，如调整业务结构，对市场定位进行了调整，加强对中长期贷款的管理；将经济资本限额在年初分解到条线、支行；出台相应的考核办法，优化资源配置；主动探索强化资本约束的传导机制。而内部经营策略上，零售和对公业务的平衡、年轻客户和长尾客户的挖掘、城区与乡镇资源的平衡都变成了新形势下发展的重点，营销策略也随之发生改变，中小银行围绕零售业务转型制订工作计划。在对零售客户群体的分层分类基础上，一方面进一步巩固中老年客户群体；另一方面充分利用当前科技、社交、互联网平台获取年轻客户群体，增加年轻客户群体与银行的黏性。

为了使银行发展与外部环境相匹配，需要对网点人均效能、团队建设和绩效管理进行同步调整。例如，在激励管理上可考虑以客户为中心进一步完善考核管理机制。

（三）战略评估与战略宣讲、战略审查、战略督导共同形成战略的运营管理机制

战略宣讲、战略审查、战略督导、战略评估共同组成了战略落地的四大模块，四大模块都在战略实施后执行，互相协同，保证中小银行绩效管理的稳定运行。战略宣讲是战略执行前的运营举措，目的是让中小银行上下统一共识，让员工知道做什么、怎么做；战略审查和战略督导是战略执行中的运营举措，目的是及时把握战略执行进度，保证高效、按期完成战略目标；战

略评估是战略执行后的运营举措，保证战略落地持续推进。即使通过了宣讲、审查，甚至进行了督导，战略任务的完成也仍可能受客观因素的影响，而无法按质、按量完成。通过战略评估对执行效果、战略等进行评估，中小银行能及时调整计划。需要注意的是，在战略执行中不能滥用战略评估。在战略执行中最常见的是战略任务未完成，而未完成的原因有很多，例如，战略单元执行不到位、外部客观环境发生了变化、总行未匹配足够的资源，有时中小银行会采取战略评估，将任务完成期限延长。很明显，这样只会导致战略目标的延后，在没有严格管理支持下，战略目标甚至无法实现。战略评估作为战略落地运营管理的保障，要注意两个要点。一是不能单纯调整任务，而是思考如何调整路径才能保障任务能按时、按量完成，战略评估做的是改进。二是战略评估要客观实际，任务未完成，要定位负责主体，客观评价任务未完成的原因。如果是客观原因，或不可抗力的外部因素，那么可以适当调整战略评估；如果是执行方面的原因，那么应从绩效管理或其他途径对战略评估提出改进建议。

二、战略评估如何与绩效管理结合

战略绩效管理是战略管理和绩效管理的有机融合，两者相互关联、互相影响。战略评估作为战略管理的关键环节之一，往往与绩效管理的效果评估工作同期开展，而战略评估的建议也会被应用到绩效管理中。

（一）战略管理与绩效管理是战略绩效管理组成部分的强力纽带

在战略管理中，战略评估具有承上启下的作用；在绩效管理中，效果评估也具有相同的作用。开展战略评估和效果评估，要注意以下几点。一是分析需要同时面向战略管理和绩效管理。战略评估主要关注偏离、完成度和有效度的分析，而效果评估则会关注绩效管理的运营情况、激励程度方面的分析，要注意两者之间的关系，一些效果评估的分析内容，可以作为战略评估的分析原因。例如，中小银行在效果评估时发现，对零售客户经理的激励不充分；同时发现零售客户增长未达到预期。中小银行应进一步分析两者的相关性，如果增加对客户经理的激励能提升战略的执行度，那么中小银行就找到了战略管理的解决方案。二是访谈环节。效果评估访谈主要关注改进意见，同时中小银行也会了解员工在完成战略目标时所需要的资源，这也是战略评估中对执行度分析需要了解的内容。因此在访谈前，中小银行需要对战略评估和效果评估得到的结论进行梳理、整合和提炼，减少重复分析。访谈的对象除了行领导，也需要对战略单元重点访谈。在访谈过程中，中小银行需要了解的不仅是绩效管理改进的建议，还需要了解战略绩效管理的运行情况。三是调查问卷环节。把战略评估问卷与绩效管理问卷相结合，面向全体行员发放问卷，不仅要了解绩效管理现状，还要了解战略执行的效果等。

（二）战略管理意见被运用于绩效管理

绩效管理服务于经营发展，制度建设、价格测算等工作需要结合战略评估的模型，保证绩效管理制度与战略保持一致。绩效考核解决的是资源投入问题，优化资源配置，能够最大限度提高战略执行效率，因此效果评估会以战略评估的结论为依据。例如，当前银行的战略要求以客户为中心，并落地到绩效管理，中小银行就需要建立以客户为中心的考核体系。

而效果评估也会评估各项业务资源投入的成本，当一项业务投入的成本过高，已经影响了其他业务的发展时，中小银行会对战略管理提出预警，这时就需要对战略管理进行适当调整。

第四节　案例 8：H 农商银行战略评估

一、H 农商银行简介

H 农商银行是国内一家资产规模在 200 亿~500 亿元的农商银行。长久以来，H 农商银行在当地都占据较大的地缘、人缘优势。随着金融科技的快速发展，当地的法人机构陆续加大在数字化转型方面的投入，而 H 农商银行仍把精力放在追逐规模的竞赛中，导致自身优势逐渐被削减。面对严峻的市场形势，H 农商银行组织开展了一次战略评估。在战略评估中，H 农商银行发现不仅战略执行存在问题，战略本身也需要调整。

二、战略评估内容

（一）战略偏离度分析

根据四层模型，H 农商银行对战略偏离度进行了分析。从结论来看，战略的执行发生了较严重的偏离，具体表现在以下三方面。

1. 目标层

在目标层，经营效益和业务发展都未达成计划目标，主要受零售业务目标未达成的影响。

2. 发展战略层

在发展战略层对零售业务进行进一步分析，发现零售客户的拓展未达预期，主要原因是产品研发未达预期、营销和服务不符合目标要求。

3. 战略支撑层

在战略支撑层，产品研发机制未完善，客户经理营销服务机制建设也未达预期，客户经理队伍建设进度落后。

从战略偏离度分析可知，战略的执行未达到预期目标，需要对战略执行度进行分析。

（二）战略执行度分析

通过战略评估，H 农商银行发现战略发生偏离，其中绩效管理效能不高，且管理比较粗放，原因有以下三点。

一是员工年龄结构较大，大多不愿意接受新事物、新方法，虽然 H 农商银行积极组织培训帮助员工成长，但是员工参与积极性不高。

二是银行配套激励机制不完善，网点的人均效能难以提升。

三是人员能力培养关注度不高，业务部门把人员成长作为一项任务来完成，没有配套的机制去激励人员成长。

（三）战略有效性分析

结合内外部发展环境，H 农商银行发现战略有效性递减，具体表现在以下三个方面。

一是工作目标与市场环境不匹配。在以客户为中心的发展阶段，H 农商银行仅仅追求存贷款规模增长，而没有制定相应的应对策略。

二是商务模式固化。在产品、营销和服务上没有提升、优化，导致客户流失；职能部门没有深入开展市场调研，没有提出具有竞争力的方案，面对日益激烈的市场竞争，对一线员工支持辅导不足。

三是团队比较松散，部门“壁垒”高筑。需要多个部门共同完成的工作，往往出现无人负责的现象，甚至出现“踢皮球”的现象；工作流程冗长，导致工作进展缓慢。

（四）战略评估建议

结合分析，H 农商银行对战略有效性和战略执行度提出了相应的建议。

1. 对于战略执行度

（1）建立知识贡献度评价机制，如建立课程体系、对贡献知识的员工给予积分等。贡献度积分将员工利益与自身成长挂钩，员工既能得到成长，还能获取积分，提高了员工学习的主动性。简而言之，积分制既是开发员工内在原动力的“助推器”，也是激发员工能动性的制胜法宝，还是推行细节管理并与利益挂钩的得力工具。积分制包括物质积分和精神积分，物质积分侧重于对员工的物质激励，当月发放现金后，即失去作用；精神积分强调对员工的精神激励，精神积分将终生有效。精神积分包括奖分、扣分、固定分、临时积分。精神积分累积到一定标准后，可享受各种激励。

（2）轮训小班制的“转培训”机制和“上挂下派”机制。年轻员工最好的成长方式就是到不同岗位实战锻炼，建议考虑出台年轻员工“上挂”总部机关及“下派”基层锻炼的相关规定，为优秀的年轻员工提供更多实践学习及发挥自身才华的平台。

（3）将人才盘点、人力资源体系优化等作为重点工作来抓，进一步落实该项工作内容，完成定岗、定编、定员的“三定”工作。

（4）强化激励，对考核重新进行设计。引入激励及反馈评价机制，突出效能激励计划，针对当年重点战略事宜以及临时紧急需督导的事宜，留出一部分预算用以专项激励，激励方案可考虑以下方面：一是激励模式，采用竞包制，激励支行之间、员工之间良性竞争；二是评价标准，不仅考查完成率，而且考虑加入同比以及排名情况，评估考核结果与目标差距后给出评价结果。

2. 对于战略有效性

（1）确定核心和创新主题。H 农商银行需要制定零售转型、数字化转型策略，建立以客户为中心的考核体系。在新形势下，客户经理是主力军，要重视客户经理考核。综合以上信息，战略评估应该坚持以客户为中心的理念，强化客户经理队伍素质建设，为客户经理队伍匹配相应的资源。

首先，“以客户为中心”的绩效管理转型落地实施，在业绩关系管理、制度建设和运营管理上，都需要更忠于客户价值。

· 客户价值评估结果可运用于客户分层考核。

· 通过量化分析客户综合盈利贡献来识别优质客户。

· 将差异化营销策略落地到战略评估：通过对客户数据的分析，掌握不同客户的行为特征，如产品渗透性、业务偏好等，为选择客户和制定营销方案提供参考。

· 支持客户效益导向考核：通过在业务线、机构、员工考核中设置客户营利目标，引导全行上下加强客户价值分析。

· 建立以客户为中心的业绩管理，运用信息化系统支撑客户业绩关系管理落地。

其次，实现前台营销一体化，客户分层营销管理维护，实施客户层级动态管理，通过内外部人员介绍，联合营销拓宽客户渠道，建立客户协同营销及销售利益分润机制，推动交叉产品营销，提高对客户的产品渗透性及客户黏性，加强客户流失预警与留存管理。以客户为中心落地管理配套工作包括以下内容。

· 渠道开发，包括零售产品渠道（专人服务）、对公产品渠道。

· 交叉销售、业务协同。

· 产品运营：产品设计和产品创新，产品个性化组合，产品差异化定价，产品风险资本回报率控制。

· 员工培养：能力提升培训、职业规范。

·信息化支撑：数据整合、数据分析和处理。

·组织职能重组：以客户为中心的流程再造和以客户价值为重心的条线整合等。

（2）选择合适的商务模式。通过做深、做透品牌，使品牌深入人心；强有力营销推动，打造特色化支行或主题支行；打造客户经理专业化队伍分工（公司类、零售信贷类、零售非信贷类），并扩大营销人员占比；实行团队考核、团队长考核；充分发挥渠道的作用，如 POS 机、社保卡、市民卡等；结合客户关系管理系统，利用科技手段进行精准营销；积极打造金融生态圈，保障业务持续发展。

三、战略评估效果

在战略评估时，H 农商银行发现了人员成长上的不足，并制定了相应的措施，这些措施将在战略分解阶段被进一步细化，并落实到责任部门，形成一个个关键任务，让目标可达、可操作。在下一阶段的战略评估时发现，银行在战略执行上有了长足的改进，战略效果的偏离度也逐步缩小，整体发展趋势逐步向好。

第五节　战略评估常见误区与启示

一、战略评估常见误区

评估建议是战略规划和调整的重要依据，因此在提出战略评估建议时，一定要慎之又慎，避免以下误区。

（一）战略评估就是战略审查

在战略落地环节，一些银行将战略评估与战略审查混淆，或者将战略评估弱化成战略审查。战略审查和战略评估既有相似之处，也有不同之处。两者都是对战略执行情况进行分析，如果银行的战略实施落地工作规范，那么可以把战略审查的执行分析作为战略评估执行度分析的参考。两者不同之处表现在：一是执行的时间不同，战略审查是在战略落地时开展的，而战略评估是在战略落地的每个阶段进行的；二是出发点不同，战略审查的目的是推进当前战略落地，而战略评估的目的是检验当前战略落地的成效，并给出是否需要调整的意见；三是内容不同，战略评估除了执行度评估，还包括偏离度的评估和有效性的评估。所以，两个工作模块需要区分执行。

（二）战略评估一年一次

以年为单位进行战略评估，容易忽略内外部形势或内部发展，导致战略执行发生偏离。当外部环境发生变化时，很快会对经营决策产生影响，但是银行不能仅仅关注经营决策，还应密切跟踪整体战略的进展，因此进行阶段性评估非常有意义。

（三）战略评估只需要在总行层面完成

战略评估包括偏离度分析、执行度分析和有效性分析。其中，大部分内容需要到基层调研，才能更准确地了解战略执行为什么出现偏离；了解基层在执行战略时遇到了什么样的困难，总行需要相应给予什么支持；基层是最接近市场的，因此基层对战略有效性的判断具有重要的参考价值。

（四）战略评估报告的内容基本一致

随着战略的不断推进，不同阶段战略落地的情况不同，执行的效果不一致，战略评估的内容也不一样。因此，银行在战略评估时，需要紧密结合实际情况，提出有价值的建议，推进战略落地。

二、开展战略评估的启示

战略评估是战略管理中一项难度系数较高的工作，需要银行具备战略分析能力。在战略评估时，中小银行需要注意以下三点。

（一）战略评估的影响因素是战略评估开展的首要关注点

战略评估由战略决策者制定，最终服务于所有的利益主体，战略执行与规划，受银行文化、上一阶段发展战略以及时间因素影响很大，因此评估时必须时刻关注影响因素。

（二）选择合适的方法和标准

一个银行的战略主题可能有很多，因此客观准确评价一个银行的战略是否有效执行，方法和标准非常重要。中小银行要结合评估的目标和评估的对象，选择合适的方法和标准。在实践中，中小银行可以采用多种方法相结合的方式进行战略评估。例如，在使用SWOT分析模型分析银行内外部因素时，可以结合使用SPACE矩阵分析外部因素。

（三）评估分析要结合客观实际

目前，战略评估方法具备普适性，但具体在不同行业使用会有所区别。在战略评估时，要结合金融业、银行业特征，形成适合中小银行的评估方法，再进行评估分析。

第十三章　案例9：I银行战略绩效管理实践

第一节　背景概述

一、I银行概况

I银行设有一级分行及二级支行，支行类别包括传统支行、小微支行及社区支行，从业人员2200余人，在其所在省份形成纵跨南北、横连东西的金融服务网。I银行在稳健发展的过程中，不断推进敏捷小组建设，强化金融科技创新，品牌和特色化经营具有一定的影响力。其监管评级和发展质量在本省名列前茅，是一家队伍年轻有活力、发展态势良好、经营稳健的地方法人银行。

二、业绩情况

截至2020年，I银行资产总额在500亿~1000亿元。其中，各项存款余额超过500亿元，各项贷款余额超过400亿元。

三、绩效管理回顾

I银行以“产品考核”为核心，遵循“机制先行，体制为机制服务”的原则，以产品为主线，推进全行经营管理工作的提升，明确提出“首先一线员工，其次中后台部门”的分配方式，以此推动I银行绩效考核工作取得了重大进展。截至管理实践第一年建设期结束，产品计价制、分配机制、成本控制机制、积分制管理、排名机制五大机制在I银行全面实现落地，同时完成了管理体系、文化体系、制度体系及软件体系四大体系的搭建工作，进入成熟运营阶段。

（一）管理体系方面

I银行构建了横向以资产负债管理部、财务会计部、人力资源部、总行直营部门为主，纵向以总行、分行和支行绩效专员为主的“一纵一横”绩效管理架构，明晰了绩效管理的组织、流程和工具，为有效实现绩效考核效果奠定了基础。

“一纵”表现在总行负责建机制、定方向，分行根据总行指导意见与导向将考核办法落地实施，同时建立“行领导—绩效办—分行绩效专员—支行绩效专员”的层层传导机制，分行绩效专员主要负责在总行指导意见的基础上制定考核办法；支行绩效专员是在总行与分行指导意见的基础上制定考核细则。

“一横”表现在建立“资产负债管理部—总行直营部门—绩效办—财务会计部—人力资源部”横向协同体系，强调部门分工与职责细化，各部门各司其职，资产负债管理部主要负责经营目标的分解、制定分行及总行直营部门的考核办法；绩效办主要负责考核机制建设、方向和原则把握；财务会计部主要制定分行费用管理办法；人力资源部主要负责制定各岗位的考核办法、高管考核办法、中后台人员考核办法等。

（二）文化体系方面

“先一线员工，后中后台部门”的新分配机制打破了过往“自上而下”的层级分配，优先保证一线市场员工的利益，“多劳多得，按绩取酬”的绩效文化得到广泛认可、接受与重视；“总行中后台、分行中后台人员的业绩薪酬平均兑现比例不高于市场团队的业绩薪酬平均兑现比例”的分配理念和思想得以坚定地贯彻执行。

（三）制度体系方面

I银行确定了针对全员的产品计价体系，覆盖了绝大部分存贷款及中间业务；重新设计了对经营机构以价值创造为主，包含各类排名奖、管理奖、成本控制奖等在内的激励考核架构，人均、网均等效能指标也被纳入绩效考核指标体系。针对分支行业绩薪酬池及公司类客户经理的二次分配指导意见，I银行对以产品价值创造为基础的总行研设端和功能端的产品计价制进行了探索，使总行的考核导向与理念在各层级都得到了承接。

（四）软件体系方面

绩效考核实现自动化。一方面，把经营机构、员工的绩效分析、业绩关系管理、工资查询等落地到绩效考核系统（PAS）；另一方面，建设完成移动绩效管理系统（MPAS），方便员工随时随地查看绩效、业绩、客户等信息，并帮助营销人员在营销过程中更好地维护和服务客户，从而提升员工业绩和全行业绩。

2019年，I银行在绩效体系建设方面取得了明显成效，但依然存在需要进一步完善的问题，如绩效管理体系与战略的衔接不够紧密的问题。2020年，为有效贯彻执行I银行战略发展规划，进一步加快战略绩效管理体系建设进程，在保持2019年绩效体系总体框架不变的情况下，逐步开展战略绩效管理相关工作。

第二节　实施思路

一、工作思路

2020年，在战略绩效管理上，I银行采用天维信息战略绩效管理“两大领域、八大模块”方法论，围绕全行战略要点和重点工作，以“两图一表”和绩效系统落地为切入点，推动战略实施和战略落地，初步探索打造战略绩效管理大循环体系，形成全行上下一盘棋的战略绩效管理新思路，见图13-1。

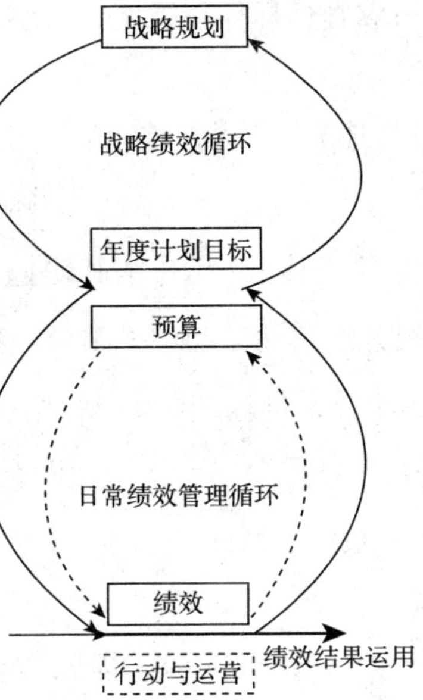

图 13-1　战略绩效管理大循环体系

2020 年，I 银行在绩效管理方面的整体工作思路是：在保持绩效体系总体框架不变的情况下，以产品考核和落实战略工作为主线，依靠各团队队长、各团队绩效专员和本部门专业力量、全行绩效管理研究敏捷小组，抓实战略分解和落地推动、产品价值链研究以及由此形成的在考核方向、考核内容、考核力度等方面的精准考核，抓实考核体制、绩效文化、日常运作等硬核工作，以及考核系统顺畅运行和迭代。

二、工作原则

I 银行以产品考核和落实战略导向与工作为主线，通过抓实考核体制、绩效文化、绩效系统、战略分解、战略落地和产品价值链研究六项工作，积极在绩效管理工作上追求突破：在灵活组织形态和社会化营销考核上追求突破，在线上化考核上追求突破，在基础管理的考核上追求突破，在考核数据支持和考核结果运用上追求突破，在产品考核与积分管理相协调、相衔接上追求突破。

要突出绩效体系对战略的承接作用，深入持续打造 I 银行的战略绩效管理体系，向打造业内战略绩效管理标杆新高度、以绩效考核支撑银行战略实现的目标奋力前进。

I银行提出，在绩效管理工作上要严格遵循“绩效管理八项原则”开展战略绩效管理。

（一）变“分钱”为“挣钱”（含个人和机构）

绩效管理的目标是提升组织绩效和个人绩效。激励考核的目的是鼓励员工提升业绩，多劳多得，不劳不得。

（二）变“自上而下”分配为“自下而上”分配

I银行原来的绩效分配顺序是总行—分行—支行—员工，是基于管理架构“自上而下”的分配方式。从2019年开始，I银行把绩效分配顺序调整为员工—支行—分行“自下而上”的分配方式，即先兑现市场端员工的绩效薪酬，再依次发放支行、分行的绩效薪酬，让直接创利的员工优先分配发展的红利，间接创利的人后分配红利，对不创利的部门或者与产品销售、创利无关的岗位要最大限度地进行压缩绩效。

（三）个人业绩以“产品计价”直接分配为主，以激活个体主动积极工作为目的

员工业绩薪酬来源主要有两部分。一部分为个人营销业绩，通过产品计价形式兑现，任何人和机构不得克扣。在绩效兑现过程中，如果机构业绩薪酬包无法覆盖员工产品计价，总行将直接兑现员工的产品计价薪酬，最大限度地保证市场端员工的利益和积极性。另一部分为参与所属机构的二次分配，取决于个人对机构业绩的贡献。

（四）全行产品实行“同类同价”“同绩同酬”

这种机制设计更加开放，产品计价不仅仅针对市场端员工，总行的中后台员工甚至社会人都可以成为各家分支行整合的资源，为完成经营目标而努力。

（五）“人均产能”“网均产能”在分配中充分体现

总行把人均产能、网均产能列为对机构和负责人目标考核的硬性指标。

每一家分行、每一家支行都考虑经营管理成本、网点面积、员工人数，并列入机构成本中进行核算。对人均产能增加或网点成本下降的分支行，总行进行奖励。同时，鼓励分行引进可提高产能的人才。

（六）细化经营指标和管理目标，在考核中优先实行“计价制”，“积分制排名”作为机构绩效包二次分配的有效补充

紧紧围绕战略要求、经营和管理目标进行设计，根据不同的情形灵活应用“计价制”“积分制”“百分制”“奖惩制”等绩效工具。

（七）把战略性动作纳入绩效考核体系

产品计价目录除了存款、贷款、中收等创利性产品外，将I银行未来可持续发展的特色化探索、客户维护、支付渠道等战略性动作也纳入其中。可量化、可衡量的按照“计价制”形式兑现，不可量化、不可衡量的按照“积分制”形式兑现。

（八）对贡献机构（挣钱单位）和救济机构（贴钱单位）实行标签化分类管理

总行对各经营机构的激励考核将从责任利润考核转变为经济附加值（EVA）考核，各机构的房租、基础薪酬等所有成本都在绩效计提前进行扣减，扣减后对总行有贡献的标记为贡献机构；无法覆盖各项成本、费用还需要总行救济的标记为救济机构。对贡献机构和救济机构在激励考核、发展政策上加以区别对待。

第三节　战略实施工作流程

一、战略回顾及战略澄清

战略是绩效考核的基石，围绕战略抓绩效管理是I银行2020年绩效考核工作的总基调。为了更好地解决绩效和战略的衔接问题，明确全行的战略导向，盘点绩效管理的现状和问题，为2020年战略绩效考核提供重要决策参考，I银行与天维信息于2019年底筹划召开战略绩效管理研讨会，由天维信

息项目组对全年绩效管理工作进行盘点总结，双方就战略与绩效展开讨论研究，共同研讨2020年战略绩效管理规划与改进方向。

通过总结梳理I银行当前战略管理中痛点问题并进行诊断，作为战略分解执行的依据。战略澄清的关键在于“自上而下”层层梳理，最终在I银行2020年年度发展指导意见中提炼出全行发展方向作为战略关键词。基于提炼出来的战略关键词，I银行内部对本年度重点战略事项进行澄清，共梳理出60个战略主题。

二、战略分解

战略分解就是通过可视化的方式，将银行战略转化为全体员工可理解、可执行的过程。战略分解需要清晰地描述银行战略，进而变成“化战略为行动”的有效工具。对战略的分解，就是要解决战略与中层干部、最基层执行组织与员工之间的分歧，把战略与行员连接，让每个基层组织、行员知道自己所做的工作与战略的关系，知道战略目标的实现对个人收益的影响。

在了解为什么要分解战略之后，需要通过剖析以下三个问题，去落实战略分解动作：分解后的战略是什么样子，谁去分解战略，如何分解战略？

（一）分解后的战略是什么样子

在战略回顾与战略澄清阶段，虽然战委会已经梳理出60个战略主题，但是战略主题还是比较粗放，只是把相应的战略任务明确到了责任人或一级业务单元，没有落实到具体执行部门或员工。要将战略与员工相衔接，最终使战略有效落地，得到有效执行，应具备以下条件。

一是将宏观的战略目标转化为可执行的工作事项。

二是把每项工作、每项战略任务明确好相应的责任部门、责任主体。

三是对每项战略的落地配套相应的资源，需要对资源投入、产出进行精细化测算。

四是明确每项战略任务相应的评估指标，尽可能量化评估工作任务完成度。

五是科学应用奖罚制，对战略任务落实执行好的部门或个人，要给予奖励；落实执行不好的部门或个人，要给予扣罚。

（二）谁去分解战略

明确战略分解的要求以后，需要确定战略分解的操作主体。战略分解的第一责任人是战略主题对应的各责任部门。责任部门要清楚自己承担哪一部分战略，清楚自己要做什么事和如何做这些事，才能使总行战略可操作、可落地。

（三）如何分解战略

将银行战略重点工作和战略目标提炼、分解到各部门是绩效管理中的一个难点。如何提炼、分解到位，确保达成分解的部门绩效目标后，银行战略目标就能够实现？通常来说，有三种比较常见的战略任务分解方法：一是目标-职能职责对接法，二是“价值树”分解法，三是关键成功要素法。

I 银行的战略分解以关键成功要素法为主，寻找驱动每一战略目标成功的关键因素，然后根据关键成功因素提炼核心举措。紧紧围绕“一中心、两打造、四优化、四提升”的战略关键词，以“两图一表”为主要内容，将战略分解为战略地图、战略实施路径图和战略任务分解表（见图 13-2）。

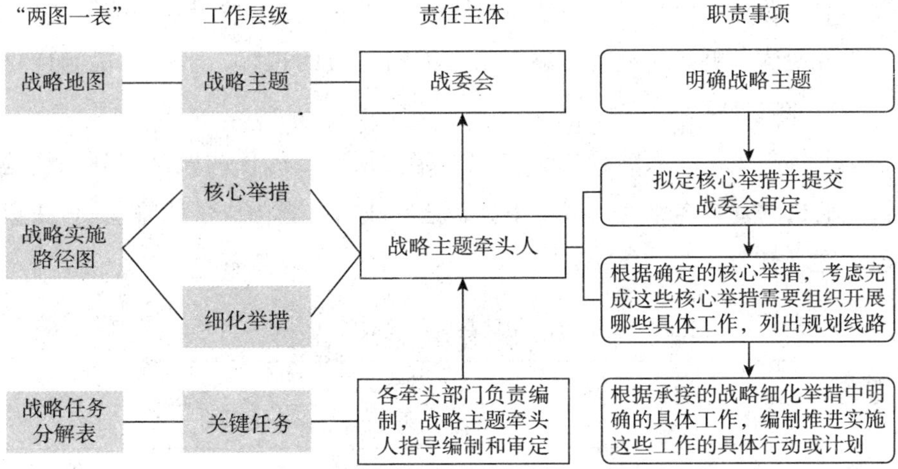

图 13-2　I 银行“两图一表”责任主体及对应职责

根据项目实际情况与行领导的需求，针对“两图一表”的编制，明确责任主体和对应的职责：战略主题由战委会明确；核心举措由战略主题牵头人拟定，战委会审定；细化举措由各战略主题牵头人根据确定的核心举措，考虑完成这些核心举措需要组织开展哪些具体工作，列出规划线路；关键任务由各牵头部门根据自己所承接的战略细化举措中明确的具体工作，编制推进实施这些工作的具体行动或计划，由各战略主题牵头人指导编制和审定。

明确责任主体及职责之后，需要进行具体的操作，项目组通过明确要求、审阅纠偏，确保战略分解合理可执行。

一是对于细化举措的评价指标，要求按可量化和是否创利两个维度来描述。①可量化、可直接创利：直接按序时进度分解。②可量化、不直接创利：规划、方案、制度、办法、规章、指引，需明确讨论、征求意见、发文的具体时间点。③不可量化、不直接创利：需设置明确的关键节点，以及该节点可检查的标志性事件。

二是对于关键任务编制，提出了分解要求及建议。①体现前后逻辑关系：不能颠倒有先后关系的工作。②遵循四象限工作法：按“重要紧急>重要不紧急>不重要但紧急>不重要不紧急”排序，对于重难点、短板需要列明。③任务进度尽量往前排，不能堆积到下半年或年底。④非周期性关键任务，时间跨度一般不超过两个月；周期性需列明频次（按月度、按季度、按年度）。

为方便读者更好地理解I银行整个战略分解的过程，下面以机制优化为例，进行战略分解。

基于机制优化的战略导向，先把本年度银行要优化的机制罗列，这些需要优化的机制就是本年度的战略主题，这些战略主题构成了战略地图。I银行战略主题（部分）见表13-1。

表13-1 I银行战略主题（部分）

序号	战略主题
1	深化产品计价机制
2	深化敏捷小组运行机制
3	推进中后台部门绩效考核机制
4	优化提升积分制管理机制
5	推进高管绩效考核机制

续表

序号	战略主题
6	探索制定对战略工作的虚拟计价机制
7	探索制定对特色化平台的绩效考核机制

为保证战略主题的可实施，需要进一步细化战略主题。需要思考通过哪些途径、哪些方式去完成这些战略主题。基于此，从战略主题分解罗列以下核心举措，见表13-2。

表13-2 I银行基于战略主题分解的核心举措（部分）

序号	战略主题与核心举措	
1	深化产品计价机制	
	1.1	扩大产品销售计价范围
	1.2	扩大产品计价分配参与范围
	1.3	推进业绩认定管理优化
2	推进中后台部门绩效考核机制	
	2.1	加强目标过程管理和绩效考评运用
3	优化提升积分制管理机制	
	3.1	深化积分制管理在绩效考核中的运用、将积分制管理纳入绩效考核大序列

这些战略主题与对应的核心举措共同构成了I银行的战略实施路线图的主要内容，同时加入甘特图（Gantt chart，又称横道图、条状图）、评价要素、责任部分等指标，最终形成了I银行2020年度的战略实施路线图。这里以“深化产品机制”这一核心举措为例介绍（见表13-3）。

表13-3 2020年度I银行战略实施路径图（部分）

战略模块	战略主题	核心举措	时间												牵头部门	配合部门	评价指标
			1月	2月	3月	4月	5月	6月	7月	8月	9月	10月	11月	12月			

续表

战略模块	战略主题	核心举措	时间												牵头部门	配合部门	评价指标
			1月	2月	3月	4月	5月	6月	7月	8月	9月	10月	11月	12月			

接下来，由各战略主题牵头人根据确定的核心举措，考虑完成这些核心举措需要组织开展哪些具体工作，列出规划线路。由各牵头部门根据自己所承接的具体工作，编制推进实施这些工作的具体动作或计划，形成最终的“一个部门一张表”。

三、战略审定

“两图一表”工具在银行战略管理中具有重要作用。为了正确使用战略分解工具，需要在战略落地前进行“两图一表”的最终审定。

为推动后续战略任务分解表编制工作尽快开展，项目组协同战略相关部门对前置成果2020年度I银行战略实施路径图开展了战略审查工作，并提出战略总审查意见，具体如下。

（一）战略主题设计问题

一是建议把纪检工作、企业文化工作、品牌工作三项单列为战略主题，不与党建主题合并，主要是便于明确对应的总牵头部门，以及后续的战略任务分解。

二是不建议把常规工作列为战略主题。

（二）战略实施路径图共性问题

从各部门提交的战略实施路径图来看，主要存在以下三个方面的共性问题。

1. 从表现形式来看，工作过于细化

从“两图一表”工具设计的初衷来看，战略地图主要对应战略关键词和战略主题；战略实施路径图重点对应核心举措、细化举措；而战略任务分解

表重点对应关键任务、具体任务。从战略地图、战略实施路径图到战略任务分解表，层层分解，逐渐精细化。

个别主题在编制战略实施路径图时过于细化，导致后续要放到战略任务分解表的关键任务、具体任务放错位置，如加快推进网络银行总部建设主题、雷锋大学主题、产品经营管理体系主题。

2. 从实施路线来看，存在落地实施路径不够清晰的现象

战略实施路径图中极个别的战略主题存在“喊口号”现象，战略落地实施路径不够清晰、未能充分体现补短板的战略导向。

3. 从整体内容来看，个别主题的评价指标不清晰

设置“评价指标”一栏的目的，是提醒各责任主体在编制战略实施路径图时，要有目标导向、战略导向，具体标准包括但不限于序时进度、标志性事件或者重要成果物。为了更好地量化、衡量、评价该项举措的完成情况，要准确设计评价指标。如果未能准确定义评价指标，则该项核心举措可能不是必要的，要避免指标流于形式。

（三）战略实施路径图个性问题

除共性问题外，在编制各战略主题战略实施路径图时，一些个性问题还需要调整，项目组以第三方独立顾问的角色，对各个战略主题逐一进行分析，明确各个主题分解的问题并给出优化建议，挑选高质量的分解成果作为模板示例，供全行优化借鉴。

项目组出具战略审定意见后，向I银行战委会进行汇报说明，根据最终审定结果由I银行的分管行领导和责任部门负责修改完善“两图一表”成果物。

第四节 战略落地工作流程

一、战略宣讲

在战略审定之后，I银行开展了战略宣讲工作，帮助员工了解全行战略方向和价值定位，让员工掌握战略绩效工具“两图一表”的具体使用方法。

（一）培训内容

1. 为什么要做“两图一表”

本模块主要分析“两图一表”是什么和“两图一表”之间的逻辑关系，让员工明白此项工作的必要性。战略工作之所以会出现与部门工作相脱节的现象，主要是因为中间环节缺乏工具支撑。在战略绩效管理后，通过“两图一表”，可以有效承接战略工作和部门工作，进一步将战略落地到责任部门，见图 13-3。

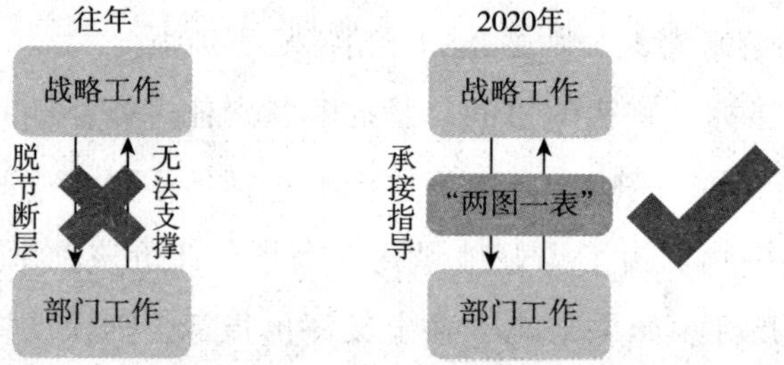

图 13-3　“两图一表”有效承接战略工作和部门工作

2. 宣讲 2020 年战略主题及明确分工

明确“两图一表”对应的工作层级，将各层级工作责任分配到各个主题单元，确定各个责任主体的具体职责。

3. 战略实施路径图及战略任务分解表编制方法与示例

讲解战略主题、核心举措和细化举措的编制方法，战略主题直接对照 I 银行 2020 年度战略主题及分工汇总表；核心举措参照 2020 年战略管理“两图一表”编制说明，细化举措要遵循并列关系、管理闭环、逻辑顺序等。

通过产品部的细化举措案例，以业务内容全面性为原则，列举说明并列关系；通过人力资源部的细化举措案例，以实现管理闭环为原则，列举说明逻辑顺序。

针对战略实施路径图，说明细化举措评价指标编写技巧，并分别对案例进行展示，指引责任主体正确操作。（具体要求参照战略分解部分）

针对战略任务分解表，一方面，讲解模板的框架和逻辑；另一方面，讲解具体的编制方法，并对案例进行展示和说明。（具体要求参照战略分

解部分）

（二）总结培训成果

一是强化各层级人员对战略绩效管理的认知，加快总行的战略绩效管理体系打造。

二是使各层级责任人更深刻地理解“两图一表”实操规则和工作流程，确保战略分解内容的正确性和具有清晰的逻辑性。

三是提高各层级负责人的执行效率，加快“两图一表”工作的完成，使整体战略绩效管理不出现偏离。

二、战略督导

（一）战略督导小组

战略督导小组由行长办公室牵头（以下简称“行办”），由董事会办公室（以下简称“董办”）、资产负债管理部、人力资源部、审计部、稽核部共同组成。董办和行办作为主力，抽选其余相关部门组成战略督导小组，负责定期盘点战略执行进展，向行务会、战委会报告执行情况。战略督导小组工作职责为：

一是负责督导战略实施落地，对战略执行的全过程进行管理及跟踪；

二是负责定期盘点战略工作执行过程中出现的问题，并定期向战委会报告执行情况。

（二）战略督导

1. 督导事项

对全行战略工作的进展情况及完成效果进行督导。

2. 督导主体

督导主体分为由战略主题牵头人进行的内部督导和由战略督导小组进行的整体督导两部分。

（1）由战略主题牵头人进行的内部督导侧重于对负责的战略主题整体完成进度、过程管控和效果进行评估。

（2）由战略督导小组进行的整体督导侧重于从全行角度对战略工作的整

体完成进度进行把控。

（三）督导工具

实行“红黄牌预警”过程监督与“红蓝旗奖惩”结果把控相结合的综合评价机制。

1. “红黄牌预警”过程监督

战略督导小组需要在任务要求完成的时间节点前，给出预警和提示。例如，当任务临近截止时间时，原则上应提前10日给出预警，提前5日发出提示函。在任务要求时间节点后，对于逾期未完成的战略工作事项给出黄牌警告，超过规定完成时间一定天数后，将黄牌升级为红牌。以此方式对整个战略工作进行跟踪督导。

2. “红蓝旗奖惩”结果把控

在战略检视过程中，战略督导小组根据部门绩效考核进行“红蓝旗奖惩”。红旗是对表现好的部门进行奖励，蓝旗是对进度严重落后的、执行结果不佳的部门进行惩罚。

如果部门对于战略督导小组的红蓝旗发放结果有异议，则由该部门战略事项工作的牵头负责人提出申诉，战委会受理并进行审议，战委会的意见为最终执行结果。红蓝旗获取具体情况如下。

（1）获得红旗奖励的情况。

· 战略检视中发现有亮点的工作。

· 提前完成战略工作，经评估完成效果较好的工作。

· 其他经判定表现突出的工作。

（2）获得蓝旗惩罚的情况。

· 获得红牌警告的战略事项自动获得蓝旗。

· 战略检视会后经评估认定完成情况明显落后的工作。

（3）结果应用。

· 中后台职能部门考核兑现。

红蓝旗作为独立考核项，直接应用于部门的绩效考评，与总行中后台部门的一部分绩效包直接挂钩。重点对各部门基础工作和战略工作完成情况进行评估，通过奖惩制的形式体现。

部门每获得一面红旗，当季通过百分制考核得出的挂钩绩效薪酬包总额增加一定比例；部门每获得一面蓝旗，当季通过百分制考核得出的挂钩绩效薪酬包总额减少一定比例；季末累计统算兑现薪酬。

· 高级管理人员考核兑现。

高级管理人员的绩效考评内容主要包括全行经营目标和条线经营目标、所辖领域工作情况、战略和重点工作，董事长专项考核、监事长专项考核。

其中，战略和重点工作的推动完成情况与高级管理人员一定比例的薪酬挂钩，该部分薪酬提留至总行高级管理人员薪酬包，鼓励各高级管理人员积极承担、负责全行战略和重点工作。战略和重点工作清单由战委会在年初确定。

战略和重点工作采用星级积分制，根据每项工作的重要程度、紧要程度和覆盖面确定具体星级，星级相同的工作基础积分相同，见表 13-4。年末，根据各项工作完成情况，以工作完成率、完成结果评估为评价标准进行考核，确定各项工作最终所得积分。高级管理人员在战略和重点工作方面当年所获得的积分为所承担各项工作最终获得积分的总和。该项指标的具体考核由董事会办公室牵头组织，战委会确定最终考核结果。最终该绩效包兑现采用集体竞包的方式，依据个人积分占所有战略积分的权重进行核定。

表 13-4　I 银行战略工作星级划分及积分分值（示例）

序号	板块	战略主题	牵头人	星级	积分分值
1	治理优化	公司治理优化	××	★★★++	700
2		党建工作优化	××	★★+	500
3		企业文化工作提升	××	★+	350
4		品牌工作提升	××	★	300
5		工会工作优化	××	★	300
6		纪检工作提升	××	★★	450
7		履行社会责任及协调对接党政监管	××	★★★	600

· 实现战略绩效管理线上化。

数字化绩效管理的应用对组织绩效而言，是推动银行战略数字化转型、驱动银行业务数字化发展、实现精细化管理的有效抓手；对个人绩效而言，是员工实现自我绩效管理闭环的有效工具，为员工的个人绩效提升提供指引和动力。

I银行将“两图一表”在绩效系统中落地，各单元均可在绩效系统查看自身的战略路线图。

战略实施路线图和战略任务分解表管理功能如下：

一是将年度战略、所属战略模块、战略主题、核心举措、细化举措实现系统录入。

二是在系统中明确标准分值、评分人、责任人、责任部门及配合部门，实现线上打分。

三是针对过程中的各角色在系统中分别给予功能权限。

“两图一表”查询：针对战略任务分解表细项设置查询功能，员工个人可在系统进行个人查询，实时跟踪任务完成情况，了解评价结果。

评分消息页面提醒：系统会在主界面实时提醒评分人进行评分，展示未处理评分的机构及行员数量。

三、战略评估

越来越多的银行已经认识到战略对于银行的重要性。但是在战略实施过程中，制定战略并实施仅仅是战略成功的起点，只有对战略进行有效评估和调整才能保证战略成功，这是因为战略的成功取决于员工对于战略的执行能力，只有通过对战略的准确评估才能发现存在的问题，在此基础上对战略做出相应的调整。

更重要的是，银行所处的环境瞬息万变，顾客、竞争对手、合作伙伴以及银行业自身都在不断发生变化，技术的变革、宏观经济环境的变化、政策法规的调整更是对银行形成新的挑战。面对这些变化，需要不断地对战略进行调整。

因此，客观地对正在实施的战略进行评价，并据此采取相应行动，是保证银行实现既定战略目标的必要条件。I银行在实施战略绩效管理一段时间后，着手设计战略评估制度及执行流程，体现在明规则、试运行、持续改进三点。

（一）明规则

自2020年5月部署战略绩效管理以来，为确保战略能够有效落地，对过程监控定期纠偏，I银行确定了一系列以战略实施检视会为核心的周期性评估工作。战略实施检视会在战委会的监督下全面、准确贯彻落实各项战略工作任务，召开全面提高战略执行效能的工作盘点会、问题解决会、统筹协调会，旨在评估战略工作推动成效。

一是每周进行督办。行长办公室按周跟踪战略工作进展情况，通过查看系统信息、跟踪管理等，利用管理工具进行提示和催办。对长时间无进展、无成效、无举措的工作加大督办力度，并向行长专项反馈。

二是按月形成书面报告。各战略工作牵头人按月向行长办公室提交战略工作执行情况书面报告，行长办公室提交行长办公室成员审阅，了解工作进展。

三是按季度召开战略实施检视会。各战略工作牵头人按季度对经营层的战略工作向行长办公室成员当面交流汇报。

（二）试运行

一是明确会议时间，组织召开半年度战略实施检视会。

二是明确会议主题，要求会议重点关注各项战略工作中的问题，通过对问题的剖析，对执行路线进行纠偏，对问题点进行会诊。

三是明确参会主体，包括行长办公室成员、战略工作总牵头人与牵头部门负责人、资产负债管理部负责人，邀请董事长、监事长和综合办公室负责人等列席参加。

四是要求各部门提前准备，依据会议主题和内容，各部门准备汇报材料。

五是行长办公室就跟踪的战略工作推进情况做专项汇报，侧重对阶段性结果的盘点、通报，并根据系统的“红黄牌”预警信息，提出“红蓝旗”评价建议。各战略工作牵头人对工作推进中的问题、难点进行反思，提出优化的建议或举措。行长办公室成员进行点评和辅导。

六是会后跟踪反馈。会后建立问题台账，对工作安排、要求、问题跟踪督办。根据“红蓝旗”建议，对战略执行情况进行考核。

（三）持续改进

在会议过程中，发现“两图一表”实施中存在一些阻力和问题，通过研讨进行优化改进。

1. 明确问题

问题一：时间进度调整。一方面，客观原因导致部分战略事项无法按期完成；另一方面，各项举措评分人未及时完成评分工作，导致评分人工作延期，需要调整。

问题二：内容调整。主要因为实际进度和计划进度出现偏差、全行工作重心有所偏离，导致“两图一表”部分内容需要重新调整。

问题三：责任人调整。因工作调动或者其他原因导致责任人出现变动，需要重新进行调整。

问题四：系统功能需要优化。例如，系统操作无法回溯、暂无更改功能，需要根据操作需求进行优化、开发，比如提高系统使用体验感，强化系统流程支撑等。

2. 明确调整流程

（1）调整流程。

由申请人填写调整申请表，提出调整内容，说明目前完成情况或未完成原因，提交审批人审批。

（2）审批节点。

战略主题内容调整及牵头人调整、核心举措内容调整由董事长或行长审批。核心举措及对应细化举措责任人调整、细化举措及对应关键任务内容调整、核心举措及对应细化举措时间进度调整由战略主题牵头人审批。关键任务责任人、关键任务时间进度调整由部门负责人审批，具体见表13-5。

表 13-5　战略事项调整审批

战略事项	具体事项	审批人
战略主题	责任人调整	董事长或行长
	内容调整	
核心举措	内容调整	
	时间进度调整	战略主题牵头人
	责任人调整	
细化举措	内容调整	
	时间进度调整	
	责任人调整	
关键任务	内容调整	
	时间进度调整	部门负责人
	责任人调整	

（3）惩罚措施。

综合把控进度，保证执行效率。针对时间进度调整按月给予黄牌警告，每延后一个月给予 1 个黄牌，调整期限不得晚于 12 月，且最长不得延期两个月。客观原因造成延期问题可不给予黄牌警告。

（4）注意事项。

一是保证调整连续。在调整核心举措时，要对细化举措和关键任务做相应调整；在调整细化举措时，要对关键任务做相应调整。故如有调整需求，则申请人应先与相关动作的责任人沟通并达成一致，再提交相关申请。

二是调整核心举措、细化举措及关键任务后，董办应及时更新战略任务分解表。

三是同步更新绩效考核系统。

四是原件留档保存。确保每份申请表上有申请人和审批人签字，并保留好原件。

第五节　建设成效

一、建机制

（一）战略管理机制

I银行的战略工作与薪酬挂钩，即绩效考核、战略督导、效能督导结果与员工薪酬挂钩。通过“把方向、管过程、全机制”，从战略执行的全流程进行监控管理，保障战略的最终效果。其中，绩效考核是强动力，将短中长期考核相结合，保障各项战略举措的落地，并通过考核机制的完善促进形成“想干事、敢干事”的积极氛围。战略督导是控方向，战略督导实行分层督导，并按季度开展。战略主题牵头人和战略督导小组在战略落地中均承担督导责任。牵头人督导对象为战略主题各细化举措的牵头部门。战略督导小组督导对象为各战略主题的牵头人以及牵头部门或总牵头部门。效能督导是对执行进行监督，按月督导，督导内容包括人才效能督导、工作效能督导、制度效能督导。

I银行的督导工具主要包括过程监督的“红黄牌预警”和注重结果的“红蓝旗奖惩”，两者有机结合。其中，“红黄牌预警”是过程监督，而“红蓝旗奖惩”则是对监督结果的应用。在检视工作中发现有亮点、有创新或较大突破的工作或提前完成战略工作，经评估完成效果较好的工作或其他经判定表现突出有标杆示范作用的工作给予红旗奖励。在检视工作中，获得红牌警告的战略事项自动获得蓝旗；战略检视会后经评估认定措施不力，对进度明显落后的工作给予蓝旗惩戒。如有异议则由各战略事项牵头人负责提出申诉，提交战委会审定。

通过采用战略督导工具，I银行进一步建立自身的奖惩机制，并将督导结果应用于部门的绩效考评和年度双先评比中，再次完善了I银行关于战略方面的机制，形成了战略绩效管理完整的PDCA循环。

（二）绩效运营机制

为打造透明、公开的绩效管理文化和组织体系，I银行紧抓绩效专员队伍建设，推动“两会”制度化，紧抓业绩认定流程优化和问题解决，逐步开展分行绩效管理运营，取得了较好的效果。

出台针对绩效专员团队的管理办法，推动总分支行绩效专员在政策传导、绩效分析和反馈、业绩认定等方面发挥更加积极的作用，充分督促绩效专员发挥好绩效管理“最后一公里”作用。

出台“两会”运营管理流程，推动绩效分析会、员工座谈会按季度、按月召开，加强员工和组织之间对于绩效管理、绩效考核的沟通与交流。

出台业绩认定流程管理办法，按月对业绩认定进行通报。优化业绩认定流程，将业绩认定流程落实到绩效系统，适时推进；按月对业绩认定及时性和准确性进行督导检查和通报，总行绩效考核小组负责对屡次排名靠后的经营机构做专题督导。

由天维信息项目组开展分支行绩效管理运营工作。为保证绩效考核制度有效落地，I银行以“管理到分行、评估到支行”为指导理念，分阶段、分批次实施分行团队绩效运营计划。根据分行实际情况，采取驻场辅导、定期调研、线上培训等工作模式。涉及对象覆盖了I银行所辖9家分行，并现场了解总行绩效政策执行情况与考核效果，了解分支行对绩效考核方面的诉求，进行绩效理念宣贯及制度解读答疑，进一步加深了分支行对总行绩效考核制度的理解和认知。

二、明责任

从组织流程方面讲，通过战略实施路径图将战略事项按照战略模块、战略主题、核心举措层层梳理、细分，各举措对应时间完成节点、责任部门、配合部门，并明确各举措的完成评价指标。需要明确的是，I银行的大部制不是传统意义上的集权管理模式，而是在特定情况下的分权管理。在特定条件下，遵循责权利对等的原则，将某一部分权力下放到协调部门。具体表现为部门在承担总体责任的同时，可以对涉及本部门负责事项的其他部门的责任环节加以监督或者是提出要求，最终共同促进战略事项的落地。

战略实施路径图进一步落实了“问责制”，明晰责任主体与配合部门，尽可能做到“事事有对应、件件有反馈”，在一定程度上促进了I银行战略事项的有序推进和执行落地。

三、促发展

I银行在绩效制度体系建设上充分发挥了考核“指挥棒”的作用。一方面，通过产品营销单价的调整，加大了对重点业务的奖励力度，更好地推进了产品的营销拓展；另一方面，通过内部资金转移定价（FTP）和EVA考核，体现了“全成本、全收益”概念，综合收入、资金成本、风险、费用等因素，尽可能真实反映各机构净利润情况。

为促进业务经营能力的提升和各项业务的全面发展，2020年I银行在战略绩效管理中纳入了监管要求的各项指标。在加大不良资产清收和处置力度的战略主题方面，I银行把对不良贷款余额的控制纳入对机构和机构负责人的绩效考核，并将考核指标与分行、分行行长的KPI完成率挂钩，最终影响分行的业绩薪酬池和分行行长的绩效工资，提高了管理者对该项考核指标的重视度。同时，为进一步有效防范、化解金融风险，优化提升资产质量，提升支持地方经济发展的能力。I银行结合省委、省纪委要求，制定了逾期贷款专项清收行动和对应的激励考核方案，进一步加大了对不良资产的清收和处置力度。

四、提效能

战略绩效管理的有效与否，不仅在于将战略事项分解的精简及细化程度，还在于这样的设置是否真正保证了组织运作流程的顺畅与科学。I银行通过“两图一表”进一步细化了战略事项，并将“两图一表”纳入绩效考核系统，在战略工作规定到期15日前进行系统提示，直至该项工作评价结果为“完成”。战略督导小组根据跟踪督办情况，对工作目标和进展差距较大的战略工作在到期日10日前发出提示函，通过线上流程化和线下“红蓝旗奖惩”相结合，共同促进I银行战略工作的完成。

I银行战略绩效管理通过采用“两图一表”等配套战略工具，使战略事项进一步流程化和规范化，减少了职责不明晰带来的内耗，明确了责任部门、协助部门，简化了对问责部门、问责对象的判定程序，从而避免了部门间相互推诿扯皮的现象，提高了I银行组织流程管理的效率。

第六节 总结启示

截至2021年6月，I银行战略绩效管理已经运行1年有余，在此期间取得了一系列的建设成效：一是落实了“问责制”，把战略及任务责任落实到人；二是形成了战略绩效管理PDCA的循环运营机制；三是助力银行业务及管理的提升和发展，从其运营过程汲取经验，避免战略实施问题的出现。

一、加强沟通

战略绩效管理是“一把手”工程、系统性工程，需要从多方面进行打造。如果说绩效考核是“指挥棒”，那么“一把手”就是“指挥棒”的直接责任人。想要发挥“指挥棒”的作用，项目组需要与“一把手”充分沟通，定期反馈和交流。这样有利于对后期战略规划以及当前战略如何落地进行把控；同时，有助于推进现阶段战略工作，扫除战略绩效管理过程中的障碍。

二、项目组与银行需紧密配合

首先要明确双方定位，即在战略绩效管理中，明确项目组所承担的角色和银行所承担的角色。以I银行为例，项目组在I银行战略绩效管理过程中主要负责提供方法和解决方案，具体事项由银行执行。项目组要全流程跟踪了解，把控战略绩效管理的实质进展，保持顺畅的沟通，以及时解决战略绩效管理的落地困难。

三、对战略工作的推进情况及时进行纠偏

考虑到I银行是首次实施战略绩效管理，在战略推进过程中，应及时跟踪和纠偏，确保目标的实现。

一是战略分解模块，使战略举措可跟踪、可评价。项目组会针对战略分解客户提供的成果物进行校验审核，并提出改进意见，确保分解举措可落地。

二是注重战略督导工具的有效性和及时改进。在“两图一表”战略工具

落地实施的过程中，综合各级、各部门反馈意见，明确问题。比如，以时间进度、工作内容、责任人变动等因素造成的实际战略计划调整同战略进度出现偏差，项目组需协同银行制定对应的改进方案，完善战略绩效管理运营机制。

三是系统功能需不断优化。一方面不断提升使用体验；另一方面系统是支撑战略绩效管理落地的重要工具，在实现战略绩效管理自动化的同时，不断优化改进系统功能，使系统和业务制度相辅相成，效果更上一个台阶。

第十四章　案例10：J农商银行战略绩效管理实践

第一节　背景概述

一、J农商银行概况

J农商银行地处苏北，多年以来坚守“服务‘三农’、服务个体工商户、服务小微企业”的市场定位，在发展过程中不断完善内控机制，推进流程银行建设，强化金融服务创新，市场竞争力得到快速提高，各项业务保持较快速度发展，存贷款增幅位居全省农信系统前列，市场份额稳居县域第一。J农商银行是当地营业网点最多、存贷款规模最大、金融覆盖面最广、群众基础最深厚的金融机构。

二、战略绩效管理项目推行背景

2016年11月，J农商银行与天维信息围绕绩效考核启动了第一轮的长期合作。近年来，在双方同心协力下，已在管理、文化、制度和软件四个方面初步实现了全面绩效管理体系的搭建。

为推动实现发展战略目标，J农商银行与天维信息针对合作内容进一步升华，于2019年11月在原合作基础上，就战略绩效管理项目开启了新的合作。截至2021年3月末，J农商银行资产总额规模相比年初增长12.64%。其中，各项贷款相比年初增长12.60%，各项存款相比年初增长11.41%。同时，在管理机制方面，以“三型三化”为指引，开展全方位的战略改革，在党建引领、业务发展、风险管控、信息支撑、人力资源管理等方面均取得了令人瞩目的成绩。

第二节　战略实施工作流程

一、战略澄清和战略回顾

J 农商银行前期战略澄清与战略回顾工作重点体现在三个方面：痛点诊断、部门职责梳理与发展转型大会的召开。

（一）痛点诊断

在与天维信息正式合作战略绩效管理项目之前，J 农商银行“三型三化”战略主题概念已经提出两年，并且在逐年完善中。基于秉持战略管理推进的连续性和稳定性，战略澄清和战略回顾阶段着重围绕“三型三化”的主题逐项展开。

通过梳理，将各大板块痛点诊断如下（仅以“三型”示例）。

1. 零售型

J 农商银行痛点诊断示例——零售型，见表 14-1。

表 14-1　J 农商银行痛点诊断示例——零售型

维度	描述
总体评估	全行上下零售转型理念深入人心
	零售转型布局早、有抓手
主要痛点	业务发展遇到瓶颈。存款成本高，对公不稳定，储蓄理财化，贷款找不到目标客户，客户结构不够优，市场竞争灵敏度不高。 根本原因：营销模式过于传统，多元化营销体系未建立，网点外主动营销意识及能力弱
	……
	战略意识还需提高，有些战略工作、重要工作的突破口未找准，需要在需求响应度、市场灵敏度方面发力（比如，建设积分商城、营销形成生态圈的关键在于形成闭环机制），ETC 的战略意义在于获客，精准营销平台的难点在于运用和推广，网格化营销的关键在于执行力

2. 学习型

J 农商银行痛点诊断示例——学习型，见表 14-2。

表 14-2　J 农商银行痛点诊断示例——学习型

维度	描述
总体评估	①年轻的干部职工多，需求旺盛
	……
主要痛点	①未能根据当前的痛点及短板、各岗位胜任力模型，针对各类人员开展培训、教育工作
	……
	④学习氛围不够浓厚，特别是总行机关办事员、支行基层人员未形成自主学习的意识

3. 效能型

J 农商银行痛点诊断示例——效能型，见表 14-3。

表 14-3　J 农商银行痛点诊断示例——效能型

维度	描述
总体评估	过去两年抓得比较多，有一定成效……
主要痛点	部门存在模糊和真空地带……
	支行行长存在观望情绪，未完全融入二次创业的总行战略部署中

以上内容从“三型三化”战略框架出发，就各大板块的主要痛点逐一总结，并基于这些痛点提出对应建议（仅以“三型”示例，见表 14-4）。

表 14-4　J 农商银行痛点诊断建议示例

维度	描述
零售型	尽快建立多元化营销体系。建议以社会化营销、网格化营销为突破口，社会化营销可考虑借助微信公众号以及客服中心来落地，网格化营销可依赖精准营销平台来落地
	开展客户分层分类管理工作。采取不同营销、获客、活客举措，尤其关注年轻客户群体及老年客户群体，品牌营销的突破口可能在这两类客户群体。品牌营销的落地应主要考虑积分商城、微信公众号、惠民 e 贷……
	开展特色化网点大讨论。通过该讨论让各支行在经营上对自身有更清晰、差异化的定位

续表

维度	描述
学习型	专人专岗负责，建立全员培训体系和学习培训机制、积分机制……
	创新教学培训方法，搭建学习平台，充分运用同业资源、合作伙伴资源及标杆行行领导、专家，对行内骨干、中层进行适时、及时的培训
效能型	围绕战略及定位、部门职责，明确各支行角色及定位……
	尝试探索用人机制的革新，将竞聘与双选双聘相结合

（二）部门职责梳理

结合上述对各板块痛点的建议，将战略真正落实到J农商银行，关注管理基础，即对部门职责进行重新梳理。

该部分属于J农商银行战略绩效管理中的特色内容，部门职责的梳理由银行主导，天维信息协助完成，该部分推进思路如下。

首先对J农商银行核心职能进行梳理，分为五个模块（战略管理、客户管理、产品管理、财资管理、文化品牌），并就各模块具体职能逐一进行梳理，如图14-1所示。

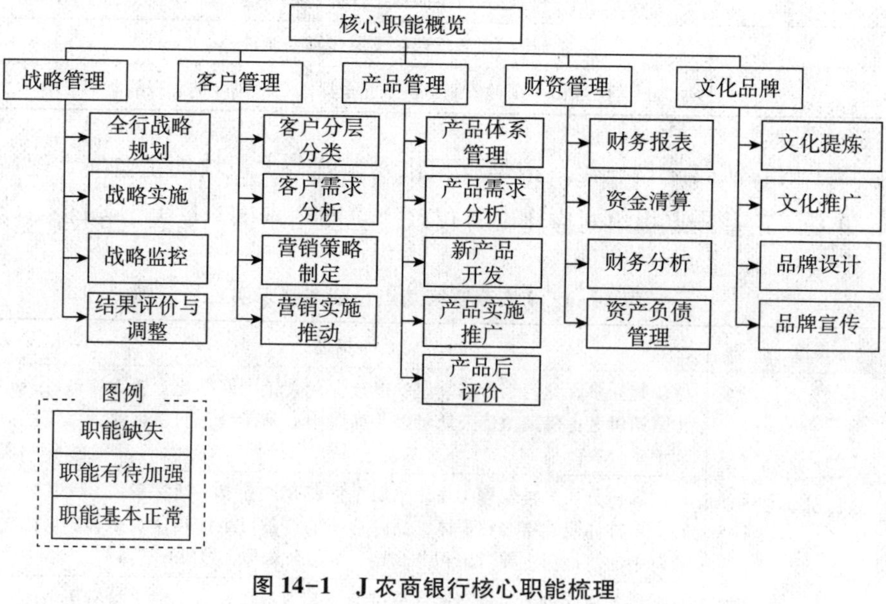

图14-1　J农商银行核心职能梳理

由图 14-1 可知，J 农商银行在职能管理设置方面存在明显的缺失，不利于战略规划各项部署的有效推进。因此，在推进战略绩效管理后续工作之前，必须对各职能部门职责进行澄清，下面以市场营销部为例进行分析（在 J 农商银行，市场营销部是负责全行公司业务及零售业务的总体规划、业务组织推动与统筹管理的部门），见图 14-2。

业务发展、组织推动	● 零售型银行战略线下业务的牵头与落地 ● 存贷款业务发展规划的制定 ● 存贷款产品的创新与研发 ● 营销活动的策划与组织 ● 营销队伍的管理与培养 ● 存贷款业务指导与营销培训
市场调研及分析	● 市场调研与分析为业务决策提供依据 ● 深化落实精细化战略，做好客户分层分类管理，建设精准营销平台 ● 客户需求挖掘，完善产品体系 ● 强化数据分析属性，定期发布分管领域专业报告
对公大客户管理工作	● 大客户的管理维护，加强政、商合作 ● 大客户信息及动态的实时跟踪 ● 落实平台化战略，构建银企产业链金融
内部管理	● 条线考核管理工作，以考核实现管理诉求 ● 部门内部员工的风控与管理 ● 领导交办的其他工作

图 14-2 J 农商银行市场营销部职责澄清示例

在厘清各部门职责时，主要从三个方面进行梳理调整：一是对痛点诊断结果的承接；二是基于战委会对该部门的定位要求；三是结合分管领导及部门本身的反馈。

（三）发展转型大会

在与 J 农商银行发展近似的同业中，常出现部门职责在确定后被束之高阁的现象。为确保这样的问题不在 J 农商银行出现，并确保各部门对于战略使命有清晰的认知及规划，在推进下一步战略绩效管理动作之前再一次追加了特色化的一环工作——发展转型大会。

发展转型大会是由银行自行组织，各部门负责人从自身职责出发，针对来年的工作思路、工作目标及工作措施，以大会宣讲的形式向全行管理层讲述本部门对全行战略的承接规划。需要注意的是，由于 J 农商银行正处于新的发展转型时期，适逢其时开展了这项特色化工作，并非每一家同业都适用。

J农商银行通过组织召开发展转型大会，一方面确保了各部门对战略目标的充分理解以及具体工作规划，另一方面为下一步战略管理工作的战略分解工作打好了基础。图14-3为J农商银行风险管理部门在发展转型大会中所用材料的节选图例，从图中“四个落点”“四个突出”能看出该部门对自身工作有清晰的认知和部署。

图14-3　J农商银行风险管理部门准备的发展转型大会材料节选

二、战略分解

通过战略回顾及战略澄清，J农商银行中高层为来年的战略绩效管理推进做好了充分准备，下一步需要将各大板块的战略目标进行层层分解，确保各项战略任务可落地。

（一）战略地图

绘制J农商银行战略地图之前，存在两个前提条件：一是发展首义，即J农商银行的战略规划；二是战略板块，也叫“战略主题”，即前面提到的“三型三化”。然后根据发展首义与战略板块，对战略框架进行梳理，如图14-4所示。

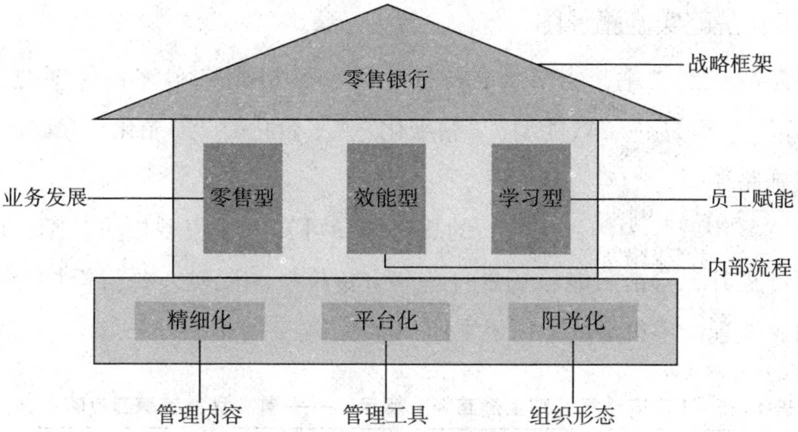

图 14-4　J 农商银行战略框架

在此战略框架下，再围绕 J 农商银行战略规划文件，从 BSC 四个维度，按逻辑梳理出 J 农商银行战略地图，如图 14-5 所示。

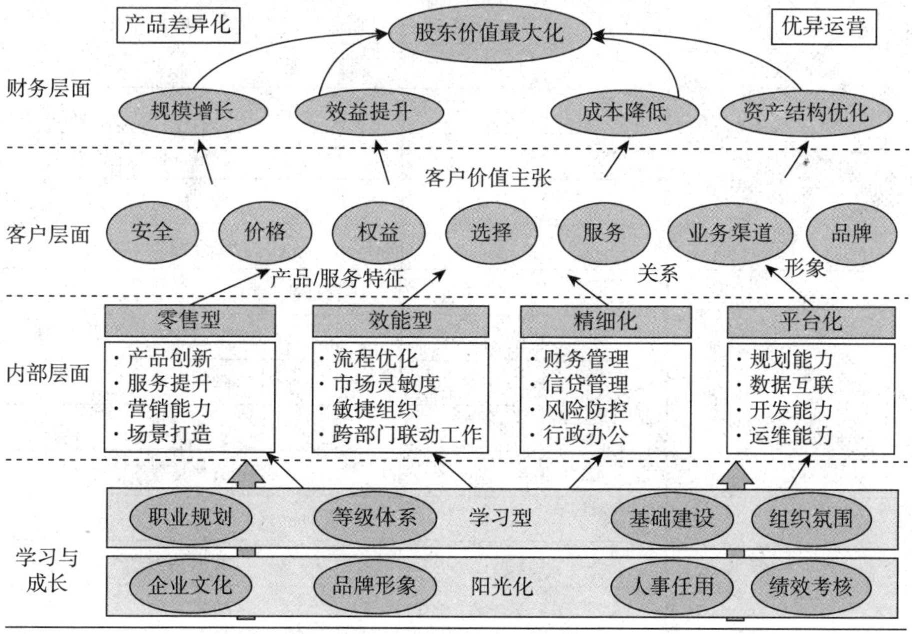

图 14-5　J 农商银行战略地图

（二）战略实施路径图

按照“三型三化”方针，J农商银行在编制战略实施路径图时，基于“零售型”“学习型”“效能型”“精细化”“平台化”“阳光化”，编制了六张战略实施路径图。

以“零售型”为例，从前面的战略地图可知，零售型板块包括：产品创新、服务提升、营销赋能、场景打造和宣传推广。同时，要与板块分管的高管商讨，梳理出零售型的下一级主题，如表14-5所示。

表14-5　J农商银行战略实施路径分解示例——零售型（精确到战略主题）

序号	战略模块	战略主题
1	服务提升	
	1.1	贴心服务
	1.2	高效服务
	1.3	便捷服务
	1.4	专业服务
2	营销赋能	
	2.1	营销工具
	2.2	营销宣传
	2.3	员工能力
	2.4	支行辅导
3	场景打造	
	3.1	渠道建设
	3.2	产品黏合
	3.3	生活场景
	3.4	消费场景
4	产品创新	
	4.1	数据治理
	4.2	研发能力
	4.3	产品方向
	4.4	市场监控

续表

序号	战略模块	战略主题
5	宣传推广	
	5.1	广告宣传
	5.2	营销活动

明确每一模块的下一级主题后，再与牵头该板块的中层部门对接，针对每一项战略主题细化举措。下面以“营销赋能”为例，进行分析，见表14-6。

表 14-6　J 农商银行战略实施路径分解示例——零售型（精确到核心举措）

序号	战略模块	战略主题	核心举措	
2	营销赋能	2.1	营销工具	
			2.1.1	完善精准营销平台上线运营及功能
			2.1.2	完善社会化营销上线运营及功能
		2.2	营销宣传	
			2.2.1	制定广告策略
			2.2.2	提升软文营销能力
		2.3	员工能力	
			2.3.1	引入外部师资营销培训
			2.3.2	党员队伍结对帮扶
			2.3.3	优秀员工营销经验分享
			2.3.4	营销之星评选
			2.3.5	改革运管条线事业部制
		2.4	支行辅导	
			2.4.1	资产负债经营分析会定期召开与辅导
			2.4.2	业绩经营分析会定期召开与辅导
			2.4.3	绩效工资分析会定期召开与辅导
			2.4.4	市场调研报告定期发布
			2.4.5	评价模板设计
			2.4.6	引入线上评价系统

从表 14-6 可以看到，分解的各项举措并非仅单一部门就能完成，很多核心举措需要多个部门联手协作完成，因此在分解核心举措时，要以板块牵头

部门为首，多个部门协作讨论细化举措。

（三）战略任务分解表

J 农商银行的战略实施路径图是根据“三型三化”六大战略板块进行编制的，由对应战略板块领衔的高管负责。实际落地执行还需把战略实施路径图中各项核心举措分解到各责任部门，形成以部门为单元的战略任务分解表。

以市场营销部为例，根据部门的战略承接工作分解出关键任务，如表 14-7 所示。

表 14-7　J 农商银行战略任务分解示例——零售型（精确到关键任务）

战略承接工作	战略分解关键任务
多元化营销体系的构建	构建网格化营销体系
	构建强有力、可落地的精准营销平台
	厅堂营销形成具体成文的工作指引，并匹配具体的游戏规则，引导协同做大业务
	品牌营销：制定三年规划方案、工作思路及具体落地指引
	节假日营销：形成具体成文的方案、落地指引
	传统营销及宣传、推广渠道再梳理，明确相关机制及方案
以客户为中心的营销及考核体系的构建	以客户为中心的营销及考核体系的构建
目标分解、任务下达、指标监测、考核推动工作	更科学合理地下达存贷款经营目标任务，管理上台阶
客户经理队伍建设、能力提升	建立客户经理考核办法
	客户经理培训方案
市场调研及市场分析	按季度提交报告
产品创新	建立产品研发机制
	特色化产品创新
	完善重点产品

把每一项关键任务细化，结合表 14-7 中“战略承接工作”一栏，下面以第一项“多元化营销体系的构建”工作为例，在对应的各项关键任务基础上进一步细化任务、要点及举措，见表 14-8。

表 14-8　J 农商银行战略任务分解示例——零售型（精确到细化任务）

战略分解关键任务	具体细化任务、要点及举措
构建网格化营销体系	围绕构建城区网格商户，制定网格商户推广方案，稳步推进转化业绩
	……
	围绕专业市场打造专业市场网格营销，做好试点工作
构建强有力、可落地的精准营销平台	持续推进大数据精准营销平台应用功能，综合行内数据、政务数据等分析功能，筛选下发目标客户营销任务
	……
	牵头提出精准营销平台推广、督导需求与绩效考核系统的对接需求，并牵头推动双边系统落地
厅堂营销形成具体成文的工作指引，并匹配具体的游戏规则，引导协同做大业务	对照《大堂经理绩效考核办法》等对大堂经理职责进行明确，11 月底前重新定位大堂经理角色，形成文件初稿
	……
	结合厅堂营销需要，适当在物理网点增加辅助功能分区，做好软营销植入
品牌营销：制定三年规划方案、工作思路及具体落地指引	配合行政管理部做好企业文化、品牌营销相关工作事项
节假日营销：形成具体成文的方案、落地指引	拟订开门红期间活动方案及措施，如各种活动介绍、操作步骤、考核办法等
	……
	针对节假日营销设计的方案与落地指引，在节日开始前至少提前一周提交总行进行审议
传统营销及宣传、推广渠道再梳理，明确相关机制及方案	梳理现有传统营销及宣传、推广渠道等，12 月底完成对现有情况的分析，撰写相关方案，需充分借助各类商会、电视台、电台、广告宣传
	……
	每半年对传统营销及宣传、推广渠道等情况进行汇总分析，对现行机制及方案进行后评价

可以看到，通过把战略模块层层分解细化，最终分解到“具体细化任务、要点及举措”这一级的内容，成为可衡量的部门考核指标/工作任务。

综上，战略分解阶段通过战略地图、战略实施路径图和战略任务分解表，将战略目标层层分解到部门，将顶层设计与落地实施紧密衔接，为后续战略落地工作梳理出清晰的执行清单。

三、战略审定

由于种种原因，战略任务的分解不可能一次性做到尽善尽美，通常会根据实际情况适时调整。一方面体现在定稿战略分解成果之前，由战委会、第三方公司等共同针对战略分解成果进行一次审定工作；另一方面在战略落地推进过程中进行适当调整，比如，2019 年分解好的战略任务，显然不能完全适用于 2020 年新冠肺炎疫情下的市场环境，需要结合银行内外部形势对各项战略指标任务进行重新评估修改。

（一）发展目标

建议在×月×日前明确各主要指标（比如，在业务发展层面要明确每月、每季度的序时完成任务数），并结合疫情形势及宏观经济的判断，根据“乐观”“中等”“负面”三种情况制定不同预案。同时，需要考虑在常规绩效考核体系下，对年内各阶段推出的营销方案进行优化，确保全年任务能够完成。

在分解任务时，需明确界定客户经理、大堂经理需要承担的任务量。

对消费贷款的空间应再做考量。建议由计划财务部牵头、市场部协助，设计消费金融三年规划，明确每一年的目标任务，并根据目标任务数据做测算。

（二）多元化立体营销体系

信息覆盖面：在方案中明确具体标准建议，并提高要求，确保关键信息到位。

有效产品覆盖面：建议明确具体标准及测算依据。如标准并不是很高，建议覆盖面指标需达到目标指标以上。

需要以规章制度的形式，发布与多元化立体营销体系相关的制度办法。与大数据精准营销平台相关的规章制度及操作指引需要发文并尽快组织培训、考试。包括分管高管职责及规定动作、牵头部门职责及规定动作、支行职责及规定动作、员工职责及规定动作。

社会化营销体系：需要在×月明确产品目录（特别是负债端及中间业务），明确对应积分奖励标准，做好社会化营销体系三年规划。应覆盖以下四种渠道：传统渠道、物理网点；互联网端；社群营销、社交营销；客户经理或柜员发展下线营销。

厅堂营销及网点转型方案：建议考虑是否设计特色化网点，并明确到方案中。

建议在×月底前罗列多元化立体营销体系需要的资源及所遇困难，设计外出考察客户名单及考察要点，尽快促成外出考察学习。

（三）搭建以大数据为核心的功能性平台

明确×月出具前置工作报告，其中要体现存在的问题、下一步工作改进的方向，并向行长办公室报告。

四大网格相关工作：在×月底前，设计几部曲，每季度关键词、主题词。

（四）强化营销队伍管理

每月对客户经理开展一次培训活动，包括但不局限于最新考核办法解读、产品创新引领、营销新星经验分享。

（五）不断完善产品体系

一是向所有行领导报送“营销快讯”，涉及指标任务完成情况、市场调研情况、产品创新情况、考核对接效果呈现情况。

二是需明确序时进度。

三是建议增加考虑社保卡创新，功能加载，并考虑市民卡、工会卡等载体，实现“生活高频和金融低频的紧密结合”。

（六）其他

需明确异业合作单位名录。

（七）消费金融转型

由计划财务部测算并报行长办公室明确消费金融事业部三年目标任务。消费金融事业部设计三年发展规划，规划设计完毕后，由计划财务部牵头出台考核办法。

四、战略实施内容与绩效管理的承接

战略实施领域的核心成果物为“两图一表”，其中“一表”即战略任务分解表，体现在部门层面的各项具体工作任务，并明确任务所对应的具体评价指标。这为绩效考核指标体系的设计提供了借鉴意义。

需要关注的是，战略分解表所分解的各部门任务指标并非在任何条件下都可以直接替代常规考核指标体系。以保卫部为例，该部门工作职能对于全行至关重要，但显然安全保卫职能极少会作为战略工作推进事项被纳入战略管理流程，即重要工作不代表战略工作。因此，基于银行所处考核阶段的不同，战略实施成果物与绩效管理的承接程度也有所不同。根据前述银行绩效考核四阶段地图理论，J农商银行处于全面绩效管理阶段，尚未达到战略绩效管理阶段（也就是考核指标不能全以战略任务指标替代），因此在实际运用中战略实施成果物的作用是作为绩效考核参考用指标库，确保考核重点不偏离战略。

第三节　战略落地工作流程

一、战略宣讲

战略落地工作一般在年后开展，第一环节为战略宣讲，伴随年初如绩效考核制度宣讲会等一系列大会面向全员同步开展。J农商银行战略宣讲的内容包括战略思路的解读、对现状的分析、2020年战略实施行动推进方案以及相关的落地保障机制宣贯。战略宣讲首先由本行“一把手”开场，其次由宣讲具体实施者主讲具体内容，最后选取部分代表员工提问答疑。

2020年，J农商银行仅在年初面向全员开展了一次战略宣讲工作，这是由于J农商银行具备良好的绩效管理运营基础，每季度开展绩效分析会、员工座谈交流会（绩效管理的“两会”）。在“两会”开展的过程中，已经融入了战略宣讲的内容，从而体现了阶段性战略宣讲的效果。

需要注意的是，J农商银行的做法建立在银行绩效管理运营机制以及绩效文化氛围已达到一定成熟度的基础上。由于员工对于绩效管理的思想、考核办法的认知以及绩效考核软件系统的操作使用已经谙熟于心，在定期的绩效管理运营内容上需要结合战略绩效管理中的战略宣贯，提高绩效管理水平。

在实施周期性战略宣讲时，不仅要结合文化基础，还要针对各层级体现差异化的宣讲侧重点。针对中层如部门负责人，总行条线管理岗，或分支机构管理岗，应侧重于围绕“两图一表”的整体推进进程进行宣贯；针对基层，应侧重于围绕工作计划开展情况进行交流，确保总行层面对整体战略推进形势保持充分认知。

二、战略审查

为确保战略强推进的第一年切实有效，J农商银行设置了高管按月述职机制，即领衔各战略板块的高管按月在党委会上针对各自负责的战略板块工作内容进行述职。通过落实这一机制，J农商银行战略得以稳步有效地推进。

J农商银行的战略审查机制为“三型三化”的有效落地不断纠偏与创新。以“精细化”为例，年初对于精细化的规划提出了“全面精细化管理”的目标，主要是围绕财务管理、信贷管理、风险防控、行政办公以及公司治理五方面进行目标分解，在实际执行中发现重点不清晰、难以入手抓起等情况。针对这些情况，领衔“精细化”战略板块的领导协同其分管的条线部门进行讨论商议，提出了“精细化明星方略”的口号，将精细化管理目标通过具体的主题事项凝聚起来，既便于内部实施推行，也有利于对外宣传推广。2020年，J农商银行在省联社内上报参与评价的数个亮点项目均来自精细化方略，如全面风险管理体系的搭建、信贷流程的重新构建、战略管理审计活动等。

（一）完成了全面风险管理体系建设

全面风险管理体系建设成果体现在如下八个方面。

一是修订了客户风险预警系统实施细则。

二是第×季度分别对湖畔商城系统和微信公众号社会化营销模块从系统安全性、运行有效性、投入产出比等方面进行了风控测评，进一步推动了系统高质效地有序发展。

三是对接运行平台，将关联交易监测前置。积极探索关联交易监测线上化，通过在合规风险管理系统中建设关联交易模块，实现关联交易有效监测和备案管理常态化。

四是开展员工行为排查，排查总体情况良好。

五是信贷运营平台自2020年×月正式上线以来，结合实际，对相关功能进行持续优化，截至×月末，共更新功能点×条。目前，系统已完成授信、用信、阳光信贷、利率定价、无纸化档案等模块的上线运行工作，平台运营基本正常。

六是加强审计系统模型攻关力度，建立起逾期利率浮动值核查模型等审计模型。

七是补充完善审计系统资料库。

八是审计问题整改方面，积极参与省联社第三审计中心组织的对2019年审计项目整改的“回头看”工作，将屡查屡犯问题力争降低30%，初步建立“问题清单”“对账销号”等后续跟踪验收机制。

（二）通过绩效考核系统落地多维盈利分析体系，为管理优化提供保障

已通过绩效考核系统落地多维盈利分析体系，实现了对产品、客户、运营、支行的多维度利润分析、贡献度分析，为过程管理的精细化和未来考核体系的完善提供了基础保障。

（三）功能性平台精细化稳步推进

一是打造流量平台线上产品预约通道。在抖音、今日头条两大流量平台对本行近期活动、主打产品等进行宣传，15天内浏览量逾140万次。

二是搭建线上业务预约平台。通过微信朋友圈转发、制作J5易企秀等形式进行线上产品预约，宣传“企业复工贷”“白衣天使贷”等一系列主推产品。

三是创新金融云柜台项目。结合企业文化形成统一的线上宣传平台，客户可通过关注银行微信公众号，选择自己就近的网点和熟悉的客户经理进行一对一的专业服务，金融产品、服务、活动等统一呈现，拉近了与客户之间的距离，提升了总行营销管控力。

（四）运营管理条线改革取得初步成效

2020年上半年STM非现转化率继续保持，全行自助设备平均离柜率较2019年度均有上升，柜面业务努力做到应分流尽分流，各支行离柜率情况总

体呈逐月上升趋势。

2020 年上半年柜面人员全员营销人均计价收入较 2019 年度上升，强化履职和内部积分考核，进行正向激励引导，总体也呈逐月上升趋势。

同时，柜员分流方面取得显著成效，主要分流至客户经理岗位，进一步实现了人员使用的高效转化。

（五）“三道防线”建设初见成效

开展了“三道防线”体系建设，重新定位“三道防线”概念及职能，拟订“三道防线”工作方案、工作及督导清单，形成环环相扣的监督环节，确保每一项工作落实到位。同时，各支行、部室已逐步制定各条线内部防控、自查自纠及内部考核计划，并有效推进，风险防控意识得到有效提升。

J 农商银行以定期述职的方式执行战略审查，自我纠偏，这是过程管理精细化的体现。上面通过对“精细化”这一板块的复盘，从追求“全面精细化管理”到“精细化明星方略”的提出，既保持了战略定力，也在落地实施方面进一步优化，这是战略分解阶段无法提前部署预见的，只能在战略落地过程中实时发现并不断创新改进。

三、战略督导

在 J 农商银行“三型三化”战略框架下，其中“效能型”的主题是提高对市场的反应速度，提高内部运行效率。

J 农商银行在 2020 年以效能平台起到战略督导效果，这是由于初期在推进战略督导机制时遇到一些问题，体现在两个方面：一是由于“部门墙”的存在，战略督导牵头部门对其他部门的工作完成质量难以评价；二是执行力方面，碍于人情因素，打破现状的决心还不充分。

综上所述，J 农商银行 2020 年在战略督导上的推进体现为效能督导为主，同时铺垫战略督导评价基础工作，为下一年做好准备。

（一）效能督导

J 农商银行在效能督导方面涉及三方面的评价，分别是效能计划落实考核、月度工作计划考核、跟踪事项办结考核。督导情况收效良好，2020 年上半年执行情况如表 14-9 所示。

表 14-9　2020 年上半年 J 农商银行效能督导执行情况

事项	进程
效能计划落实考核	上半年各部门应落实效能计划提升事项×项，未按规定时间节点落实事项×项
月度工作计划考核	上半年按时办结率×%，对于未完成的具体内容已在每月效能督查通报中详细说明，同时效能办对相关部门做出了督促提醒
跟踪事项办结考核	上半年行办会交办落实事项×项，党委会交办落实事项×项，均能按要求落实推进

可见效能督导在上半年的确起到了作用。同时，针对战略督导的后续完善，也在软件层面和制度层面进行了一些前置性的部署工作。

（二）完善部署战略督导

软件层面体现在 J 农商银行协同第三方公司天维信息对绩效考核软件系统进行了二次开发，研发出战略绩效管理模块，具体内容即“两图一表”在系统中的呈现，进一步强化了责任到人，细化了过程管理机制。

制度层面体现在 J 农商银行针对前期推行战略督导机制遇到的问题，设置了战略任务计分制、督导考核缓冲机制以及督导激励机制。

战略任务计分制是结合各项战略任务的重要程度，通过对各项战略工作任务赋予分值，应用于部门之间的绩效薪酬包（这一做法引用了 J 银行战略绩效管理中的战略任务虚拟计价，但应用对象有所不同，薪酬包来源有所不同）。这一部分设计将与 J 农商银行下一年总行部门绩效考核结合。

督导考核缓冲机制是指按照战略督导办法执行评价后，如果考核结果打破过往薪酬分配平衡，或造成消极影响，那么先对考核结果进行公示说明，并预留 1~2 周的考核缓冲期，然后再度评价并执行考核结果，从而解决 J 农商银行初期难以执行战略督导的问题。需要补充说明的是，督导考核缓冲机制为临时过渡考虑的机制，因此最多只能允许试行 3~6 个月。

督导激励机制是针对 J 农商银行在设置战略督导办法初期，尚未做到激励与约束平衡的现状下，在原办法基础上对正向激励机制进行改进，确保战略督导机制的长期有效性。

四、战略评估

战略推进的实施效果需要一定的观测周期，到 2020 年 9 月，J 农商银行分别在 5 月与 8 月进行过两次战略评估工作。针对银行起始阶段的战略推进问题、已取得的成效进行了逐一梳理，并提出了一系列下一步策略方案，为短期内的战略推进方针提出优化改进建议。

J 农商银行战略评估交由天维信息项目组独立开展，银行配合调研访谈的安排与协助资料搜集工作，下面以 J 农商银行 2020 年 8 月战略评估报告为例呈现，见图 14-6。

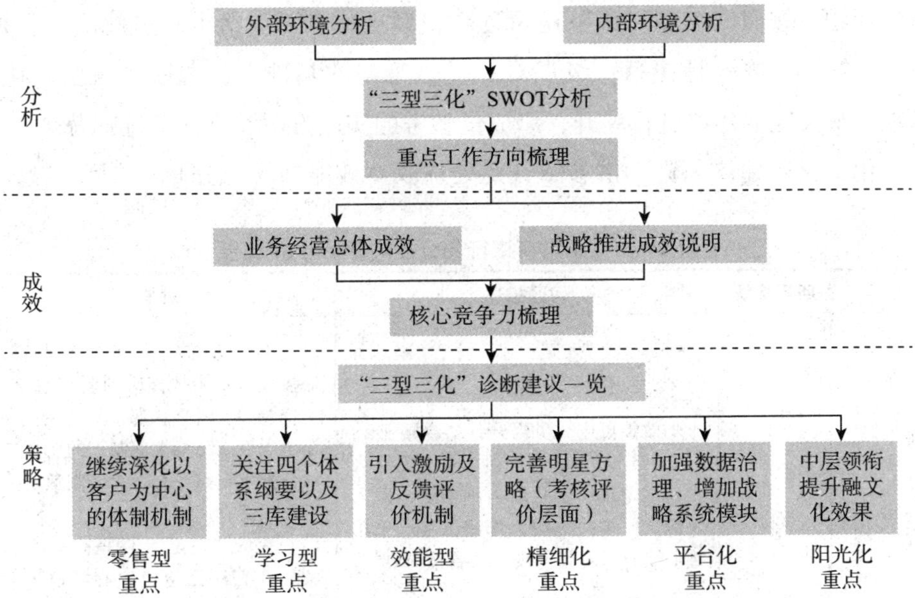

图 14-6　2020 年 8 月 J 农商银行阶段性战略评估框架

报告主体内容包含下述三部分。

（一）J 农商银行战略工作推进情况分析

基于对外部形势的判断及 J 农商银行战略推进过程中的实际问题，并结合 2020 年 5 月战略评估报告相关举措落地情况，围绕“三型三化”战略框架形成 SWOT 分析结论，梳理出下一步在“三型三化”需关注的重点方向。

（二）战略工作推进已取得的一系列成效

围绕业务经营发展和“三型三化”推进过程中各方面的成效情况，做定量数据分析及定性分析，并对当下J农商银行核心竞争力进行梳理回顾。

（三）下半年重点推进探索方向

结合前述诊断分析回顾，针对“三型三化”中出现的痛点问题逐条给出答复建议，并基于现状，围绕“三型三化”下一步推进重点工作给出建议方案以供参考。

统揽8月战略评估报告结构，不难发现最核心的价值点体现在第三部分“策略”的章节，其中分为两级内容。第一级内容是根据调研及材料搜集所诊断的问题，按照“三型三化”逻辑逐一梳理后，点对点给出对应解决方针的内容；第二级内容是在第一级点对点提供策略的基础上，选取“三型三化”各板块最关键的建议进行展开，形成供参考的实施方案。下面节选部分“‘三型三化’诊断建议一览”供参阅（此处选取“效能型”部分）。

表14-10　J农商银行部分战略评估分析节选

序号	所属板块	问题描述	对策
1	效能型	人均效能可进一步提升：结合同业×××银行建设经验，建议可考虑实施人员定岗定编，实行增人不增资，减人不减资，机关采用大部制，基层采用中心支行，尽量实现人员的精简	（1）进一步推行大部制/事业部，加强人员复用效能，如监审总部、信贷总部、财会总部，并可在下一年考虑引入总行大部制下的二次考核分配机制赋予总行大部制负责人管理抓手； （2）完成“三定”工作； （3）支行层面策应中心城镇撤并工作，设立中心支行及二级支行，明确支行人力资源配置情况
2		人力资源体系优化工作有待落实：人才盘点，人力资源优化，“三定”等工作依然未开展	将人才盘点、人力资源体系优化等工作作为重点工作来抓，进一步落实该项工作内容

续表

序号	所属板块	问题描述	对策
3	效能型	“阳光直通车”未有效运用：虽然建立了反馈机制，但是实际运行中由于基层怕得罪人，并未通过效能直通车而是私下联系解决，未达成提升办事效率的初衷	建议从以下方面进行优化： （1）规范处理途径，涉及需调用总行资源进行处理的，仅通过直通车反馈，形成常态化； （2）设置直通车效能反馈评价机制，行员针对直通车的使用效果进行匿名打分，并在每季度末公示一次当季度效能直通车使用评价结果
4	效能型	评价体系不够清晰、有效：一方面是事无巨细的评价带来较大的实施成本，另一方面难以突出重点	（1）采用积分制（A分、B分）做法，详见精细化具体对应章节。 （2）建立半年度述职机制：总行各部门对照KPI指标进行述职。述职重点关注“主题性”“连贯性”“产出性”三个方面。 ① 主题性：每个季度在年初目标基础上结合实况明确当季度主题词（“三型三化”每个季度都要提炼重点主题，符合聚焦资源针对性解决），这一点可考虑在党委会高管定期述职板块中进行体现。 ② 连贯性：每个季度要承接当年目标及上一期工作开展情况来开展，且评价时可不全以任务制衡量，要纵向对比进步情况，横向对比环境因素（同目标有差距的话，差距是否合理）。 ③ 产出性：以指标任务对应关联的具体产出加权衡量
5	效能型	缺乏引导机制：当前具备效能督导机制体现压力推动，但缺乏引导激励机制督促完成	在效能型推动的初期，可设置效能激励与责任事项公示： （1）按季度单独切包进行激励，可将一半激励预算用于前三个季度，剩余在年底进行体现； （2）对于效能平台中已经被采纳的员工建议，需要将该建议和责任部门以及计划完成时间公示，形成公众监督； （3）将战略分解的各项任务纳入绩效考核系统，以独立模块的形式开发，每月督促跟进

结合J农商银行诉求，进而能总结下一级战略主题内容，比如零售型聚焦讨论“继续深化以客户为中心的体制机制”这一话题，在新零售、以客户为中心的经营管理方面提供咨询方案。同理，类似思路适用于其他五个体系。

需要补充说明的是，阶段性战略评估报告与年度总结性战略评估报告截然不同。上述呈现的8月战略评估报告为阶段性，旨在为过程管理服务，以实时诊断问题、诊断实施效果以及进行战略纠偏为目的。而年度总结性战略评估将聚焦财务管理、资产负债管理、业务分析、客户管理、营销获客、产品管理、服务和渠道、科技兴行、组织结构、人力资源管理、绩效文化以及各项任务完成情况十二个层面，实施更宏观、更细致综合的评估。

五、战略落地内容与绩效管理的承接

天维信息认为，绩效管理成效“三分在打造，七分在运营”。与战略实施阶段相比，战略落地阶段更侧重运营，自然与绩效管理关联性会更强。在J农商银行战略绩效管理工作实践中，战略落地各环节工作与绩效管理的承接情况见表14-11。

表14-11　J农商银行战略落地情况回顾

序号	工作模块	与绩效管理承接描述
1	战略宣讲	在季度员工座谈会体现：年初已开展过发展转型大会的前提下，在每季度员工座谈会中分享战略目标推行情况与当期关注重点，统一基层思想
2	战略审查	定期述职加强定性指标评价信度
3	战略督导	单设效果督导考核平台，与绩效考核体系相辅相成
4	战略评估	在阶段性评估中体现：战略评估报告将各项战略指标完成情况进行汇总归纳，作为子章节在绩效管理效果评估报告中呈现

第四节　建设成效

一、在业务发展方面取得的成效

（一）省联社考核排名取得新突破

2020 年第二季度，J 农商银行在全省考核排名第八，在本类别法人行社中考核排名第二。其中，零售转型指标取得突破。

（二）当前战略规划目标有七个达成目标

对照战略规划中 2020 年预期目标，虽受新冠肺炎疫情影响，但仍有七个关键指标达到预期。

（三）业务发展整体向好

存款序时任务完成率 101.66%；贷款序时任务完成率 123.53%，见图 14-7。

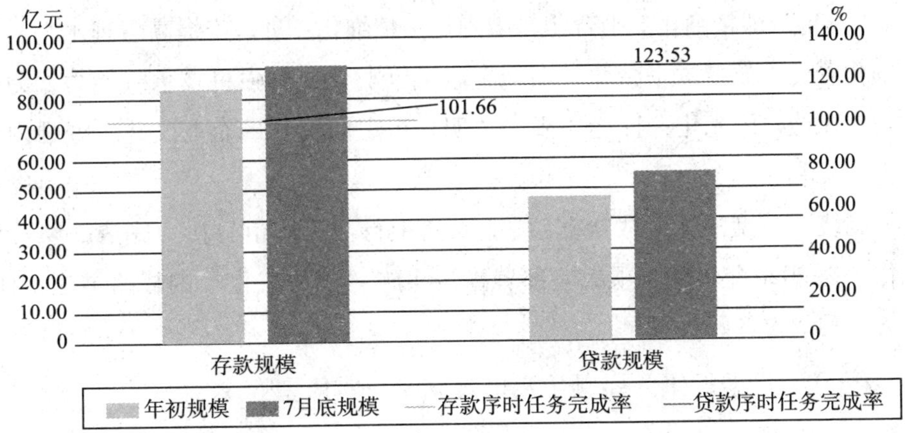

图 14-7　J 农商银行存贷规模任务完成情况

（四）业务结构稳步转型

线上信贷业务占比序时任务为 50.00%，实际占比为 52.10%，高出序时任务 2.1 个百分点。

个人类贷款增长幅度明显（半年度时较年初增幅 20.89%），短期贷款占比提升（占贷款总额的 51.83%）。

截至半年度，100 万元（含）以下的贷款总额与客户数较年初均有上升，总体贷款金额与客户数同样均有明显上升。

（五）资产质量及收息情况良好

截至半年度时，不良资产占资产总额 1.65%，较年初 1.98%下降 0.33 个百分点。在收息方面，利息收入 1.7 亿元，较上年同期增幅 14.88%，超额完成了上半年利息收入序时任务。

二、“三型三化”在各战略板块推进取得的具体效果

（一）“三型三化”战略框架促进 J 农商银行全方位发展

“三型”即零售型、学习型、效能型。零售型：坚定支农支小市场定位，实施零售转型战略。学习型：向标杆学习，勇于创新，提升员工综合业务素质。效能型：提高对市场的反应速度，提高内部运行效率。

“三化”即精细化、平台化、阳光化。精细化：进一步提高管理水平，向精细化管理要效益。平台化：加强金融创新驱动，增强科技承载能力，为业务发展赋能。阳光化：打造“阳光透明、乐观向上”的企业文化，增强内驱动力。

围绕“三型三化”战略框架，J 农商银行与天维信息协力完成战略分解工作，在 2020 年针对各项战略部署稳步实施“三型三化”的战略推进工作，各方面均取得良好收效。

（二）“三型三化”引领全方位发展——零售型

零售型工作整体扎实推进，在多元化营销体系构建、平台支撑、队伍管理以及产品体系建设、场景建设等方面均取得了符合预期的不俗成绩，体现在如下方面。

1. 多元化营销体系构建收效显著

J 农商银行在网格化营销体系构建、厅堂营销体系构建以及社会化营销体系构建上均取得了良好效果。

2. 功能性平台建设稳步推进，为业务发展提供强力支撑

精准营销平台为客户经理提供了营销利器，同时该平台二期迭代工作正按计划部署中。

3. 强化营销队伍管理，客户经理营销能力得以提升

J农商银行制定了客户经理管理及等级评定管理办法，在7月完成客户经理评级；同时，稳抓业务和营销技能的培训，定期组织内训，由优秀客户经理传授经验，并在6月成立青年营销先锋队，收效良好。

4. 产品体系不断完善成熟

J农商银行在实现产品销售向需求定制转变方面，针对医护群体包含合同制职工推出贷款产品“天使e贷”，可通过白名单的形式锁定“惠民e贷”，实现线上放款。结合党建引领业务，激发党员干事创业的激情，推出“党员先锋贷”线上贷款特色产品。

在线下产品销售向线上产品销售转变方面，J农商银行借助流量平台，定期开展存贷产品宣传，如在抖音平台引流对“惠民e贷”进行宣传、金融云柜台分享、开展收银宝抖音大赛等，均取得了不错的成效。

5. 主动搭建场景，推进异业联盟

J农商银行在学校、医院、公交、餐饮、菜场等方面推进场景金融建设，基本按计划完成了大部分辖内场景的覆盖。

（三）“三型三化”引领全方位发展——学习型

学习型工作在机制建设、团队打造方面取得了显著成效，员工综合素质得以提升。由于是首年启动，所以在人员主观能动性（参与积极性）以及人员能力培养方面尚有提升空间。

1. 等级序列管理初步成形

根据实际情况，J农商银行搭建了管理序列、技术序列和操作序列三大等级管理序列。同时，银行对于基层客户经理与柜面人员均落实了等级评定工作。

2. 学习基础建设初见成效

J农商银行组建人数超过30人的内训师队伍，同时开发超过30门的内部

培训课程，全省农信系统的员工均可参与学习该课程，总学习次数超过 23 万次。

3. 开展文化活动营造组织氛围

J 农商银行开展了“金堤文化我来讲”活动，推行文化诵读、文化上墙，让文化特使结合岗位工作讲文化。此外，还开展了“支付结算业务知识竞赛”，使文化建设与业务进一步融合。

（四）“三型三化”引领全方位发展——效能型

除优化制度流程以及构建效能督导机制外，通过上线效能平台，J 农商银行落实了“五个一”思路，包括一个平台（效能直通车）、一个提升计划、一个科技推广应用、一个机制创新、一个台账体系。通过以上工作，全行工作效率及工作风貌有了显著提升。

1. 各项制度流程优化

J 农商银行建立健全了一系列规章制度：一是围绕“提高效率、强化效果、突出效益”建立健全效能督导机制；二是按照考核、督查、评价模式推进效能建设工作；三是战委会要求各部门围绕人员素质提升、科技推广应用、创新创优管理、制度流程优化、年度重点工作、机关作风建设六个方面制订了 2020 年部门效能提升工作计划。

2. 效能督导工作收效良好

效能计划落实考核、月度工作计划考核、跟踪事项办结考核均按计划落实推进，督导收效整体理想。

3. 效能平台为强化效能建设提供抓手

J 农商银行强化效能建设，推动节点直连，以信息系统为抓手，于 5 月上线了效能平台。7 月，J 农商银行将效能平台进一步优化升级，全面落实了“唯一性”沟通平台要求，拓宽了解决问题的通道，提高了项目运行和内部沟通效率。

（五）“三型三化”引领全方位发展——精细化

J 农商银行精细化相关工作按序时进度稳步推进，且在推进过程中结合实际情况出台了多项精细化明星方案，确保公司治理、财务管理、信贷管理、风险管理、行政办公等工作的一体性。

1. 完成了全面风险管理体系建设

J 农商银行修订了客户风险预警系统实施细则，对系统中各营销模块进行了风险测评，并对接运行平台将关联交易监测前置。此外，银行在员工行为排查、审计系统模型攻关、问题整改等方面制订了详细的计划。

2. 考核系统落地多维盈利分析体系为后续管理优化提供保障

J 农商银行已通过绩效考核系统落地多维盈利分析体系，实现了对产品、客户、运营、支行的多维度利润分析、贡献度分析，为过程管理的精细化和未来考核体系的完善提供了基础保障。

3. 功能性平台精细化稳步推进

J 农商银行通过打造流量平台线上产品预约通道、搭建线上业务预约平台以及创新金融云柜台项目等举措，进一步拉近了与客户之间的距离，提升了总行营销管控力。

4. 运营管理部事业部制改革取得初步成效

考核期末全行自助设备平均离柜率较 2019 年度有明显上升，同时柜员分流方面取得显著成效，主要分流到客户经理岗位。

5. “三道防线”建设初步成形

J 农商银行重新定位“三道防线”概念及职能，拟订“三道防线”工作方案、工作及督导清单，形成环环相扣的监督环节，确保每一项工作落实到位。同时，各支行、部室已逐步制定各条线内部防控、自查自纠及内部考核计划，并有效推进，风险防控意识得到有效提升。

（六）“三型三化”引领全方位发展——平台化

各项系统立项及开发、迭代落地有条不紊地进行，重点项目方面尤其是精准营销平台二期将在 10 月落地，同时科技团队的组建、科技人员的引进相关工作取得积极进展。

1. 科技系统为业务发展提供坚实支撑

各项科技系统如期开发迭代，如精准营销平台二期建设、效能平台、湖畔商城等，为“三型三化”落地提供了卓有成效的工具。

2. 科技人才团队逐步成形

J农商银行引进了多名科技人才，并将各个系统框架进行整合，按期迭代，同时该行后续将继续壮大科技人员队伍，将科技从支撑业务发展提到引领业务发展地位。

（七）“三型三化”引领全方位发展——阳光化

J农商银行已在各机构组建成形一支文化特使团队作为文化建设先锋，积极带头践行企业文化，当前已在工作质量、协作配合、服务态度等方面取得成效。

1. 践行文化，逐渐深入人心

通过文化特使团队在各自机构/部室践行企业文化：推进文化上墙、一个月四次晨会宣贯、文化诵读。同时，每个季度中层要做一次文化授课（本部门），并与文明服务考核同步，在工作质量、服务态度等方面取得初步成效，为组织的长期发展提供了保障。

2. 文化品牌和党建品牌建设稳步推进

J农商银行内部已形成“两大手册”（企业文化手册、服务文化手册），完善了一套体系（VI视觉形象体系）。在党建品牌建设方面，银行制定了“金堤党建”工作规划和建设要点，促进党建工作向品牌化方向发展。

3. 员工福利稳步提升

近年来，J农商银行员工收入及福利待遇逐年提升，即便是在疫情冲击下，员工各项福利体系建设优化仍按计划落实，确保了业务发展与组织凝聚力两项工作相互促进、相得益彰。

三、小结

J农商银行与本地各大行相比，在产品、资本、基础管理等方面还存在一定差距，但通过近年来的扎实运营，进一步巩固了其核心竞争力。

战略定力：在本地市场具备沉得住气、静得下心、深耕细作、内涵式发展的战略定力。

上下同欲：行员普遍认同“三型三化”的组织发展战略，全行上下逐步形成“心往一处想，劲往一处使”的组织意识形态。

区位优势：具备本地区其他金融机构不具备的扎根县域、点多面广、地熟人熟的区位优势。

科技支撑：作为本地根植“三农”、服务小微的主力银行，深受当地政府支持以及拥有的品牌优势基本不会改变，同时具备相对周边地区较为完备的科技支撑条件。

第五节　总结启示

一、J 农商银行的特色化战略绩效管理

基于定位和发展诉求，J 农商银行的战略绩效管理执行流程有别于前述章节介绍的“两大领域、八大模块”各流程的常规举措。例如，战略回顾与战略澄清阶段所同步实施的部门职责梳理、发展转型大会等措施，都是基于对管理基础的判断而不可省略的前置工作（通过前期诊断，J 农商银行处于绩效管理领先于组织发展阶段的状态）。在战略分解结束后，为确保战略落地，J 农商银行采取高管按月述职的模式，对“三型三化”的推进产生显著效果。在战略督导阶段，J 农商银行在常规战略督导执行不理想的情况下转而以效能督导模式确保战略事项推进效果。J 农商银行充分信任第三方公司，在内部运营有条不紊的同时，汲取外部建议，各项“常规化+特色化”促进战略绩效管理工作对业务发展的引领，下面按照“两大领域、八大模块”将各阶段的特色化逐一梳理，见表 14-12。

表 14-12　J 农商银行“两大领域、八大模块”梳理

维度	流程	备注
战略分解领域	战略回顾	侧重于痛点诊断
	战略澄清	前置工作部门职责梳理与发展转型大会
	战略分解	常规执行
	战略审查	常规执行

续表

维度	流程	备注
战略落地领域	战略宣讲	周期性宣讲融入绩效管理运营动作
	战略审查	战略板块领衔高管按月述职
	战略督导	以效能督导驱动各项工作任务稳步落实
	战略评估	常规执行

结合自身战略绩效管理实际情况，通过对“三型三化”战略的贯彻对全行进行整改，J农商银行不仅提高了区域核心竞争力，也进一步完善了以战略为引领的绩效管理体系，围绕“零售银行”的发展首义稳扎稳打，带动全行高质量发展。

二、“三型三化”推进状况及后续思考

综合本案例描述，围绕J农商银行的“三型三化”各战略板块工作推进情况分析见表14-13。

表14-13 J农商银行“三型三化”分析

战略板块	现状总结	下一步关注点
零售型	坚守零售银行定位，做小做散，发展长尾客户，持续进行业务结构调整，关注城区市场开拓，在实践中不断摸索完善营销模式	网格城区、商户、社区以及商圈的进一步开拓打造； 网点转型，打造职能网点及营销网点； 进一步加强渠道宣传及投放力度； 充分发掘长尾客户价值
学习型	以引导激励为主，诱发员工主观能动性，通过学习力建设和定期宣教，强化员工学习力，提高营销团队素质，进一步提升个体绩效到组织绩效的转化效率	关注员工学习力建设，关注客户经理团队强化，诱发个人主观能动性，鼓励个人价值得到体现； 进一步完善企业大学运行机制； 关注“能力库”“课程库”“讲师库”的着手建设； 强抓并落实培训计划，扩大培训影响力
效能型	细化流程管理动作，进一步规范机制要求，公开化效能督导事项，让全员充分参与，共同改进	优化办事渠道，结合使用反馈持续优化效能平台； 完善对效能的衡量评价，进一步提升效能

续表

战略板块	现状总结	下一步关注点
精细化	围绕精细化明星方略，秉持连贯性和稳定性，不断细化考核评价机制的有效性，进而支持本行管理从精细化过渡到精益化	优化战略督导流程及方法，提升战略督导实效； 财务分析精细化，进行多维度盈利分析； 完成“三定”（定岗、定编及定员），优化人力资源管理体系
平台化	加强人才队伍的储备，推动业务与科技团队的融合，尝试新模式、新机制，稳步提升科技实力，为下一步数字化引领打好基础	进一步引进科技人才，做好科技人才的“选”“育”“留”“用”等工作，逐步扩大科技人才规模； 逐步掌握各平台的核心技术代码，未来减少对第三方公司的依赖； 适度增加科技投入，根据需求再打造多个小而好用的科技平台
阳光化	提高行为化建设力度，把文化建设融于周期性机制中，提高中层的主导性与员工的战略认知上的培训力度	进一步加强“融文化”工作，在“融业务”层面，塑造员工核心价值观； 强化以客户为中心的服务理念，进一步提升客户满意度

通过推行战略绩效管理，在业务发展与内部管理方面，J 农商银行逐年取得理想成效。受外部客观因素的制约，J 农商银行在不断摸索战略绩效管理的过程中存在以下问题：盈利模式单一，产品结构待调整；客户结构待调整，年轻客户需求开发及长尾客户发掘不足；业务发展面临瓶颈，局面很难在短期改变；专业型、复合型人才稀缺，人才团队建设尚未成熟；等等。这些均有待于在后续战略推进中不断克服，J 农商银行也将在这一过程中逐步构建起完善的战略绩效管理体系。

参考文献

［1］三谷宏治. 经营战略全史［M］. 徐航，译. 南京：江苏凤凰文艺出版社，2016.

［2］张爱民. “战略管理”概念的演进及其实质探析［J］. 理论界，2011，000（4）：207-209.

［3］亨利·明茨伯格. 战略历程：纵览战略管理学派［M］. 刘瑞红，译. 北京：机械工业出版社，2001.

［4］王昶. 战略管理：理论与方法［M］. 北京：清华大学出版社，2010.

［5］崔文文. 我国会计师事务所发展战略研究［D］. 济南：山东经济学院，2011.

［6］贺金社. 战略管理［M］. 郑州：河南科学技术出版社，2010.

［7］谢佩洪，焦豪，甄杰. 战略管理［M］. 上海：复旦大学出版社，2010.

［8］唐东方. 战略绩效管理［M］. 北京：中国经济出版社，2012.

［9］杨凤明. 政治/经济生活［J］. 招生考试通讯（高考版），2015（11）：25-26.

［10］邱穆鑫. 利率变动对银行股票价格的影响研究［D］. 开封：河南大学，2019.

［11］王沁雪. 中国农业银行泰州分行营销策略研究［D］. 镇江：江苏大学，2019.

［12］张玉. 战略评价综述：内容、步骤与方法［J］. 中山大学研究生学刊（社会科学版），2010，31（2）：95-106.

［13］蔡华. 我国商业银行绩效考核发展历程、问题与对策：以农村商业银行为例［J］. 新疆农垦经济，2017（6）：81-88.

[14] 苏家怡. 以客户为核心的客户经理绩效考核体系 [J]. 时代金融旬刊, 2014, 000 (12): 244-245.

[15] 天维银行绩效考核最佳实践研究所. 银行绩效管理理论与实践 [M]. 北京: 中国经济出版社, 2019.

[16] 曾诚. 平衡计分卡、企业绩效评价与银行战略管理 [J]. 广东金融学院学报, 2008 (1): 71-81.

[17] 葛兆强. 战略管理、银行成长与商业银行战略转型 [J]. 金融经济学研究, 2007, 22 (1): 3-14.

[18] 吉姆·柯林斯. 从优秀到卓越 [M]. 俞利军, 译. 北京: 中信出版社, 2006.

[19] 张新芝. 加强中小企业的战略管理研究 [D]. 南昌: 南昌大学, 2005.

[20] 薛济聪. 大庆油田文化集团发展战略研究 [D]. 大庆: 东北石油大学, 2015.

[21] 李业昆. 企业战略与绩效管理系统关系分析 [J]. 商业经济研究, 2010 (12): 46, 66.

后　记

在从事银行绩效管理咨询的职业经历中，笔者在客户现场遇到过这样的情形：客户向我们抱怨花了大价钱做的战略规划无法落地，绝大多数项目面临着“烂尾”的结局，而行方缺乏将规划实施落地的能力，这里面不乏国内外知名咨询公司做的战略咨询项目。而天维信息提出的“三分打造，七分运营”，以及绩效管理的“三层效果”理论都切中银行绩效管理及全局经营管理上的痛点。无论是从“银行绩效管理必须走向战略绩效管理阶段”这一论断出发，还是从“绩效管理是战略落地的重要抓手”这一重要认知出发，都必须深入思考战略绩效管理体系如何搭建并付诸实践，并在实践中反复检验和优化提升。

20年来，天维信息专注于银行绩效管理领域，在服务上深耕细作，我们只是把我们做过的咨询项目中的工作，尤其是经过银行实践检验过的成功经验（包括失败的教训）进行了梳理、总结，形成了天维的“三大法宝”：案例库、最佳实践模型和人才库。有赖于我们20年的深厚积累，在提出研发战略绩效管理最佳模型以后，我们组织公司内外部的专家进行研讨和开发；本着“从实践中来，到实践中去”的原则，积极在已有的项目上进行实践应用，迭代优化；同时，借鉴了诸多国内外咨询公司和管理大家在战略管理和战略绩效管理方面的理论、方法和案例，不断优化，形成了本书的战略绩效管理体系。战略绩效管理体系具有以下三大特点。

一、聚焦

聚焦银行业，尤其是聚焦于中小银行战略绩效管理中的痛点和难点，提出解决方案，符合“拿来主义”的理念，书中的方法和工具能立即运用到银行实际工作场景中。

二、精准

内容精准，不讲套话、空话，精准阐述银行战略绩效管理各环节工作，标准明确、边界清晰、干货满满。

三、效果

全书围绕天维绩效管理的“效果理论”进行编撰，战略绩效管理为银行的战略服务，战略绩效管理的最终目标也是实现银行的战略目标，解决战略和绩效管理“两张皮”的痼疾。

感谢出版社的编辑老师，不辞辛苦地一遍遍审稿、校稿，没有你们的指导，就不可能有本书的出版；经过前面两本专著的磨合，我们已经成为朋友，你们专注、认真、知行合一的精神也正符合天维信息的核心价值观。

感谢天维公司的同事和团队，是大家的共同努力，才有这本书的付梓；在这里还要特别感谢天维信息副总经理、天维学院执行院长刘聪斌先生。

感谢遍布全国的500多家客户，我们所取得的一切成就、一切荣誉都归功于我们的客户，他们是我们存在并不断发展的根基、动力和不断创新的思想源泉。

“不畏浮云遮望眼，只缘身在最高层”，中小银行必须站在战略全局的高度设计并实施绩效考核体系，做到“不忘初心、方得始终”，在未来竞争中赢得主动权。

广州天维信息技术股份有限公司总经理助理兼咨询管理部总经理

洪嵩

2021年6月21日